全国高等院校21世纪新创规划教材

公共关系学

曹洪珍　主编

中国科学技术出版社
CHINA SCIENCE AND TECHNOLOGY PRESS
·北　京·
BEIJING

图书在版编目(CIP)数据

公共关系学/曹洪珍主编. —北京:中国科学技术出版社,2010.7
全国高等院校21世纪新创规划教材

ISBN 978-7-5046-5666-7

Ⅰ.①公… Ⅱ.①曹… Ⅲ①公共关系学 Ⅳ①C912.3

中国版本图书馆CIP数据核字(2010)第134183号

内容摘要

公共关系学是一门运用传播学、经济学、社会学、管理学、心理学等现代学科知识,总结现代经营管理的经验和技巧,探讨和研究如何树立良好组织形象、提高行业综合竞争力的新兴软管理科学。本书系统地介绍了公共关系的基本理论和实务知识,从公共关系概念、公共关系主体、公共关系客体、公共关系媒介、公共关系工作程序、公共关系专题活动、公共关系危机管理等方面做了重点介绍。本书是以公共关系三大要素内容为主线,以公共关系实务为核心展开的,内容新颖独特、结构严谨、实用性和逻辑性强,并附有大量的案例,生动活泼,富有可读性。

本书既适合各院校和各类培训的需要,也可作为自学教材,供有兴趣于公共关系的人士自学。

中国科学技术出版社出版
北京市海淀区中关村南大街16号 邮政编码:100081

策划编辑	林 培 王 强	**责任校对**	孟华英 赵丽英
责任编辑	符晓静	**责任印制**	张建农

发行部:010-62173865 编辑部:010-84120695
http://www.kjpbooks.com.cn
科学普及出版社发行部发行
北京蓝空印刷厂印刷

*

开本:787毫米×1092毫米 1/16 印张:15.25 字数:360千字
2010年7月第1版 2010年7月第1次印刷 定价:26.00元
ISBN 978-7-5046-5666-7/C·146

前 言

公共关系学经过数十年的发展，至今已经成为一门相对独立而完整的学科，同时越来越显示出它在实际工作中的重要。本课程的主要任务是贯彻国家教育方针，使学生树立公关意识，建立公关工作的基本思路和总体概念，具备从事公关及其相关工作的基本能力，也为学生后续课程的顺利学习提供条件。进入21世纪，由于我国社会经济的蓬勃发展和竞争的日趋激烈，公关工作越发体现出其重要性。同时，随着公关行业对人才需求的不断增加，也有更多的学生有兴趣投入到此行业中。在这样的背景下，我们组织多所院校的一线教师，根据目前教育发展的要求和特点，编写了这本教材。

本书由辽宁对外经贸学院教师曹洪珍担任主编，辽宁对外经贸学院教师许彩霞、邱瑛和杨娜担任副主编，辽宁对外经贸学院教师鲍彩莲、刘志友，东北财经大学津桥商学院教师陶爱颖，辽宁对外经贸学院教师李翠也参与了本书的编写工作。

本书理论充实，观点新颖，内容丰富，体系完整，文字叙述深入浅出、通俗易懂。本书突出学科理论和实践的新发展，较为系统的阐述了现代公共关系管理理论、管理思想、管理职能和管理方法，具有科学性、实践性和趣味性的特点。并且根据我国公共关系发展的实际，吸收了国内外公共关系的先进理论和经验，从应用型角度对公共关系的基本内容作了较为全面的叙述，充分体现了理论和实践的结合，符合市场经济和公共关系教学的要求。本书共分十一章，较全面系统地介绍了公共关系的基本概念、原理、方法及其在实际中的运用。本教材具有如下特点：

1. 科学性。本书突出教材的实用性特征，侧重公共关系概念、原理和方法指导下的微型案例学习，着眼于应用型人才的需要，强化知识的应用性和可操作性。

2. 实践性。公共关系学是一门理论性与实践性相结合，突出实践性的课程。在编写过程中，我们充分考虑到本课程的特点，强调其实践性。

3. 趣味性。本书在编写过程中注重编写体例和形式生动活泼，在每章设有“小案例”、“思考一下”、“想一想”等，提高了学生的专业学习兴趣。

由于公共关系学包含知识甚广，加之编者才疏学浅，书中疏漏之处恳请广大读者批评指正。另外，感谢中国科学技术出版社相关人员为本书出版所作的大量工作。

编 者

2010年7月

目 录

第一章　公共关系概述

学习目标

知识目标：掌握公共关系的概念及其本质属性；了解公共关系的分支概念及范畴；了解公共关系的起源和发展；掌握公共关系的特征；了解学习公共关系学的意义和方法。

能力目标：学会区分公共关系活动与其他社会活动的能力。

技能目标：树立公共关系观念，初步具备以公共关系理论为指导来开展公共关系工作的技能。

重点：公共关系的概念及其本质属性；公共关系的特征。

难点：公共关系的本质属性。

盛誉国际的雀巢公司是世界上最大的食品公司之一，有110多年的历史，总部设在瑞士。该跨国公司在世界市场的销售量处于领先地位。但是，20世纪六七十年代曾出现一种舆论，称雀巢食品的竞销导致了发展中国家母乳哺育率下降，致使婴儿死亡率上升。最有影响的当数英国记者迈克·穆勒撰写的题为《婴儿杀手》的报告。在这篇长达28页的报告里，穆勒谴责了一些食品制造商怂恿母亲们放弃母乳喂养而代之人工喂养，但也承认就业等其他因素也是促使母亲们转向人工喂养的原因。穆勒的小册子是批评整个食品工业行业的，但瑞士一个支持不发达国家的援外活动组织“第三世界工作团”中的一些人，对该小册子略加修改后出版，题目改为《雀巢杀死婴儿》。小册子还略去了其他影响母乳喂养的各种因素，并在“前言”中专门指出，雀巢公司在第三世界国家运用欺诈的销售技巧进行营销活动应受到谴责。这就引发了一场世界性的对雀巢制品的抵制运动，“雀巢”食品的推销由此大大受阻。

为了扭转不利局面，雀巢公司用重金聘请世界著名公共关系专家柏根来商讨对策，解决难题。柏根发现，在舆论开始兴起并逐渐发展的过程中，“雀巢”决策者拒绝听取批评，同时对“雀巢”的经销行为始终保密。这种做法适得其反，反而助长了抵制运动的爆发。于是，他选用“与社会对话”的技术，把工作重点放在抵制情绪最严重的美国。他带领助手们专心听取社会批评，开展游说活动，并成立了有公众代表参加的权威的听证委员会，全面审查“雀巢”的经销行为。另外，公司还通过法律手段与“第三世界工作团”对簿公堂。法庭调查的结果表明，导致婴儿死亡的不是雀巢公司的产品，而是产品用户不卫生的饮用方法。这一系列活动，逐步挽回了“雀巢”的信誉。最后，历时7年的抵制运动终于被取消。雀巢公司总裁由此感慨地说：“事件的教训，说明任何企业都少不了公共关系部门，是公共关系的技巧把真相告诉了公众。”

此案例说明，公共关系对于一个企业的生产经营来说有着重大的意义。那么，什么是公共关系呢？本章将概括性地介绍公共关系的基础知识。

第一节　公共关系的概念

公共关系学经过数十年的发展，至今已经成为一门相对独立而完整的学科。该学科的一些主要概念和范畴也日趋成熟。把握和理解公共关系就要从这些概念和范畴出发。

一、公共关系的概念及其本质属性

（一）公共关系概念的引入

“公共关系”，简称“公关”，该词源自英文 public relations，缩写为 PR。Public 可译为“公共的”、“公开的”或“公众的”，Relations 则可译为“关系”。因此，public relations 可用中文“公共关系”或“公众关系”来表达。译为“公众关系”在涵义上更为直接一些，因为该词的本义是指社会组织与公众之间的关系。但“公共关系”一词已经在国内广为流传，并已为大多数人所接受和理解，本书采用“公共关系”的这一译法。其原因如下：一是公共关系的“公众”不仅由人群构成，还包括政府、社区、媒介等机构，这些机构在中国人的心中是公共事业单位，因此译为“公共关系”，理解上更为准确；二是全世界华人著述多是这种译法，已成为主流译法；三是全国的公关协会被法律认可的也是“公共关系”的协会。

公共关系在 1903 年发展成为专门职业，1923 年成为一门学科。随着历史的推移，英文 public affairs，public communication 也被译为公共关系。公共关系逐步发展，并被赋予了越来越多的内涵。中文中的“公共关系”也是多义词，因此，对公共关系概念的理解和界定也必然是多层次的。根据近年来的研究成果，公共关系这个概念至少可以归纳为五层含义。

（1）公共关系是一种状态。有人说：世界上有了两个人就有了人际关系，有了两个集团、组织，就有了“公共关系”。这是说公共关系是一种客观存在，是自古就有，不管你承认与否，它都会影响组织的生存与发展。

（2）公共关系是一种活动。当人们逐步认识到外界关系的重要性，并主动去调整这种关系时，就产生了一些类似于现代公共关系的活动。这些活动可视为公关实务的前奏。但是，尽管它们自古就有，却都不是自觉的公关活动，而只是一种谋求发展的本能与努力。只有现代科学的公共关系产生之后的自觉的公关活动才被统称为公关实务。

（3）公共关系是一种职业。1903 年，艾维·李创立宣传事务所，以收费的形式为企业进行公关策划，公共关系职业由此正式诞生，艾维·李也被誉为“公关之父”。

（4）公共关系是一门学科。1923 年，著名公关教育家、实践家爱德华·伯纳斯出版了世界上第一本公关专著《公众舆论的形成》，并在纽约大学开设了公共关系课。这是对公共关系实践的总结与提炼，是公共关系的飞跃性发展与突破。

（5）公共关系是一种意识、观念与思想。公共关系状态的客观存在、公关实践的发展与理论的日渐深入人心，使公共关系的观念得以逐步传播。公共关系观念作为人类精神文明的一种成果为越来越多的人所接受，对于社会的进步和发展起着非常重要的作用。

（二）公共关系的定义

公共关系作为一门综合性的应用学科和一种正在发展中的管理职能，对其定义的讨论，国内外公关学者尚未形成公认的统一的标准。仁者见仁，智者见智，众说纷纭。其中具有代表性的定义有如下几种。

1. 管理说

该类定义突出了公共关系的管理属性。美国著名公关学者雷克斯·哈罗博士（Rex L.

Harlow）在分析了 472 个公共关系定义之后指出："公共关系是一种独特的管理职能。它帮助一个组织建立并维持与公众之间双向的交流、理解、认可与合作；它参与处理各种问题与矛盾；它帮助管理部门及时了解舆论并做出反应；它明确和强调管理部门为公众利益服务的责任；它帮助管理部门随时掌握并有效地利用变化的形势，帮助预测发展趋势，以作早期警报系统；它运用健全的、正当的传播技能和研究方法作为主要的工具。"

美国学者斯科特·卡特利普和阿伦·森特（Scott M. Cutlip & Ailen H. Center）在其合著的《实用公共关系学》中认为："公共关系是这样一种管理功能：它通过优良的品格和负责的行为来影响公众舆论，它确定、建立并维持一个组织与决定其成败的各类公众之间的互利互惠的关系。"

2. 传播说

该类定义侧重于公共关系的传播属性。英国著名公关学者弗兰克·杰夫金斯（Frank Jefkins）在他撰写的《公共关系学》一书中提出："公共关系是一个组织为了达到与它的公众之间互相了解的确定目标，而有计划地采用一切向内和向外的传播沟通方式的总和。"

3. 传播管理说

该类定义将管理说和传播说结合起来，强调公共关系是组织一种特定的传播管理行为和职能。当代美国公共关系学术权威，马里兰大学教授詹姆斯·格鲁尼格博士（James E. Grunig）认为："公共关系是一个组织与相关公众之间的传播管理。"

4. 咨询说

该类定义侧重于公共关系的决策咨询功能，最具代表性的是国际公共关系协会于 1978 年 8 月发表的《墨西哥宣言》："公共关系是一门艺术和社会科学。它分析趋势，预测结果，为组织机构领导人提供意见，履行一系列有计划的行动，以服务于本机构和公众的共同利益。"

5. 关系说

该类定义强调公共关系是一种公众性、社会性的关系或活动。比如，美国普林斯顿大学的资深公关教授蔡尔兹（H. Chils）认为："公共关系是我们所从事的各种活动、所发生的各种关系的通称，这些活动与关系都是公众性的，并且都有其社会意义。"

6. 协调说

"协调说"也可称为"平衡说"，是对"关系说"的深化，认为公共关系主要是协调组织与公众之间的社会关系。王乐夫认为："维持企业的营利性和社会性之平衡就是公共关系。"

7. 形象说

该类定义从塑造形象的角度揭示公共关系的本质属性，强调公共关系的宗旨是为组织塑造良好的形象。熊源伟认为："公共关系是社会组织为了塑造组织形象，通过传播、沟通手段来影响公众的科学与艺术。"

上述各种公共关系定义从不同角度揭示了公共关系的本质属性，都有其合理性。公共关系从理论到实践均是一门正在发展中的学科，而且又涉及不同学科领域和不同的实践领域，因此，对公共关系的定义有不同的表述是正常的。实际上各种定义之间并不矛盾，只是侧重点不同而已。这些定义都有助于理解和把握公共关系的本质、任务、职能、目标和基本精神。一个较完整的公共关系的概念应该能够揭示如下几个层次的含义。

（1）公共关系在本质上是一个组织借助传播沟通手段开展的一种管理活动。

（2）公共关系的任务是协调一个组织和它的各类公众之间的关系。

（3）公共关系的职能是在收集信息的基础上，评估一个组织实施的政策和行为在公众中产生的影响，进而提出公共关系活动的具体目标和计划，通过传播沟通的实践活动将其目标和计划付诸实施，最后通过收集反馈信息，对下一步新的行动进行设计。

（4）公共关系的目标是为组织树立良好形象，获得内外公众的信任与支持，创造最佳的社会环境。

（5）公共关系的基本精神是诚实、开放，互惠互利。

基于以上认识，我们这样界定公共关系：公共关系是社会组织为促进其与相关公众之间的双向了解、理解、信任与互利合作，并为树立组织良好的公众形象，而进行的信息传播与沟通管理活动。这个定义较为科学、严谨地反映了公共关系的基本要素及其本质属性。

小思考

将以下关于“公共关系”的陈述与其含义相连接。

陈述	含义
①大连万达集团的公共关系不错	A 公共关系职业
②小武是干公关的	B 公共关系的静态评价
③张某某大学学的是公共关系	C 古代不自觉的公关萌芽
④小何很有公关头脑	D 公共关系观念和意识
⑤某公司赞助希望小学是在搞公关	E 公共关系学科
⑥尼克松总统下台是公关的失败	G 公关理论
⑦谢老师出版了一本《公共关系》	F 公共关系形象和舆论环境
⑧张骞出使西域是中国的公关	H 公共关系活动

（三）公共关系的构成要素

将复杂的公共关系活动过程简化以后，就可以发现，公共关系活动过程由三个基本要素构成：“社会组织”、“公众”和“传播沟通”。

1. 社会组织

社会组织是指各种政治组织、经济组织、军事组织、文化团体及民间组织等具体机构。社会组织是实施公共关系的主体，它可以发起和从事公共关系活动。

2. 公众

公众是指与公共关系主体发生相互作用的，其成员面临着某种共同问题、共同利益的社会群体。公众对社会组织的生存、发展具有实际的或潜在的利害关系。社会组织的公共关系活动，就是要与这些有关公众搞好关系，它们是公共关系活动的对象，是公共关系的客体。

3. 传播沟通

传播沟通指社会组织为了达到某个目标而运用现代化大众传播媒介和传播工具与公众进行信息、思想和观念的传递和沟通的过程。传播手段是沟通、联络公共关系主客体之间的中介和桥梁。

社会组织、公众、传播沟通这三个要素共存于同一个社会环境中，并受到社会环境的影响，三个要素共同构成了完整的公共关系，如图 1－1 所示。

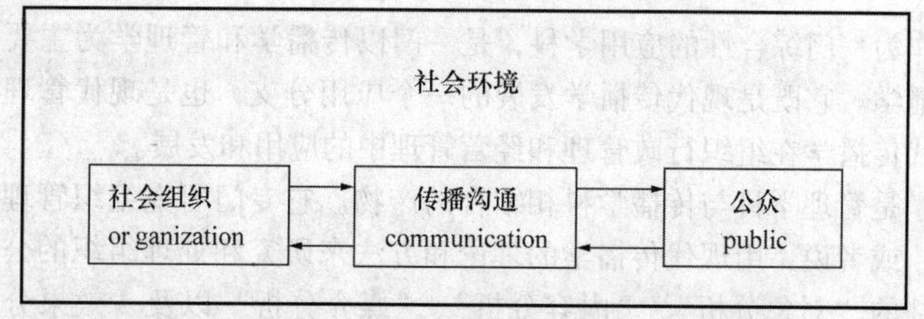

图 1－1　公共关系构成图

（四）公共关系的本质属性

从上述公共关系的定义可以看出，“传播沟通”是贯穿整个公共关系的一条基线，是现代公共关系理论的精髓，是公共关系的本质属性。它渗透到公共关系原理和实务的各个方面，是准确理解公共关系的关键。抓住公共关系的本质属性，就能够将它与同类事物中的其他不同属性的东西区别开来。我们可以从以下三个角度来加以说明。

1. 公共关系的“关系”性质

公共关系作为一种社会关系，特指社会组织与公众之间的传播沟通关系，即社会组织与公众环境之间的信息交流关系。这种组织的传播沟通关系是由组织的传播沟通行为和活动形成的，也就是通过传播和沟通活动去建立组织与公众之间双向的信息交流，促进组织与公众相互之间的了解、理解、认同，达成相互之间的共识、理解与信任，进而参与合作，达成共赢。这一过程即“公共关系”。

公共关系不同于其他具体的社会关系，如经济关系、政治关系、文化关系、行政关系、法律关系等，但又渗透其中，与组织的各种具体的社会关系相伴随。无论是何种类型的组织和何种性质的组织活动，都存在着与公众和社会环境之间进行沟通的问题，都需要争取公众和舆论的理解和支持，都有赖于良好的公共关系去达到其特定的目标。因此，可以说，任何组织及任何活动，都存在公共关系的问题。但是我们在理解公共关系的时候，还要注意不应该将它与组织其他性质的社会关系等同起来。它只是渗透在组织其他具体的社会关系中的一种信息传播与沟通的关系。

2. 公共关系的“职能”性质

公共关系作为一种管理职能，是对组织与社会公众之间传播沟通的目标、资源、对象、手段、过程和效果等基本要素的管理，即传播管理，也可称为沟通管理。这种管理是以优化公众环境，树立组织形象为宗旨的。公共关系的这种管理职能有别于其他的管理领域，其管理对象不是产品、资金、技术或销售网络等有形资产，而是信息、关系、舆论、形象等无形资产；其管理手段不是技术、经济、行政或法律的手段，而是现代信息社会的传播沟通手段；其管理目标不是直接地提高产量、促进销售、赚取利润，而是调整组织与社会公众之间的关系，提升组织无形资产的价值，从而使组织的整体资产增值。

可见，公共关系的对象、手段和目标均不同于其他组织职能，是一种独特的管理领域。这个领域反映了现代信息社会中管理学发展的一个趋势：日益重视信息资源、关系资源、形象资源和传播资源。因此，公共关系与资金、技术和人才并称为现代组织经营管理的“四大支柱”。

3. 公共关系的“学科”性质

公共关系作为一门综合性的应用学科，是一门以传播学和管理学为主要依托的传播管理学或组织传播学。它既是现代传播学发展的一个应用分支，也是现代管理学的一个构成部分。它是现代传播学在组织行政管理和经营管理中的应用和发展。

公共关系学是管理学科与传播学科相结合的产物。它专门研究组织管理过程中的公众传播沟通问题，或者说，用现代传播学的理论和方法来研究和处理组织的公众关系和公众形象问题。传播的“对象分析”、“内容分析”、“媒介分析”以及“效果分析”等基本理论，都在公共关系学中得到专门的阐释和发挥。传播学所研究的各种不同层次的传播行为和方式，如“人际传播”、“团体传播”和“大众传播”等，也在公共关系学中得到具体体现。而传播学的许多应用分支，如新闻学、广告学、舆论学、交际学等，也是公共关系实务的重要内容。因此，把公共关系学定位在“传播管理”，符合该学科的基本性质。

公共关系学是传播学在组织经营管理和行政管理中的具体应用，是一种应用传播学，因此它必须借助管理学的理论和研究方法。随着组织的社会环境的不断发展和变化，组织与环境之间的传播沟通活动日益活跃与频繁，到了一定的程度，就需要把这种组织传播行为职能化、规范化和制度化，这便逐渐形成了现代的公共关系学科。在现代信息社会和大众传播时代，公共关系学是管理学和市场营销学中不可或缺的一个部分。

综上所述，公共关系是一种组织的传播沟通关系，是一种组织的传播沟通职能，是一门组织的传播管理学科。组织与公众之间的传播沟通是公共关系的本质属性。

二、公共关系的分支概念

要全面理解“公共关系”的概念，还需进一步分析由这一概念逻辑地延伸出来的一些分支概念和范畴。这些概念和范畴在公共关系学中的使用频率很高，且被用来直接注释公共关系这一概念，因此，必须弄清楚它们的涵义及其相互关系。

（一）公共关系状态、公共关系活动、公共关系观念

在使用“公共关系”概念的时候，常表示一些不同层次的涵义：可以表示一种客观实在，即“公共关系状态”；可表示一种实际的操作实务，即“公共关系活动”；还可表示一种主观的思想意识，即“公共关系观念”。

1. 公共关系状态

公共关系状态即一个组织与其公众环境之间客观上存在的关系状况和舆论状况。公共关系状态是客观存在的，任何组织或个人都处在一定的公共关系状态之中。它既是组织公共关系活动的基础，也是组织公共关系活动的结果。

首先，公共关系状态是客观存在的。任何社会组织都必然处在某个特定的公众环境之中。这个公众环境由各种各样的与组织相关的个人、群体和组织所构成。组织与公众之间客观上存在着某种特定的情形和状况，与组织相关的“社会关系状态”和“社会舆论状态”就是组织的公共关系状态。“社会关系状态”指组织机构与其相关公众之间相互交往和共处的情形和状况。“社会舆论状态”指社会公众对组织机构的认知和评价的情形和状况。任何组织客观上都面对着特定的社会关系和社会舆论，它们制约着组织的生存和发

展，是一种不以人的意志为转移的客观存在，任何组织都不可避免地处在一定的公共关系状态之中。

其次，公共关系状态与公共关系活动之间存在着密切的联系。特定的公共关系状态既是社会组织公共关系活动所形成的结果，又是组织进一步开展公共关系活动的基础和前提。组织的公共关系活动以形成、维持或改变特定的公共关系状态为目标，以适应和影响自己的公众环境为任务，因此，公共关系活动的结果是形成特定的公共关系状态。另外，一个组织总是在特定的公共关系状态的基础上去开展自己的公共关系活动的，任何公共关系活动都不可能脱离特定的公众背景，必须以现存的关系状态为基础，针对现存的关系状态和舆论状态去开展下一步的公共关系活动。

2. 公共关系活动

公共关系活动（或实务）是指运用传播沟通的方法去协调组织的社会关系，影响组织的公众舆论，塑造组织的良好形象，优化组织的运作环境的一系列公共关系工作。公共关系实务活动是组织活动的一部分，是一种特殊的组织职能。

公共关系是一种特殊的社会实践活动。从广义上说，个人或组织试图采取某种实际行动去改善自己的公共关系状态的时候，就是在从事公共关系活动。从个人方面，公共关系活动包括日常人际交往中的有礼貌、有涵养的沟通行为，如谦虚有礼、热情待人等。从组织方面，公共关系活动已发展成为一系列专业性、规范性较强的传播沟通业务，成为组织的一种经营管理或行政管理的操作实务，包括调查研究、决策咨询、活动策划、设计制作、信息发布、宣传实务、交际实务等，需要动用一定的资源，运用专门的媒介和技术，制定专门的目标与计划，由专门的职能部门和人员来实施。公共关系学中所研究的公共关系活动主要是指这种专业的公共关系实务，或说是经营管理和行政管理工作中的公共关系业务。

3. 公共关系观念

公共关系观念是一种影响和制约着组织的政策和行为的经营观念和管理哲学，它不仅指导着公共关系实务工作的健康发展，而且渗透到管理者日常行为的各个方面，成为引导、规范组织行为的一种价值观念和行为准则。

当人们自觉地意识到公共关系状态的客观性和公共关系活动的重要性时，便会形成特定的公共关系意识或公共关系观念，如形象观念、公众观念、传播观念、协调观念、互惠观念、服务观念。

公共关系的“形象观念”表现为主体在决策和行动中高度重视自身的声誉和形象，自觉地进行形象投资、形象管理、形象塑造，将信誉和形象看作组织的无形资产和无形财富，把树立和维护良好的组织形象作为重要的战略目标。

公共关系的“公众观念”表现为领导者和管理者高度重视公众的利益，将公众的意愿作为决策和行动的依据，将符合与满足公众的要求作为组织的价值追求，并以此作为制定组织的经营方针和管理政策的重要原则。

公共关系的“传播观念”表现为经营者和管理者强烈的传播意识和沟通欲望，自觉地利用一切传播机会和传播媒介去影响公众、引导公众和争取公众，并善于运用双向沟通的方法去赢得公众的理解、信任和好感。

公共关系的“协调观念”表现为善于调节、平衡和统一各种不同的关系、不同的利益、不同的要素，懂得“统筹”、“兼顾”、“缓冲”、“折中”、“调和”、“妥协”的意义和价值，努力在矛盾中求和谐，在动态中求平衡。

公共关系的“互惠观念”表现为在交往与合作中，将平等互利、追求共赢作为处理各种关系的行为准则，将自身的发展与对方的发展联系起来，通过协助对方、满足对方来争取双方的共同利益。

公共关系的“服务观念”表现为对他人、对社会的一种奉献精神，使自己的存在和行为给对方带来满意和方便，用服务去赢得好感和信誉。

（二）组织、公众、传播沟通

组织、公众、传播沟通是公共关系学中三个最基本的概念，因为它们表达了公共关系现象和活动的三个最基本的要素，对它们的理解具有重要意义。

1. 组织——公共关系的主体

组织是公共关系活动的主体，即公共关系的承担者、实施者、行动者。公共关系是一种组织的活动，而不是个人的事务和技巧；它涉及组织的目标、战略、政策、计划、方法、活动、产品、人员、环境等诸要素，而不停留在个人活动的层面上；它处理组织的关系和舆论，而不是私人关系和事务；它追求整体的公关效应和组织的社会形象，而不局限于个人的印象、情感和利益。在理解公共关系的时候要防止将组织的公关行为私人化或用私人关系取代公共关系的倾向。因此，需要特别强调公共关系的行为主体是组织而非个人，应从组织和管理的层面上去认识和理解公共关系。

2. 公众——公共关系的对象

公众是公共关系传播沟通的对象。公共关系是由组织运行过程中涉及的个人关系、群体关系、组织关系所共同构成的。这些个人、群体和组织构成了组织的公众环境。组织的公共关系工作便是针对这个公众环境进行的。换言之，公众总是与特定的公共关系主体相关，与某一组织的公共关系传播行为相关。公众的态度和行为会影响到该组织的目标、决策和行动；相反，组织的目标、决策和行动也会影响到公众的态度和行为。这种相互影响和相互作用具有社会意义。

3. 传播沟通——公共关系的过程和方式

传播沟通既是公共关系的过程，也是公共关系的方式。公共关系活动的过程就是运用各种传播媒介和沟通手段，在组织与公众之间建立有效的双向联系和交流，促成相互间的了解、理解、共识、好感与合作的过程。公共关系的方式包括各种人际传播、组织传播、公众传播、大众传播的形式，包括各种语言沟通、文字沟通、非语言文字沟通的方法，还包括各种印刷媒介、电子媒介、实物媒介的技术。运用现代信息社会的各种传播沟通手段去建立和完善组织与公众之间的关系，是公共关系活动的实质性内容。

（三）关系、舆论、形象

关系、舆论、形象是在公共关系的理论演绎和实务分析中使用频率较高的另一组概念，有必要了解它们在公共关系学中的特定涵义。

1. 关系

“关系”一词在公共关系学中主要是指组织与公众之间相处和交往的行为和状态，即组织与公众之间的联系。这种联系的性质和程度是衡量公共关系状态的客观标志，如密切的或疏远的、稳定的或动荡的、长期的或短暂的、友善的或敌视的、合作的或对抗的，等等。这种相处和交往的性质和程度是组织的公众环境状态中比较直观的方面。公共关系的好与坏，从这种联系的性质和程度上就可以进行直接判断。

公共关系不是泛指所有的社会关系，而是指与私人关系相对应的具有社会公共性质的一种特殊关系。它包括两层意义，一是这种特定关系的结构，即谁和谁的关系；另一个是这种特定关系的属性，即什么关系。把握了这两个方面的意义，就能够将公共关系与一般的社会关系或其他类型的具体关系相区别开来。

2. 舆论

“舆论”一词在公共关系学中主要是指社会公众对组织的政策、行为、人员或产品所形成的看法和意见的总和，是社会上大多数人对组织的看法和意见的公开表达。这种公众意见的性质和程度同样也是衡量公共关系状态的客观标志，如肯定的还是否定的、赞许的还是指责的、喜欢的还是讨厌的，等等。这种舆论反应和评价的性质和程度，是组织公众环境状态中无形的方面。舆论标志着大多数社会公众对组织的基本态度和行为。

舆论是无形的关系。舆论好意味着公众关系好，舆论不好意味着公众关系不好。在一定意义上说，“公众舆论”和“公众关系”是等价的，是同一事物或现象的不同说法和表述。公共关系学不仅研究“关系”，而且研究“舆论”；公共关系活动的功能不仅在于协调和改善关系，而且还在于影响和完善舆论。

3. 形象

“形象”一词在公共关系学中主要是指组织的总体特征和实际表现在社会公众中获得的认知和评价。一个组织的社会形象体现了它的社会关系状态和社会舆论状态的总和。良好的公共关系意味着良好的公众关系和社会舆论。公共关系工作需要围绕着塑造组织良好的公众形象这个主题曲开展，即运用各种传播沟通手段协调关系、影响舆论，为组织建立形象、维护形象、调整形象、控制形象、纠正形象、优化形象等。追求良好的组织形象是公共关系活动的重要目标。公共关系是一种以塑造组织形象为己任的传播管理艺术。

公共关系学中的“形象”一词不局限于个别的、具体的、直观的范畴，而具有更深层的意义。首先，公共关系学中的“形象”的本质是信誉，重视组织形象实质上是重视组织信誉。其次，公共关系将建设和完善组织形象的内涵放在第一位，然后才考虑组织形象的外观。再次，公共关系塑造的是组织的整体形象，而不仅仅局限在个别的、具体的产品形象或人员形象上。最后，公共关系是通过组织的传播活动去影响公众的观念和态度而形成的。因此，公关形象是持久地全方位地传播沟通的结果。组织形象管理的工作就表现为协调关系和影响舆论的公共关系活动。

三、与公共关系相关的概念

（一）人际关系

人际关系主要是指个人关系、私人关系，即个人在社会交往实践中形成的人与人之间的相互作用和相互影响。这个概念主要从个体关系的角度概括了人的各种社会关系，其涵盖面包括个人在生产、生活及其他社会活动中形成的一切人与人之间的关系。

公共关系与人际关系既相互区别又密切联系。一方面，公共关系与人际关系之间存在明显的区别。从主体上看，公共关系的行为主体是组织，人际关系的行为主体仅是个人。从对象上看，公共关系的对象是与组织相关的所有公众及其舆论，而人际关系则包含许多与组织无关的私人关系对象。从内容上看，公共关系是一种组织管理活动与职能，处理的是组织事务和公众事务。人际关系处理的许多私人事务与公众没有关系。从方式上看，公共关系十分强调运用公众传播和大众传播的方式作远距离、大范围的公众沟通，人际关系则比较局限于面对面、个体对个体的交流方式。可见，公共关系并不等于人际关系。

另一方面，公共关系与人际关系之间又密切联系。从内容上看，公共关系包括了一部分人际关系。组织的公共关系活动包括了组织中的个人与公众对象之间的关系，公众关系也存在着许多个人的对象。从方式上看，公共关系实务也包括了人际沟通的技巧，即面对面的情感交流和说服技巧。公关人员需要具备较强的人际沟通能力，具有良好的交际素质与涵养。良好的人际关系有助于组织公共关系的成功。

（二）人群关系

"人群关系"这一概念属于管理心理学、行为科学的范畴，主要指群体内部活动和组织管理过程中人与人、人与群体的关系。即从管理的角度，研究群体内部人的需要、动机、态度、行为及相互关系对组织效率、群体活力的作用和影响。"人群关系"理论作为一种管理理论，强调要把人以及人与人的关系作为管理的重点，可以说是一种"管理中的人际关系学"，一种人性化的管理方法。

公共关系与人群关系既相互区别又密切联系。一方面，公共关系与人群关系之间存在明显的区别。首先，公共关系不局限于组织和群体内部的传播沟通，还包括大量的外部关系，要面对复杂的社会公众环境。其次，公共关系不局限于管理现场直接面对面的群体关系和个人关系，还需要特别关注不直接见面的、远距离的公众沟通，并十分重视公众环境的长远变化和发展趋势。可见，虽然公共关系和人群关系同属组织管理范畴，但它比人群关系的内容更复杂、范围更广泛。

另一方面，公共关系与人群关系之间又密切联系。人群关系主要指组织内部的人际关系，而良好的内部关系是公共关系的基础，与内部公众沟通，协调内部关系也是公共关系实务的重要内容。同时，公共关系学也要借助行为科学及管理心理学的理论和方法来分析公众的心理特征和行为规律，以便科学地处理公众关系。因此，公共关系与人群关系是有一定联系的。

第二节　公共关系的渊源与发展

公共关系作为一种客观存在着的社会关系和社会现象，有着悠久的历史。但作为一门学科和一种专门的职业，至今不过近百年的时间。追溯公共关系的起源，梳理其产生、发展的历程，对于把握公共关系思想与理论，开拓公共关系事业有着重要的意义。

一、公共关系的渊源

公共关系的渊源可分为如下四个时期。

（一）古代时期——公共关系思想的萌芽

由于公共关系学的许多理论都是现代传播、舆论学、管理学发展的产物，所以说公共关系学的历史其实不长，只有不到百年的时间。但公共关系思想以及类公共关系活动，却可以追溯到古代社会。因此，可以说古代时期是公共关系思想的萌芽时期。

纵观历史，早在古埃及、巴比伦、波斯、古希腊、古罗马，统治者就用武力和舆论手段来控制社会，处理与民众的关系。这些帝王、政府都曾动用大量的金钱和人力去营造雕像、寺院、陵墓，写赞美诗等，用精湛的艺术手法描述他们的英雄业绩，树立统治者的声誉，宣扬自己的伟大和神圣的身份，也传播生产知识。可以说他们具有强烈的“公关意识”。

考古发现，在距今约3800多年前，在古巴比伦（今天的伊拉克）有一种农业公告，它告诉农民如何播种、灌溉，如何对付危害庄稼的老鼠，如何收获庄稼等。它很有点像今天的农业组织公共关系部门的宣传资料。

在古希腊时代就已经有了靠创作赞美诗维持生活的人。古希腊著名学者亚里士多德在其著作《修辞学》中就怎样运用语言来影响听众的思想与行为进行了精辟的阐述。该书堪称最早问世的“公共关系理论”的专著。

古罗马的凯撒创办发行了世界上最早的日报——《每日记闻》，他还专门写了一本记载其功绩的纪实性著作——《高卢战记》，这本书曾被西方一些著名的公共关系专家称为“第一流的公共关系著作”。

在古代中国，政治活动、外交活动、军事活动、社会活动以及经济活动中，也有许多类公共关系的活动。如合纵家苏秦，奔波于山东六国，运用游说手段，来影响公众和社会舆论，来对付秦国的吞并。连横家张仪，四处交游，离间各国，以社会手段来实现自己的政治理想。战国时期的君子士大夫常有许多幕僚，善于四处游说，帮助统治者争取民心或动摇敌心，达到不战而屈人之兵的效果。

春秋时期郑国“子产不毁乡校”的故事，也包含着典型的公共关系思想。对于乡人聚会议政的乡校，然明主张毁掉，子产不同意，他说：“其所善者，吾则行之，其所恶者，吾则改之，是吾师也。”子产把乡校作为获取群众议论政事的反馈信息的场所，注意根据公众的意见，来调整自己的政策和行为。子产重视民意，颇得民众爱戴，从而使郑国强盛起来。

在中国古代的一些经济活动中，人们都自觉或不自觉地运用各种传播手段和沟通技巧来宣传自己，树立自己良好的声誉和形象。比如在店铺门前挂出招牌和旗帜“百年老店”、“如假包换”、“童叟无欺”等，来说明其店铺的经营时间长久、信誉好、无假货、公平诚实，以赢得顾客的信任。这类似于今天的广告宣传活动。

无论在中国还是在外国的历史上，都可以找到大量的类似公共关系的思想和活动。需要指出的是，这些仅仅是“类似”而已，公共关系作为一种新的社会思想和活动，其源头并不在古代，而是在近代的美国。

（二）巴纳姆时期——现代公共关系的发端

19世纪中叶在美国风行的报刊宣传活动，被认为是现代公共关系的“前身”。当时最有名的代表人物是巴纳姆，故将公共关系发展史上的这一段时期称为巴纳姆时期。

19世纪30年代，美国报界掀起“便士报”运动，即报纸以低廉的价格和通俗的内容去争取大量的读者，使报纸完成了大众化、通俗化的飞跃。从此，价格低廉、以大众为读者对象的报刊大量出版发行。由于价格低廉，普通大众都能买得起，因此，报纸发行量大增，随即广告费大涨。有些组织和公司为了节省大笔广告费用，便雇佣专人制造煽动性新闻，来扩大影响。报纸则为了迎合下层读者的阅读心理，也乐于接受和发表这类新闻。如此一来，两相配合，就出现了美国历史上有名的报刊宣传活动。这为那些想宣传自己，为自己制造神话的公司和组织提供了便利条件。

在这场报刊宣传活动中，具有代表性的是一位名叫巴纳姆的游艺节目演出经理人。他曾制造过一个关于黑人女奴海斯在一百年前曾养育过美国第一任总统乔治·华盛顿的“神话”。这一“新闻”引起美国社会的轰动。巴纳姆又乘势使用不同笔名向报纸寄去“读者来信”，人为地引起一场大讨论。有来信说这是一场骗局，有来信说巴纳姆发现了海斯是一大功劳。虽然最后被证明这是一场骗局，巴纳姆是这场骗局的策划者。但他已经获得了巨大的经济利益：每周可以从那些希望一睹海斯风采的美国人那里获得1500美元的门票收入。巴纳姆的信条是“凡宣传皆好事”。为了使自己和公司扬名，置公众利益于不顾，任意编造谎言和神话，利用新闻媒介“愚弄公众”，是该时期的显著特点。

当时，这种或把新闻媒介视为异己，或利用新闻媒介“愚弄公众”的现象引起了新闻媒介的不满，报纸杂志率先刊载揭露实业界那些“强盗大王”的恶劣丑闻。在1903至1912年的10年间，有20000多篇揭丑文章发表，同时还有社论和漫画，形成了美国近代史上著名的“清垃圾运动”（又称“扒粪运动”、“揭丑运动”）。

在“清垃圾运动”的冲击下，企业家们试图对新闻界封锁消息的做法越来越行不通。许多企业开始聘请“新闻代理人”专门从事改善与新闻界关系的工作。他们专门为其委托人作宣传，在新闻媒介之间进行游说，经常与报界联系，邀请记者到企业参观采访，或为公司的政策作解释和辩护等。从此，企业与外界的隔绝消失了，企业的透明度大大增加。不过早期的新闻代理活动仍难免存在大吹大擂、搪塞了事、混淆视听和隐瞒欺骗的弊端。此时，有一个人开始致力于改变这种状况。他就是被后人誉为公共关系之父的艾维·李（Ivy Lee）。

小资料

杜邦的转变

19世纪30年代，当时以经营炸药起家的杜邦公司，原先对外采取封锁信息的态度，对于公司发生的爆炸事件，一律不让记者报道，但大道不传小道传，社会公众中对杜邦的谣言愈来愈多，甚至在社会上形成了很可怕的印象：杜邦——杀人。杜邦公司很苦恼。后来杜邦听取了报界人士的建议，实行门户开放，公司发生什么事就通过媒体告诉公众，并经常对社会舆论进行引导；而且加大了公司的宣传，特别是那句广告语：化学工业使生活更美好，很好地表达了杜邦公司的形象，社会上关于杜邦公司的谣言也少了，为杜邦的生存和发展赢得了良好的舆论环境。

（三）艾维·李时期——现代公共关系职业化的开始

艾维·李（1877～1934），是美国佐治亚州一个牧师的儿子，毕业于普林斯顿大学，曾就读于哈佛大学法学院。他早期受雇于美国报业大王斯特的《纽约世界报》当记者。

1903 年他开办了第一家宣传顾问事务所，成为向客户提供劳务而收取费用的第一个职业公共关系人。现代公共关系职业化由此开端。

1906 年，艾维·李向新闻界发表了著名的具有里程碑性质的《原则宣言》："我们的计划，是代表企业单位及公众组织，对与公众有影响且为公众乐闻的课题，向报界和公众提供迅速而准确的消息。"这就是所谓的企业管理的"门户开放原则"。这反映了他的信条："公众必须被告知"。艾维·李认为：一个公司、一个组织要获得好的声誉，就必须把真情告诉公众；如果真情的披露对公司、组织不利，那么就应该调整公司或组织的行为；企业与其员工和社会关系的紧张摩擦，主要是企业管理人员采取保守秘密的做法，妨碍了意见和消息的充分沟通。

艾维·李首创了"公共关系"这一门职业，而且他提出的"说真话"、" 公众必须被告知"的命题将"公共利益与诚实"带进了公共关系的领域，使公共关系这门学科从对一些简单问题的探讨上升为探求带有某些规律性的原则和方法，大大推动了公共关系学的发展。当然，由于时代的局限，艾维·李的咨询指导主要还是凭借经验和直感而进行的，缺乏对公共舆论严密的、大量的科学调查，只有艺术性而无科学性。但无论如何，艾维·李作为公共关系职业的先驱者的地位是无可争议的。

（四）爱德华·伯尼斯时期——现代公共关系学科化的成熟

美国籍奥地利学者爱德华·伯尼斯是公共关系学科化的一名旗手。1923 年他首次在纽约大学讲授公共关系课程，并出版了被称为公共关系理论发展史的"第一个里程碑"的专著《公众舆论的形成》，书中阐述了"公共关系咨询"的概念，而且提出了公共关系的原则、实务方法和职业道德守则等。1928 年，他出版《舆论》一书；1952 年出版《公共关系学》教科书。爱德华·伯尼斯的信条是"投公众所好"。他认为，在一定科学理论指导下的劝说活动有着巨大的威力，因而，他非常注重运用各门社会科学的研究方法和研究成果。他的主要贡献在于，把公共关系理论从新闻传播领域中分离出来，并对公共关系的原理与方法进行较系统的研究，使之系统化、完整化、最终成为一门独立的新兴学科。

1947 年，波士顿大学成立了第一所公共关系学院，培养公共关系学士及硕士。许多公共关系著述也相继出版。1952 年，美国的卡特利普和森特出版了公共关系专著《有效的公共关系》，论述了"双向对称"的公共关系模式，在公共关系的目标上将组织和公众的利益置于同等重要的位置，在方法上坚持组织与公众之间的双向传播与沟通。这本书在美国被誉为"公共关系的圣经"，公共关系正式进入学科化阶段。

1998 年美国当代著名的公关学者詹姆斯·格鲁尼格教授研究了卓越公共关系和传播管理。他认为，卓越公共关系和传播管理涉及三个层次的内容，即传播核心层（传播部门的知识基础）、知识核心层（高级传播人员和高层管理人员对传播功能和作用的共识）、文化核心层（组织文化）。他还提出了一种"普遍原则，特殊运用"的理论。这一理论认为各国的公共关系实践既有相同之处，也有相异之处。卓越公共关系和传播管理的主要原则具有普遍性，它们适用于各种文化、政治和经济体制。但在另一方面，这些原则在各个国家的具体运用应有所不同。这一理论的体现就是："放眼全球，立足本地。"

二、公共关系的发展

20 世纪 20 年代后，公共关系首先在美国，继而在国际范围内得到迅速发展，成为一种既普遍又十分重要的热门职业，公共关系学也发展成为一门新兴学科。这具有深刻的政治、经济、社会、文化等多方面的原因。

（一）公共关系在西方的发展

1920 年至第二次世界大战期间，随着世界科技的进步，商品经济的发展，公共关系作为一种现代经营思想迅速传播开来。1924 年，美国《芝加哥论坛报》社论强调："公共关系已经成为一种专门职业，一种艺术和一门科学。"1937 年美国《企业周刊》统计当时的公共关系专家有 54 人，公共关系顾问公司有 250 家。到 1960 年，公共关系从业人员达到 10 万人，公司有 1350 家，75% 的大公司设有公共关系部门。到 1985 年，美国劳工部预计公共关系从业人员达到 15 万人，各类公共关系公司数千家，自设公关机构或外聘公关顾问的企业占美国总企业数的 85% 以上。公共关系事业得到了蓬勃的发展。

第二次世界大战以后，公共关系随着商品经济的发展，社会分工和专业化的推进，日益成为一种现代管理方法和专门职业。公共关系的活动领域，迅速从工商企业界扩展到政府机构、社会团体、科教文部门，并向全世界发展。1948 年，美国全国公共关系协会（PRSA）宣告成立，同时制定了作为行为法规的"公共关系人员职业规范守则"。1955 年国际公共关系联合会（IPRA）在英国正式宣告成立。1978 年 8 月，世界公共关系协会在墨西哥城召开大会，一致同意公共关系的定义为："分析趋势，预测后果，向领导机构提供意见，履行一连串有计划的行动，以服务于本机构和公众利益的艺术和社会科学。"

美国是世界公共关系事业最发达的国家之一。在企业界、政界、文化教育界、宗教界、军界和各种社团组织内，都有大量的公关从业人员。在美国文化的影响下，英国、法国、德国、意大利等西欧国家，以及加拿大、墨西哥、秘鲁以至整个拉丁美洲，都开始开展多方面的公关工作。随着公共关系在社会各界的广泛应用和蓬勃发展，公共关系理论教育也有了长足进展。1947 年波士顿大学开设了第一所公共关系学院，并设立公共关系学硕士和博士学位。1955 年，全美国有 28 所学校设置了公共关系专业，66 所学校开设了公共关系课程。

1968 年，由在校学生发起成立的"美国公共关系学生协会"，拥有 80 多所院校的 3 千多名学生会员，这些人成为美国社会各业从事公共关系活动的一支重要的后备力量。1977 年进行的一项调查表明，在全美的公共关系从业人员中已有 54% 具有学士学位，29% 的人具有硕士学位。进入 20 世纪 80 年代以来，公共关系的教育已开始按不同的行业分门别类进行，各有一套不同的大纲要求，并逐步向更细、更深入的领域健步发展。

（二）公共关系在中国的发展

20 世纪 60 年代，公共关系开始传入我国的香港和台湾省。80 代初，随着中国改革开放进程的加快，公共关系作为一种新的经营管理理念和方法被引进。首先在东南沿海地区的一些外资酒店里设立了公共关系部，并有少量海外公关人才为之服务。1984 年 9 月，广州白云山制药厂成立了我国国有企业的第一家公共关系部。随后，《经济日报》以长篇通讯的方式作了报道，并配发了重要社论，这标志着公共关系已立足于我国。

1984 年，世界著名公共关系公司希尔 - 诺顿公司在中国设立办事处；1985 年，世界著名公共关系公司博雅公司与中国新闻发展公司合作成立了中国内地第一家独立的公共关系公司——环球公共关系公司；随后，旨在提供公共关系服务的专业公司和组织内部的公共关系部如雨后春笋般蓬勃兴起。在公共关系实践不断发展的同时，公共关系教育事业也迅速发展。1985 年 1 月，深圳市总工会举办了全国内地首家公共关系讲习班；同年，北京大学研究生院也举办了公共关系讲座。1985 年 9 月，深圳大学招收了首届公共关系专业学生。此后，复旦大学、中山大学、杭州大学、兰州大学、国际关系学院、南京大学、中国科技大学、清华大学、北京大学等百余所大学或设立了公共关系专业，或开设了公共关系学课程。截至目前，全国高等学校的相关专业都基本开设了公共关系课程。

1986 年 12 月，在上海成立了我国第一个公共关系协会。1987 年 5 月，中国公共关系协会在北京成立。1991 年 4 月，中国国际公共关系协会在北京成立。1997 年 11 月 15 日，成立了中国公共关系职业审定委员会，为公共关系定下了“公关员”的名称，并正式列入了《中国职业大典》，这标志着国家已正式承认了公共关系的职业及制定了公共关系人员的国家职业标准和考核规范。1999 年 12 月，经过国家劳动和社会保障部批准，广东省劳动厅举行了我国首次初级“公关员”职业上岗培训和上岗考试，标志着中国的公共关系已经正式步入职业化的阶段。2000 年，在全国推行公关员的职业上岗考试，标志着我国的公共关系已开始走向职业化和行业化的道路。

1998 年初，中国国际公共关系协会（CIPRA）对 1997 年度中国公关市场进行抽样调查，这是国内首次由行业机构进行的专项行业调查，此调查对于行业发展具有极高的指导作用。此后每年举行一次，由年初发布上一年度的调查报告。据 CIPRA 调查显示，2003 年，全国专业公关公司总数超过 1500 家，从业人数超过 1. 5 万人，整个行业专业服务年营业额估计达 33 亿元人民币，年增长速度为 32%。2007 年度中国公共关系服务市场（不包括港澳台地区）继续保持快速的增长势头，整个行业年营业额估测为 108 亿元人民币，比上年度的 80 亿元人民币增长了 35%。2008 年度中国公关服务市场继续保持良好的发展势头，整个行业年营业额估测超过 140 亿元人民币，但由于雪灾、地震、奥运等一系列重大事件的影响，发展增速有所减缓，年增长率由上一年度的 35% 降为 29. 6%。

第三节 公共关系的特征

一、公共关系的基本特征

公共关系的基本特征体现了公共关系的性质和发展方向，要有效地开展公共关系活动，就必须准确地把握公共关系的特征。公共关系的基本特征可以概括为以下几个方面。

（一）以社会公众为对象

公共关系特指一定的组织机构和与其相关的社会公众之间的相互关系。它与一般的人际关系不同，是一种特殊的关系，实际上就是社会组织同构成其生存环境的内外社会公众的关系，而不是私人、个人的关系。人际关系以个人为支点，是个人之间的线性关系；而公共关系以组织为支点，是组织与其公众结成的网状关系。任何一个经济实体或个人，都存在于社会的网络之中，与上下左右的各有关群体发生着立体化的关系，这种关系是客观存在的。任何社会组织要想生存和发展，就必须坚持着眼于自己的公众，必须科学地分析与处理各种社会关系，为自身事业的发展创造最佳的社会关系环境，以保证事业的成功。因而，社会公众是公共关系的主要研究对象，一切工作都应围绕社会公众展开。开篇案例中，雀巢公司的公共关系工作对象就是广大用户和新闻工作者。

（二）以美誉为目标

公共关系的基本目标是为一定的组织机构在社会公众中树立美好形象，如果说搞好人际关系的目的就是为了个人的生存和发展，那么搞好公共关系的目的就是为了组织拥有良好的声誉，以利于组织的生存和发展。塑造形象是公共关系的核心问题，组织应通过各种公共关系活动，有效地提高自身的知名度和美誉度。良好的组织形象有利于组织顺应大势，适应环境，使组织在生存、竞争、发展中不断充实、成熟和壮大。公共关系的评价尺度不是政治立场和经济指标，而是美誉度。也就是关系好不好，客体是否愿意与之交往。而形象中的知晓度、定位度都是以美誉度为基础的。因而，公共关系是以追求高美誉度为工作目标的。开篇案例中，雀巢公司通过“与社会对话”和游说活动等一系列公共关系活动，挽回了组织形象，产品的抵制被取消，这就是公共关系的工作目标。

（三）以互利互惠为原则

公共关系不是以血缘、地缘为基础，而是以一定的利益关系、业缘关系为基础的，以此为纽带的关系双方，特别强调平等相待，互利互惠。它不能以某一单方的群体利益为基础，而必须以组织和公众双方的共同利益为出发点，它强调关系双方利益的平衡协调，根据双方利益的共同点建立起平等互利的合作关系。从根本上说，公共关系的内在驱动力是双方的利益要求。然而，不能将公共关系视为仅仅是社会组织与公众之间的利益关系，而没有情感上的交流和道义上的帮助。恰恰相反，公共关系正是要建立一种情感融洽，富有职业道德的相互了解、相互合作的关系，并由此与公众获取共同利益。可见，公共关系的互惠互利原则是一种双赢的结果。开篇案例中，“雀巢”公司通过“与社会对话”和游说活动，历时7年使抵制运动被消除。对公众来说知道了事实真相，能买到放心的产品；对雀巢公司来说，挽回了公司信誉，提高了产品销售，这是一种互惠互利的行为。

（四）以着眼长远为方针

公共关系的基本方针是着眼于长远的打算，着手于平时的努力。不能急功近利，拘泥于一时一地的功利得失。组织与公众间的良好关系，不是靠一朝一夕建立起来的。即使建立起来了，也还需要加以维护、调整和发展。因此均需要长期的不懈努力，宜未雨而绸缪，毋临渴而掘井，这是公共关系的基本方针。公共关系与一般的广告、推销不同，一般广告、推销的目标是直接的、局部的、战术性的，因而是短期的。公共关系的目标则是间接的、全面的、战略性的。公共关系着眼于长远利益。上述案例中，雀巢公司经过7年的努力，才使抵制运动消除，挽回了公司信誉。可见社会组织要凭借公共关系在社会公众中塑造良好形象绝非一朝一夕之功，也不是一蹴而就的，应着眼于长远，经过长期努力才能实现，而一旦树立起良好形象也不会轻易改变。公共关系的长远性是与社会组织生存的长远性同根相生、相依为命。

讨论一下

一名乘客的航班该不该飞？

某日，海南航空股份有限公司从广州飞往成都的一个航班上，148个座位中，只有一名乘客。一架波音737客机，从广州飞成都，总费用在7万~8万元之间，只运载一名乘客，远远不够运输成本。但飞机还是照常起飞了。而且，航行途中照常举行乘客抽奖活动，这名唯一的乘客以100%的中奖率，获得一张免费机票，等于不花钱享受到了乘坐专机的待遇。这件事，引起人们的争论。请讨论：一名乘客的航班该不该飞？

（五）以真诚为信条

公共关系要塑造社会组织的良好形象和追求长久的美誉度，必须奉行真诚的信条，倡导诚恳的作风，开展真实的传播、善意的协调、友好的交往，才能在公众心目中产生信任感。对社会公众真心相待、坦诚相见、尊重事实、客观全面，唯有真诚才能赢得公众自觉的合作与社会美誉。反之，任何一种虚假的信息传播，生硬刻板的接待服务，甚至居心叵测的交往，都将使组织形象受损。虚假是公共关系工作的大忌。开篇案例中，雀巢公司产品遭受抵制，甚至事态一度恶化，原因就在于拒绝接受批评，且采取保密行径，公众不知真相，柏根通过一系列公共关系活动，让公众知道了真相，抵制运行被消除，挽回了公司信誉。可见真实诚恳应是开展公共关系活动应遵守的信条。

（六）以传播沟通为工作方法或手段

以传播沟通为工作方法或手段，既是公共关系区别于一般管理职能的重要方面，也是它与单纯的宣传、广告之不同所在。在组织与公众之间，一方面组织应策动对外传播，使公众认识、了解自己。另一方面，它又要吸取舆论民意以调整、改善自身。只有这样，达成有效的双向意见沟通，才能使组织与公众在交流沟通，共享信息的基础上增进了解、理解和合作。

公共关系作为一种人类的交往活动，其活动形式具有以下两个特点：其一，它是双向的，而不是单向的；它一方面获取舆情民意以调整改善自身。另一方面，又要对外传播，使公众认识、了解自身，实现双向的意见沟通。其二，公共关系的主要手段是通过各种传播媒介维系组织与公众间的信息交流，以达到平衡、协调组织与公众的关系，它不同于人际关系中那种与组织无关的个人与个人间的直接交往，也不同于运用行政、法律、经济等手段以协调组织与公众关系的方法。公共关系综合了人际关系中公与私的关系，任何一个组织的公共关系，可以说就是这一组织本身及其有关人员所造成的印象的总和。上述案例中，雀巢公司开展的“与社会对话”活动就是一种传播沟通方式。

以上几个方面综合、系统、多角度地构成了公共关系的基本特征。

二、美国《公共关系季刊》罗列的公共关系特征

美国《公共关系季刊》曾详细罗列了公共关系的14个特征。

（1）公共关系是一个完整的职能，目的在于增进公司利益和达成其他整体的目标。

（2）公共关系并不制定政策，但是可以帮助管理当局表白公司的政策。

（3）对于受公司措施影响的人们，公共关系人员注意他们的印象和可能的反应，因此重大的措施虽然表面上与公共关系无关，也应先向公共关系部门咨询。

（4）行动比空言有力，所有信誉都建立在行动而非语言文字之上，但如果要让他人知悉并了解公司的行动就得借助于语言文字。

（5）公共关系虽然是管理部门的职责却仍然有其明确的责任范围，如果要实行这种责任就必须配备适当的预算及人员，至于所担负的任务必须限于公司公共关系范围以内的工作。

(6) 公共关系人人有责，公共关系部门的最终目标是使人了解传播对于良好的管理是必要而不可分割的。

(7) 关于公司的形象是相对的，要依据某种公众对于公司的具体要求和兴趣而定。例如股东、金融界、政府、教育家和舆论界，就会各有各的看法。

(8) 人们经常根据不完全的证据形成对公司的印象，例如公司的名称，与某一位员工通信或偶然的会晤，虽然这些都是小事，但应尽力去注意为公司争取良好的印象。

(9) 因为公司是在舆论所形成的环境下运营发展的，因此对于任何人士所具有的访问权利均应尊重。

(10) 人们通常对于了解最少的事情感到厌恶、恐惧或猜疑，如果不提出理由并加以解释，人们就会自行想象，因此透露、传播资料信息不要吝惜。

(11) 不可歪曲及夸大事实，公共关系的主旨在于陈述事实，以便他人对于公司能公平评估，引起公众兴趣，进而对他们发生影响。

(12) 少做做得好，比多做做不好要强。

(13) 在观念的领域中，要引起特别的注意，竞争非常激烈，公共关系的一项基本任务就是要引起别人对于公司的好感和兴趣。

(14) 公共关系艺术成分多于科学成分，这种艺术一定要以社会科学的崭新知识为基础，对于公众对象的组成及态度要做科学的评估，对于公司本身要有透彻的认识。

第四节　学习公共关系学的意义及方法

一、学习公共关系学的意义

(一) 适应对外开放的需要

对外开放需要加强中国与外部世界的双向沟通，尤其是在当今全球经济一体化的大背景下，一方面要了解世界，另一方面要向世界传播自己，表达我们的政治倾向，宣传我们的经济政策，显示我们的经济实力和经济交往的要求。对外开放的步伐加快，加强形象管理的问题就显得日益突出，这要求我们不但要树立公关意识，而且要加强公关管理。因为对外开放需要按国际惯例办事，特别是我国加入世界贸易组织（WTO）后，学习和运用公共关系理论和知识，对于完善和规范社会组织的行为显得非常必要。

小资料

“宁波共识”

2008 年 11 月 22 日，宁波市公共关系协会与浙江省公共关系协会召开了 2008 “改革开放与公共关系宁波共识研讨会”。来自全省各地的公关专家、学者、论文作者等 60 余人参加了研讨会。会议就当前公关界研究的热点问题进行了深入的探讨并达成了如下“宁波共识”：

改革开放三十年公共关系萌芽、发展、壮大，公关推进改革，改革繁荣公关。

公共关系关注的是组织的发展与公众的利益，公共关系研究的是传播、管理与社会。

公共关系的理论应具有前瞻性、应用性与科学性。公共关系应具有社会责任感，努力成为实践科学发展观、建设和谐社会的重要理论与工具。

不论是在当下的经济危机阴影中，还是在未来的政治、经济、社会发展中，公共关系将发挥自身学科优势，在政府公关、企业品牌建设与传播、危机防范与管理等领域发挥重要作用。

我们将在普及公关知识的同时，积极探索浙江公关特色，充分重视企业在公关建设中的作用，努力推出一批代表浙江省最高学术水平的公关研究成果，科学总结浙江省公关实践经验，为中国特色的公共关系建设提供理论上的支撑与实践上的借鉴。

我们呼吁全省的公关同行与专家学者开展更多的合作与交流，我们呼吁社会各界给予公共关系更多的关注和重视。我们相信，通过我们的努力，浙江省的公共关系一定会迎来更加光明的未来！

（二）适应经济体制和政治体制改革的需要

经济体制改革促进了横向联系的发展，尤其是在市场经济理念的推动下，党政分开，政企分治，基层组织的自主权得到了保障，同时使组织的社会关系日益复杂，给组织的关系状态（社会关系和舆论）和行为方式带来了新的变化，因此需要应用公共关系来加强组织的社会沟通和社会协调。

我国的政治体制改革需要安定团结的政治局面，民主化政治体制改革体现在政府的为民服务的职能转变上，这更需要加强社会的公共关系工作，从而增强政府和公众之间的双向交流与沟通，增强领导者和人民群众之间的了解、理解、信任和合作，形成和谐的社会气氛。

（三）适应市场经济发展的需要

我国市场经济的发展，带来了大范围的分工协作关系和激烈的市场竞争关系，使企业组织需要运用公共关系理论和知识来拓展合作关系，加强竞争能力，树立组织及其产品的知名度、美誉度，促进经济效益和社会效益的全面提高。

（四）适应现代信息社会的需要

现代信息传播技术和沟通方法的发展，促进了社会交往观念和交往行为的变化。特别是大众传播的发展使公众舆论的作用日益增强，从而使组织形象管理的问题日益突出，需要运用公关手段来了解舆论，引导舆论，改善组织的生存和发展环境。

二、学习公共关系学的方法

（一）理论与实践紧密结合的方法

“公共关系学”有自己独立的学科体系，有自己现实的操作技术与方法。公共关系理论是“公共关系学”的核心，但它只有在和公共关系应用结合起来时，才能显示出“公共关系学”的理论价值，并发挥出巨大能量。而公共关系在社会实践中得以应用，又为公共关系理论的丰富、发展、深化和完善提供了更新、更好、更全面的素材，并对公共关系理论的正确、实用与否进行检验，从而体现了“公共关系学”的实用性和可操作性。理论与实践紧密结合，用理论指导实践，用实践来理解理论，才能融会贯通。

（二）系统地把握公共关系学与相关学科之间的关系

公共关系学作为一门独立的学科，它是在庞大的基础理论学科的支撑下得以形成的，没有基础理论的支撑，仅仅对公共关系学有一定的了解，或者仅仅停留在对公共关系表层的了解和理解层面上，则不可能形成完备而系统的、科学的公共关系学的知识体系，更不可能形成指导实践操作的公共关系运行的思路与技能。同学们在学习公共关系学之前，一定要学好管理学、管理心理学、企业战略学、市场营销学、传播学、新闻学、消费心理学、广告学等，同时还要提高系统思维能力和写作能力。这些课程与能力属于公共关系学的前期学科与能力要求。

除了将公共关系学的前期课程与学科学好之外，在系统地掌握了公共关系学知识之后，还要继续学习公共关系学的后续课程。如电子商务、网络传播、CIS战略、公关礼仪、服务营销、客户关系管理、整合传播、供应链管理等课程，这些课程可以将公共关系学的系统思路延续下来，更深刻地思考公共关系的操作与运营问题，并使各项运营工作用公共关系思想统一起来，形成合力，共同推进组织的进步与发展。

（三）牢固树立“公众导向”的现代公共关系观念

同学们要牢固树立“公众导向”的现代公关观念，把握其“公众导向”的基本内涵，从公众利益的角度出发去分析、研究公共关系的基本问题，一切公共关系活动均以“让公众满意”为出发点和归宿点，以保证公共关系的活动达到在公众心目中树立组织美好形象，并求得实现公众的支持和发展的目标。

（四）把学习的重点放在对实际问题的解决层面上

学生在学习公共关系学时，如果能事先将问题提出来，则有助于学生们对问题的理解。因此，在学习中，应采取模拟公关实践操作的方法，即要求学生在课堂上研究案例，把案例中的各种解决方案隐去，把问题留下来，让学生们带着问题去思考，希望学生们通过自己的思考使问题得以解决。我们把这种方法称为情景学习法。情景学习法要求事先给出一个事物的情景，根据这个情景将问题提出来，学习的过程就是解决这个问题的过程，这个问题解决了，学习的知识也就掌握了。把公共关系学的学习侧重点放在对实际问题的解决层面上，才能把学习的情景带到实际情形下，从而提高解决实际问题的能力。

本章小结

本章在分析公共关系各种定义和概念的基础上，介绍了公共关系的分支概念，并对公共关系的相关概念加以辨析，然后阐述了公共关系的渊源与发展，接着分析了公共关系的特征，最后介绍了学习公共关系学的意义及方法。

习　题

基础知识题

1. 什么是公共关系？它的本质属性是什么？
2. 解释公共关系状态、公共关系活动和公共关系观念的含义。

3. 辨析公共关系、人际关系和人群关系的含义。
4. 公共关系的渊源分为哪些阶段?
5. 公共关系的基本特征有哪些?
6. 学习公共关系学的方法有哪些?

技能训练题

找一家企业或组织，分析其公共关系状态。

典型案例

一天，湖北省黄石市中日合资企业“美尔雅”公司总经理罗日炎收到来自美国纽约的投诉信，信中指责美尔雅西服质量差。总经理立刻吩咐公司销售部给这位美国消费者回信，表示要调查原因，并且赔礼道歉。这封信发出了一个多月，竟杳无音讯。为此罗日炎总经理决心把问题搞清楚，他带一名推销员直飞纽约，几经周折，找到了这位消费者。当那位消费者得知“美尔雅”公司总经理特意来调查情况，赔偿经济损失时，感激而又尴尬地耸耸肩说：“NO！NO！你们太认真了。”

原来这位消费者花了400美元买了一套美尔雅高级西装，买时没有仔细看，回到家中一试穿，发现少了一枚扣子。美国人一向注重商品质量，花了钱，竟买了一套质量不好的西服，觉得很倒霉。于是一气之下，写了这封投诉信。后来他在纽约配了一个扣子。

为了一套西服，“美尔雅”公司不远万里，来赔偿这位顾客的损失，使这位美国消费者深为“美尔雅”公司的认真态度感动。他当即以“读者来信”的形式给纽约《消费者时报》投稿，盛赞中国“美尔雅”公司信守承诺的美德。这家报纸刊登来信后，纽约的其他报纸也竞相转载，“美尔雅”一下子声誉鹊起，轰动了纽约城，销售量大幅增长。随后，仅在一个月的时间里，“美尔雅”公司就收到了5张来自纽约的订货单。

在公司职工大会上，罗日炎经理当众宣布扣发自己半年奖金，同时扣发其他相关领导半年奖金，责成公关部将这封信复印100多份，贴到各车间教育橱窗，以此强化职工的质量意识。

“美尔雅”敢于曝光亮“丑”这件事，陆续刊登在《湖北日报》等多家报纸上，引起了又一次轰动，北京市为此出现了购买美尔雅西服热，就连日本有些报刊也做了转载报道，许多日本人也爱上了“美尔雅”。

思考题

(1) 从公共关系角度分析，美尔雅公司的这种行为为什么受到社会好评?
(2) 该案例说明美尔雅公司的经营者具有哪些公共关系观念?
(3) 此案例对你有何启发?

第二章　公共关系的主体——社会组织

学习目标

知识目标：了解公共关系主体的构成要素和社会组织与环境交互作用的关系；理解社会组织的涵义、特征及分类以及CIS设计的含义、要素、原则和导入的程序；掌握如何能塑造出最完美的组织形象，从组织形象塑造的涵义、要素、内容、要求等多个角度进行分析。

能力目标：具有判断社会组织类别的能力。

技能目标：能够塑造出完美的组织形象。

重点：组织形象塑造的内容和要求。

难点：CIS设计与组织形象塑造。

北京同仁堂药店创建于康熙八年，秉承"治病救人、扶危济困"的传统美德，急患者病家之所急，想患者病家之所想，历经沧桑，老而弥坚，不仅提供的药品货真价实，而且还为患者病家提供煎药、熬药、寄药、名医坐堂等免费服务，同时还对贫困者减免药费，对广大民众夏天送绿豆汤、降暑药，冬天施舍棉衣和粥。

2003年春夏之交，一场"非典"突然到来，北京同仁堂药房免费为患者病家煎药，每天接收订单达16万份，同仁堂员工通宵达旦地工作。由于中药涨价，北京同仁堂决定拿出1000万元平抑药价。整个"非典"期间，同仁堂共售成品中药300万副，每售出一副药北京同仁堂就亏损2元钱。但在社会公众中却树立了良好的组织形象，其药品、员工、领导、企业的声誉等受到几代人的极力赞誉。

公共关系是社会组织运用各种传播手段，来维持和发展与公众之间良好关系的互动过程。公共关系由社会组织、公众和传播三个基本要素构成，其中社会组织是公共关系的主体，公众是公共关系的客体或对象，传播则是连接社会组织与公众的桥梁和纽带。公关主体是公共关系的发起者、组织者和实施者，在公共关系活动中占有主导地位，对公关活动起着主导作用。

第一节　社会组织概述

一、社会组织的含义

组织一词，源于希腊文，原意是和谐、协调之意。我国古代指把丝麻织成布帛，有组合编织的意思。英文中组织（organization）来源于"器官"，指细胞集合体。后来"组织"一词引申到人类社会，表示一切相互依赖、相互作用的各个部分构成的具有特定功能的整体。

社会组织是人类社会的组合方式，是社会大系统存在的基础。人类社会生活是有组织的生活，从某种意义上说，我们每个人都生活在一定的社会组织之中，人类社会本来就是由各种社会组织构成的。社会组织有大有小，大到一个国家，小到只有数人组成的个体企业。它与一般的家庭、邻里等自然形成的社会群体有着较大的差别，它目标统一、行为规范、结构严密。

所谓社会组织是指由一定的社会成员，按照一定的规范，围绕一定的目标聚合而成的社会团体。它是一个与“个体”相区别的概念，是人们有意识地为实现某个特定的目标，依照一定的结构形式而组成的有机整体。本章中所讲的社会组织主要局限于企业，在各种公共关系活动过程中，社会组织总是居于主导地位，策划各种旨在影响和改变组织环境的公共关系活动，使组织处于良性运转之中。

二、社会组织的特征

世界上的社会组织形形色色，种类繁多，特点各异。作为公共关系主体的社会组织，一般都具有以下特征。

（一）整体性

社会组织的整体性说明社会组织成员是有一定的数量要求的，它是个集合的概念。这种整体性的特征不仅反映了社会组织成员是由大多数人所组成的集合体，也说明社会组织所要代表和反映的也是多数人的利益。每一个社会组织都是一个结构严密的系统，社会组织内部的各个部门、各个环节、各个成员之间都是按一定的规章制度建立起来的相互依存、相互制约的关系，成为一个“命运共同体”，从而实现组织既定的目标。

（二）目标性

任何社会组织的建立都是为了实现某个目标，以履行其对社会的职责，没有目标的组织是即将消亡的组织。社会组织的发展过程就是组织目标不断实现的过程。社会组织的一切工作都是为实现目标服务的。社会组织的目标应该是社会总体目标的有机组成部分，要有利于社会目标的实现。只有这样，社会组织的存在及其合法性才能得到社会的认可，社会组织的活动才具有社会价值。不同的社会组织的目标也各不相同，如学校的目标是培养人才，医院的目标是救死扶伤，工厂的目标是生产产品，政府的目标是履行社会行政事务等。

（三）动态性

动态性又称为变化性。社会组织是社会发展的产物，它的存在受到社会环境的制约，环境的变动是绝对的，正如哲学上所说“一切皆变，无物常在”。社会组织的新生与消亡，在某种程度上往往要取决于社会环境的变化。社会组织的动态性具体包括两方面：一是社会环境是不断变化的，要适应这一变化，社会组织就应适时地进行目标、功能、机构和人员的调整；二是社会组织本身也要不断发展变化，在不同的发展阶段，组织的形象目标也会有所不同。因此，社会组织应随社会环境的变化不断调整自身的行为，既要有适应性和应变能力，又要积极主动地去创造条件改善环境。

（四）稳定性

用“铁打的营盘，流水的兵”来形容社会组织的稳定性比较贴切。尽管社会组织的成员及其领导者都是可变的，在数量和规模上有不断扩展的趋势，但作为一种活动结构，即将组织成员组合在一起的基本框架总是稳定的，不会轻易发生变化。

（五）物质性

任何社会组织的存在必须具备一定的物质基础——人、财、物，也就是说要有一定的办公场所或生产场地、生产设备、技术、资金和人员等，这是社会组织存在的基本保证，如果没有这些物质“硬件”，社会组织的生存就只能是一句空话，就只能是“皮包公司”。

三、社会组织的分类

社会组织的分类就是将纷繁复杂、形式各异的社会组织按照一定的标准归类分析。标准不同，划分的种类也就不同，根据不同的划分标准，可以对社会组织作不同的分类。

（一）根据组织成立的依据和成员之间的关系划分，可将组织分为正式社会组织和非正式社会组织

1. 正式社会组织

正式社会组织是依据法律的许可和规定而成立，组织的性质、目标、宗旨、结构等都有比较明确的要求和规定，组织成员之间关系明确，是一个相对稳定的社会实体。如工商企业、学校、政府。

2. 非正式社会组织

非正式社会组织是依据成员的兴趣、爱好等自愿组成，组织的目标、职能、结构具有随意性，组织约束力比较差，组织成员之间的关系比较松散和自由，彼此是一种地缘、趣缘、业缘的关系。如一些群众团体、各种协会、同乡会。

（二）根据组织不同的社会职能划分，可将组织分为经济组织、政治组织、文化组织、群众组织和宗教组织

1. 经济组织

经济组织是最基本最普遍的社会组织，从事经济活动，具有经济职能，担负着经济领域中的生产、交换、流通、分配等职能，如生产性企业、商业企业、金融企业等。经济组织开展公关的主要任务就是建立一个良好的生产经营者形象，扩大在市场经济中的竞争能力。

2. 政治组织

政治组织具有政治职能、权力职能，集中体现了社会成员某些阶级和阶层的利益。这类组织是为某种政治目的而建立的，代表占统治地位的阶级利益和意志，为其提出奋斗目标、制定方针政策、组织社会经济建设、保卫国家政权等，包括政党组织、国家政权组织、国家武装力量组织和国家司法组织。政治组织开展公关的主要任务就是在人民心中树立起良好的领导者、管理者、保卫者、服务者形象，争取民众的支持。

3. 文化组织

文化组织具有文化、教育职能，是以满足公众文化的精神生活需要而成立的组织，如学校、文化艺术团体、教育科研单位、图书馆、俱乐部等。文化组织开展公关的主要任务不是单纯的谋求经济利益，而是塑造精神文明建设者的形象，满足人们日益增长的精神文化生活的需要。

4. 群众组织

群众组织是具有共同利益和共同志趣的个体组织起来的群体。在我国各级工会、共青团、妇联、青联、文联、作协、科协等都是群众组织。群众组织开展公关的主要任务就是

在人民群众中树立起社会利益和群众利益的捍卫者形象，取得社会各界和人民群众的支持，为广大人民群众服务。

5. 宗教组织

宗教组织是具有共同宗教信仰的人们所组合起来的群体。我国的佛教协会、道教协会、伊斯兰教协会等都是宗教组织。宗教组织开展公关的主要任务就是争取得到信教群众和宗教界人士的爱戴和拥护，与有不同信仰的人和平共处。

（三）根据组织是否营利划分，可将组织分为营利性社会组织和非营利性社会组织

1. 营利性社会组织

营利性社会组织是以本组织利益为目标的社会组织。这类组织讲究资本的投入产出，讲究利润的回报。利润是这类组织的生命，没有利润这类组织就会自动消亡，同时这类组织获取利益的方式，不是靠政府权力和垄断政策，而是靠公平竞争和优质服务。如工商企业、金融机构、旅游服务性公司。

2. 非营利性社会组织

非营利性社会组织是不以本组织利益为出发点，而是以公众利益、社会利益为出发点的社会组织。如学校、医院、慈善机构、社会公用事业机构等等。这类组织要运用传播手段将组织的宗旨、目标以及其他相关信息告知社会公众，不断提升社会组织的影响力，获得广泛的知名度和美誉度，为社会组织的发展创造一个“天时、地利、人和”的良好社会环境。

是否只有营利性组织才需要开展公共关系？

四、社会组织与环境

现代社会，任何社会组织都无法离开周围的环境。每个社会组织都是整个社会大系统中的一个子系统，它的存在和发展都离不开环境的影响和作用。因此，作为社会组织，怎样营造一个有利于组织生存和发展的环境是非常重要的。

社会组织的功能依靠组织内部协调运转，围绕组织的目标而实现。这种运行和实现有赖于社会组织面临的外部环境和社会组织内部环境的变化，国外学者把这三者之间的相互联系和制约作用称为“组织战略三角”，如图 2－1 所示。三者保持综合动态平衡才能保证组织功能的实现。

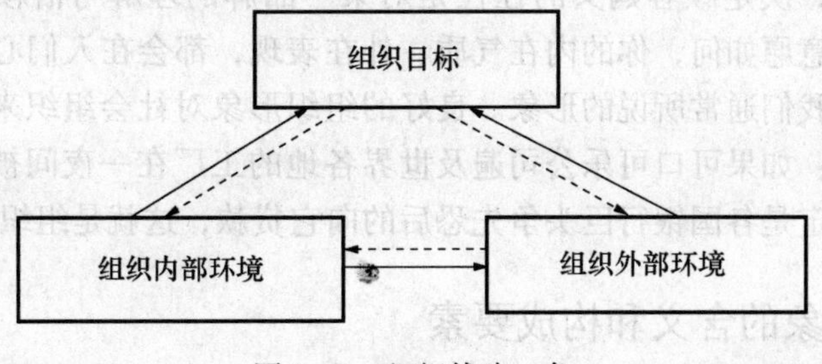

图 2－1　组织战略三角

通过上图可知，社会组织的环境大致分为两个方面：社会组织的内部环境和社会组织的外部环境。两者结合构成了社会组织的环境系统。

（一）社会组织的内部环境

社会组织的内部环境包括组织的决策层、员工队伍、员工关系、经营状况、管理机制、文化氛围、精神面貌、设备设施、建筑风格、装潢布置等，是由有形的人、财、物与无形的信息、知识、管理、精神等组成的微观环境系统，是组织赖以存在和正常运行的基本条件，其中人际关系环境是社会组织内部最普遍、最重要的内部环境。因此，做好组织内部环境的建设是一项长期的公共关系工作，对社会组织的顺利发展具有极其重要的意义。

一个社会组织内，只有各职能部门之间密切配合、步调一致，组织成员爱岗敬业、士气高昂，才能使社会组织这台机器高速运转，保持社会组织生存和发展所必需的生机与活力。天时、地利、人和，其中最重要的应该是人和，没有和谐的人际关系，社会组织是无法有效地开展任何工作的。

（二）社会组织的外部环境

社会组织的外部环境主要是指自然环境和社会环境。前者指社会组织所在地区的地形、地理、气候、空气质量、天然景观等各种自然因素及其对社会组织的影响；后者指社会组织所面对的社会经济、政治、文化等状况。如果说社会组织的内部环境重在影响组织自身的运作过程，那么，社会组织的外部环境则重在制约组织运行的方向和目标。社会组织生存于确定的社会环境之中，其形象的塑造与推出必须要考虑环境的要求并与之相适应。否则，再好的公共关系方案也不可能取得预期的效果。

社会组织内部和外部环境的质量，对其生存与发展有着多方面的关系和影响。在好的环境条件下社会组织能够得到顺利发展，而换一种恶劣的环境则可能使组织一蹶不振。但一般情况下，环境影响着社会组织，而社会组织也通过自己的活动影响、改变着环境，两者之间是一种互动的关系。

第二节　组织形象的塑造

英国某周刊一篇文章曾经说：“在一个富足的社会里，人们已经不太计较价格，产品的相似之处又多于不同之处。因此，商标和公司的形象变得比产品的价格更为重要。”这一点我们在现实生活中已有所体会。如果你准备购买一台彩电，当你走进电器商店，面对索尼、松下、东芝、夏普、长虹、康佳等国际、国内名牌彩电，一般顾客凭肉眼根本看不出其中有什么差别，决定顾客购买的往往是对某一品牌的理解与信赖。任何一个社会组织，不论你的主观意愿如何，你的内在气质、外在表现，都会在人们心目中留下一定的印象，这个印象就是我们通常所说的形象。良好的组织形象对社会组织来说，就是一笔无形的财富，有人说过：如果可口可乐公司遍及世界各地的工厂在一夜间被大火烧光，那么第二天的头条新闻一定是各国银行巨头争先恐后的向它贷款，这就是组织形象的价值。

一、组织形象的含义和构成要素

形象是人们对人或事物的感知留在心目中的印象，是对人或事物的一种总体评价。社会组织要想给人留下深刻的印象就要有区别于其他社会组织的特点和风格。所谓组织形象是社会公众对一个组织的总体认识和综合评价，它是社会组织的外观形象与内在气质在公众心目中的一种综合反映。它的构成要素包括两个方面：一是外观形象，主要指社会组织的厂房、产品、商标等一切有形的东西给人留下的印象；二是内在气质，主要指社会组织在运行中处理各种问题时所表现出来的经营理念、企业文化、精神风貌、价值取向、道德观念等无形的东西。

二、组织形象的特征

组织形象作为一种独特的客观存在，不以人的意识为转移，有其自身的特征。

（一）主观性和客观性

主观性是指组织形象作为在公众心目中的印象，必然要受到公众自身的价值观念、道德水准、审美取向、性格差异和思维方式等主观因素影响的。对待同一个社会组织，会在不同公众心目中留下不同的印象和评价，所以具有一定的主观性；客观性是指组织形象存在的这一事实，不受组织规模大小、经营业绩好坏等的影响，公众对组织的评价并不是空穴来风、无中生有，而是组织各方面活动所表现出来的一种客观的总体的反映，是公众对组织整体形象在心灵上的一个投影。

（二）变动性和相对稳定性

组织形象不是一成不变的，由于组织的生产经营情况、构成公众的人群、信息传播所借助的媒介渠道等决定组织形象的因素总是处于发展变化之中，因此组织形象会随着组织行为的变化而变化，而不是静止不变的；一个组织的形象形成过程是一个漫长的文化积淀过程、品牌塑造过程，一旦组织形象形成，就会具有相对稳定性，很难让人忘怀，因为这种形象在一些公众的心中形成了一定概念化的东西，造成了一种心理定势。

（三）无形性和有形性

无形性是指组织形象是一种看不见、摸不着的东西，是一个抽象的概念，人们无法用精确的数据和图形来表示出组织形象的模样；有形性是指组织形象的表现形式往往与组织的商标图案、名称和标志性建筑相联系。社会组织的一举一动，时刻都会以其特有的形象方式存在于人们的头脑中并留下深刻印象。例如奔驰的“三叉星”，不仅简洁、美观，而且还具有深刻的寓意，从直观的角度看，它既是汽车方向盘，又形似汽车的轮胎，在直观形象的背后，“三叉星”反映了这家企业的三个创始人——戴姆勒、梅赛德斯、奔驰三人同心协力的企业精神。

三、组织形象的内容

（一）知名度和美誉度

在日常工作中，我们一般用组织的知名度和美誉度这两个基本指标来评价组织形象的状况。

1. 知名度

知名度是一个组织被公众知晓、了解的程度，是评价组织名气大小的客观尺度，侧重于“量”的评价，即组织对社会公众影响的深度和广度。用计算公式可表示为：

知名度 = 知晓人数/调查人数 × 100%

2. 美誉度

美誉度是一个组织获得公众信任、赞美的程度，是评价组织声誉好坏的客观指标，侧重于“质”的评价，即组织在社会中形象的美丑、好坏。用计算公式可表示为：

美誉度 = 赞赏人数/知晓人数 × 100%

小思考

1000 人参加调查 A 组织在社会公众心目中的实际形象，其中 650 人知晓 A 组织，450 人赞赏 A 组织，请你算出 A 组织的知名度和美誉度各是多少？（用百分比表示即可）

3. 知名度和美誉度的关系

社会组织在公众中的良好形象是由知名度和美誉度构成的，它们如同硬币的两面，缺一不可。社会组织的知名度高，美誉度不一定高；知名度低，美誉度不一定低，两者之间不成比例关系。只有高知名度、高美誉度，才能成为具有良好形象的社会组织。总的来说，知名度需要以美誉度为客观基础，才能产生正面的积极效果；美誉度需要以一定的知名度为前提条件，才能充分显示其社会价值。

如果把社会组织在公众中的知名度和美誉度情况用一个二维平面坐标图来表示，根据二者在现实状况中的不同构成，可将组织形象区分为四种状态，即组织形象的四象限图如图 2－2 所示。

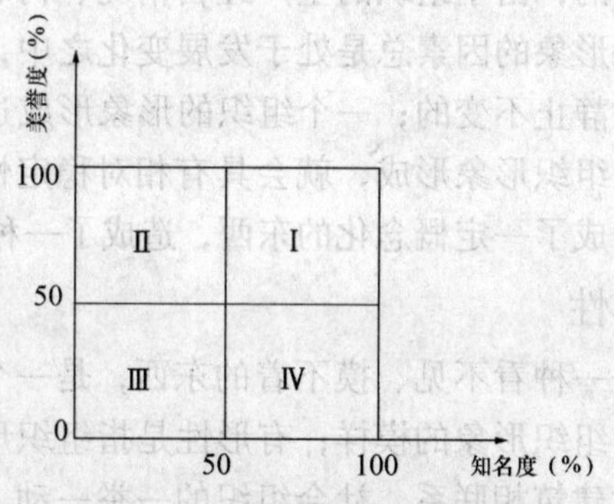

图 2－2　组织形象四象限图

Ⅰ象限表示高知名度、高美誉度，说明组织社会形象、公共关系状态处于最佳状态，是社会组织的理想位置，也是奋斗的目标。

Ⅱ象限表示高美誉度、低知名度，说明组织的公共关系具有良好的发展基础，公共关系工作的重点应该是在维持美誉度的基础上，选择合适的传播网络展示组织的优秀品质，提高知名度。

Ⅲ象限表示低知名度、低美誉度，说明组织的公共关系状态不佳，其公共关系工作甚至需要从零开始，公众尚不知晓。

Ⅳ象限表示低美誉度、高知名度，说明组织的公共关系处于臭名远扬的恶劣境况，其公共关系工作应该是先扭转已经形成的坏名声，踏踏实实修正自身的行为，设法逐步挽回信誉。

小资料

东航20元特价机票

2010年1月18日，东航官方网站上显示：南昌至厦门头等舱票价只要20元，经济舱10元；多条航线甚至出现了0. 2折的惊人“跳楼价”，其中南昌至北京全价1950元的头等舱机票只要60元。对于这种从天而降的“大馅饼”，网上订票者自然蜂拥而至，赶快下单预定，并且这一卖就是300张。当得知这样的“好事”是由于一名工作人员在输入机票价格时误标价格，经过一定的折扣折算，导致票价低得离谱，而东航有关部门未能立即发现信息出现错误，特价机票信息经各机票网站转载后，大量特价机票出票成功，很多订票成功的旅客都有些忐忑不安，不知道东航会不会反悔，是否还能如愿登机。但东航董事长刘绍勇的表态给他们吃了一颗“定心丸”，他说：“这一事件公司内部将会做出处理，但不能因为操作失误损害旅客的利益。对于买到特价机票的旅客，东航将承认机票的效力，并一如既往地提供优质服务。”

表面看来，东航是损失了近30万元，但俗话说“失之东隅，收之桑榆”，东航收获的必将比失去的多得多。正是因为勇于担责，我们看到了它的内涵和品质；正是因为有这种“开弓没有回头箭”的服务意识，才能赢得更多乘客的满意和尊敬。这种满意和尊敬，就是卖出3000张、30000张机票都赚不回的。这有利于树立企业的良好形象，提升企业的品牌价值，拓展企业的市场前景，为企业的腾飞贡献力量。

（二）组织形象的塑造内容

塑造组织形象是一项复杂的、系统的、科学的和持续性的管理活动。组织形象的塑造内容大致包括：产品形象、员工形象、环境形象、社会形象等。

1. 产品形象

产品形象是社会组织提供的产品和服务在公众心目中的印象。它由产品的名称、商标、质量、价格、性能、用途、包装、售后服务等一系列内容共同构成，是整个组织形象的基础，其中任何一个环节出现问题，都将极大地破坏组织在公众心目中的地位。除了企业的产品外，饭店的菜肴、宾馆的客房、出版社的书籍、电视台的节目、服务业的项目等，都是特定组织的产品形象。

其中名称是产品形象的代名词。一个好的产品名称应该符合内外公众的意向和审美情趣，反映企业宗旨和时代风貌，具有新颖别致、简洁易读、寓意深刻、易于识别等特点。

小知识

企业起名要诀

1. 简洁。名字单纯、简洁明快，易于和消费者进行信息交流，而且名字越短，就越有可能引起顾客的遐想，涵义更加丰富。绝大多数知名度高的企业名称都是非常简洁的，如SONY、Kodak等。

2. 独特。名称应具备独特的个性，力戒雷同，避免与其他企业名称混淆。如日本索尼公司（SONY)，原名为“东京通信工业公司”，本想取原来名称的三个字的第一个字母组成的TTK作名称。但产品将要打入美国，而美国的这类名称多如牛毛，如NBC、RCA等。

公司总裁盛田昭夫认为，为了企业的发展，企业的名称一定要风格独特、醒目、简洁，并能用罗马字母拼写，再有，这个名称无论在哪个国家，都必须保持相同的发音。遵循上述想法，盛田昭夫发现“SONNY”一词（有“精力旺盛的小伙子”、“可爱的小家伙”之意）正好有他所期待的乐观、开朗的意思。但是，他考虑到该词如果照罗马字母的拼法，发音正好与日文中的“损”字相同，这将引发不利的品牌联想，于是他将“SONNY”中的一个字母去掉，变为“SONY”。“SONY”的出现，不仅使SONY公司财运亨通，而且也成为消费者爱不释手的名牌商标。

3. 新颖。这是指名称要有新鲜感，赶上时代潮流，创造新概念。

4. 响亮。这是指企业名称要易于上口，难发音或音韵不好的字，都不宜用做名称。

5. 大气魄。这是指企业名称要有气魄、起点高、具备冲击力，给人以震撼感。如珠海某贸易公司为了使其生产的服装打入国际市场，参与世界竞争，决定给公司改名。通过对几个方案的比较，最后决定用“卓夫”为公司和产品的名称，“卓夫”是英语“Chief”的音译，有首领、最高级之意，中文涵义为“卓越的大丈夫”。中英文合二为一，演绎出一种高雅、俊逸、不同凡响的风格和意境。

要在公众心目中树立美好的形象，就要过好质量关。因为质量是产品的生命，否则一切无从说起。例如海尔公司的质量管理口号是“高标准，精细化、零缺陷”，这样一种质量意识，是通过“砸冰箱事件”的铁锤砸出来的。1985年，海尔公司生产的76台“瑞雪”牌冰箱质量不合格，总经理张瑞敏下令当众砸毁这些有质量问题的冰箱，这一“非常”措施，虽然损失了一些金钱，但却砸出了海尔以后的高质量。

2. 员工形象

员工形象是组织中的员工在职业道德、专业水平、文化素质、精神风貌、言谈举止、服务态度和着装礼仪等方面的综合体现，它包括组织领导人的形象、管理人员的形象和全体员工的形象。员工形象是组织形象的重要构成部分，人们认识某一社会组织往往是首先通过对员工的接触、交流来认识的，可以说，员工是塑造组织形象最活跃的因素。现代许多企业，对员工的服饰、举止、语言、行为都有严格的要求。例如：办公室的电话响三声就要有人接，客户来访员工要站起接待，谈话结束要送出门外，等等。这些细小的日常行为，就可以反映出组织的整体形象。

人们总说从一滴水看大海，从一个人的精神面貌和行为可以透视企业的精神理念。一位住在上海新锦江大酒店的旅客在深夜一点钟悄悄走出客房观察，发现前厅服务员个个精神抖擞地站在服务台，大为感动。正是靠全体员工的共同努力，建立了闻名全国服务行业形象的“锦江模式”。

3. 环境形象

环境形象是社会组织的生产、生活、工作及对外营业等各种环境的总和。环境形象之于组织，犹如面容之于人，反映了社会组织的整体实力和精神状态。它包括地理位置、建筑群落、风景设施、装饰点缀、门面招牌、厂容店貌、橱窗布置等。总的说来，环境形象包括四个方面：工作环境、生活环境、外貌环境和社区环境。

工作环境家庭化，要给人以舒适感、轻松感和安全卫生感；生活环境园林化，要有山有水、有树有花、空气清新、风景怡人；外貌环境个性化，标志性建筑要能体现出组织的经营特色和经营理念，具有较强的识别功能；社区环境同步化，不能自扫“门前雪”，如果组织环境好而周围环境一团糟，也会在很大程度上影响组织的形象。

4. 社会形象

社会形象是组织社会责任感的重要体现。现代社会，人们认识和判定一个社会组织已不再仅仅局限于它所提供的产品和服务，而是更加注重它对社会所承担的责任，如安排下岗就业、扶贫帮困、伸张正义。社会组织在力所能及的情况下，积极参加社会公益活动，支持教育、科研、文化、体育、卫生事业，支援边、穷和灾区，积极参与环境美化和绿化活动，关注社会“弱势群体”，主持公道，坚持正义。所有这些都会使社会组织从不同侧面更加充实和完善在公众心目中的形象，增加公众对社会组织的认同和支持。

四、组织形象的塑造要求

塑造组织形象，提高组织信誉是公共关系工作中最根本，也是最具有挑战性的工作。组织形象一旦树立，就具有相对稳定性，可以在较长的时间里发挥作用，因为良好的信誉就意味着公众的信赖、政府的支持、银行的信任、社区的关注，从而形成良好的投资环境、工作条件、企业内部的协同意识，这一切最终都将转化为广大的市场和丰厚的利润。所以，组织形象的塑造是一个系统工程，涉及诸多方面，要注意的问题也很多，具体要求有以下几个方面。

（一）练好内功是起点

任何一个社会组织要树立自身的良好形象，就必须从内部做起，必须培养和造就一支具有良好价值观念的员工队伍。员工是社会组织的一分子，组织是由员工组合而成的，在生产诸要素中，劳动力是最活跃也是可塑性最大的一种生产要素。只有组织的全体员工同心协力、努力奋斗，才能在“内求团结”的基础上做到“外求发展”。著名的IBM公司创始人，美国公认的组织管理天才沃森曾说：“你可以接收我的工厂，烧掉我的房子，但只要留下这些人，我就可以重建IBM。”

练好内功，从内部做起，就必须给员工创造一个最佳的组织氛围，必须为员工提供安全、舒适的工作环境。还要不断了解员工的需求状况，进而采取各种灵活的、有针对性的激励措施，尤其是通过对员工深层次需求的激发，让员工认同组织及其行为，培养员工的自豪感和归属感，使员工安心工作，全心全意为组织发展贡献出自己的全部力量。

小案例

松下总公司的员工教育

松下总公司设有教育培训中心，下属八个研修所和一个高等职业学校，分别培养不同层次、符合不同要求的人才。中央社员研修所主要培训主任、课长、部长等领导干部；制造技术研修所主要培训技术人员和技术工人；营业研修所主要培训销售人员和营业人员；海外研修所主要培训松下在国外的工作人员和国内外贸人员；在东京、奈良、宇都宫和大阪的四个地区研修所，主要负责培训地区工作人员。高等职业学校负责培训刚招收进来的高中毕业生。为了不断提高员工的专业素质，松下公司还有国内留学制（即技术人员可以自己提出申请，经公司批准，可到公司内办的学校或培训中心去学习专业知识）、海外留学制（即定期选派技术人员、管理人员到世界各地去学习）等一系列培养人才的计划。这既满足了公司员工的不同需求，也为公司的发展储存了后备军。

（二）定位准确是关键

组织形象定位准确是组织形象成功的保证。组织形象定位不准确或者错位，就会引起公众视觉识别效果差，不能获得好的收益。例如某品牌香烟，最初定位为一种女士香烟，由于市场销售不畅，公司决定以新的西部牛仔的粗犷形象定位，最终成功获得公众认知。要想使组织形象定位准确、个性鲜明，必须从组织的生产和经营出发，围绕着组织提供的产品和服务做文章，力求在众多同类组织中创出特色、创出个性、创出名牌，只有这样，组织形象才能达到个性鲜明的效果。例如，日本某公司，第二次世界大战后生产游泳衣、游泳帽、雨衣、卫生纸、尿垫等多种产品，但公司形象始终未得到公众的认可，董事长多川博考虑到日本当时每年能出生250万个婴儿，如果每个婴儿用一片公司生产的尿垫，另外如果还能够出口，光尿垫一项收入就大为可观，于是他决定公司只生产尿垫，销售量占日本同类产品市场的70%，被誉为“尿垫大王”。

（三）公众评价是标准

组织形象塑造的是否成功，不是以社会组织的自我评价为标准，而是以公众对组织形象的评价为标准。社会组织在塑造形象的过程中要时刻真诚面对公众，为公众着想，对公众负责。在考虑组织自身利益与公众利益时尽量做到公众利益至上，以实际行动表明组织的诚意，向公众传递真实的信息。组织形象塑造如果离开了这个评价依据，就会迷失方向，就会犯主观错误。

（四）情感投资是中心

情感就像一条红线贯穿于组织形象塑造的始终。公众对组织的认识和评价总是带有一定的情感色彩。社会组织要致力于组织形象的塑造，组织开展的每一项公共关系活动或专题都应以情感作为“红线”，必须要注重情感投资，以情感人、以情动人、以情生情，调动公众的情感储备。有了这种情感投入，公众才会以情换情、以心换心，才会把这种情感置换为一种意识判断，才会把意识判断置换成一种支持组织的行动。

第三节　组织 CIS 设计

当今世界，市场竞争愈演愈烈，竞争的核心是企业形象的竞争，竞争导向的变化给企业提出新课题。为了在激烈的竞争中取胜，为了在优胜劣汰的商品经济社会中求生存、求发展，企业家们各出奇招、新招、怪招，以求在公众中树立良好的社会形象。其中，CIS的导入和实施，以其特有的魅力，为企业家们提供了一种被公众认可的法宝，被人们誉为“赢的战略”。

一、CIS 的涵义

CIS 是英文 corporate identity system 的缩写形式，简称 CI，中文译为“企业形象设计”或“企业形象识别系统”。据有关资料记载，美国国际商用机器公司是开发与实施 CI 战略最早、最成功的一个公司。20 世纪 50 年代小托马斯·沃森接替父亲担任美国国际商用机器公司的总裁，他感到了形象老化、不统一的危害，请来设计大师保罗·兰德为公司进行总体形象设计，当时公司英文全称 International Business Machines，商标图案是个圆形，上面写有全称。因名称长，不好记忆，妨碍了信息的传播，而且形象也不醒目，所以兰德将公司的名称简化为 IBM 三个字母，用八条蓝色线条构成 IBM 的字形，用白色作为背景。从此，蓝色的巨人形象就屹立在世人面前，成为计算机界首屈一指的霸主。

所谓 CIS，指组织将自身的经营理念、行为、视觉识别系统进行全方位的传播，塑造出富有个性的组织形象，使公众对组织产生一致的认同感和价值观，以支撑企业发展的系统工程。通俗点说，CIS 就是通过一系列的设计，用鲜明的、统一的、可以识别的方法和技巧，把公共关系树立的企业形象展现在公众面前，加深公众对组织的认识和印象。

小知识

欧美型 CI、日本型 CI 和中国型 CI 的比较

欧美型 CI 自创立起，就一直把它定义为："是以标准字体和商标作为沟通企业理念与企业文化的工具"。从实际操作而言，欧美的 CI 设计侧重于 VI 部分，强调视觉传达设计的标准化，力求设计要素与传达媒体的统一性，使得企业标志、标准字体、标准色能充分运用在整个企业体中，使美的视觉形象传达企业的整体信息。

日本型 CI 是一种明确认知企业理念与企业文化的活动。它侧重于改革企业理念与经营方针，整个 CI 策划是以企业理念为核心开发的。在注重视觉识别的同时，还着重于从企业理念和企业行为等方面对企业进行综合性的重新检讨、整理企业各项问题，从整体的经营思想、企业定位、价值取向、企业道德入手来规范员工行为，带动生产，创造利润。

中国型 CI 是欧美型 CI 和日本型 CI 的延伸与发展。中国型 CI 的共同点在于：博大精深的中华文化与国际现代经营战略融为一体。在对 CI 的认识上，中国型 CI 强调企业文化、企业理念的灵魂作用；在运作方式上，比较认同三大识别构筑系统工程的 CI 观；在外观表征上，中国型 CI 更接近于日本型 CI，也许是因为都属于东方民族文化体系。但中国型 CI 的中国色、民族味，是绝不同于日本型 CI 的。中国型 CI 植根于上下五千年深厚的文化根基，由于博大的国度，更由于经济迅猛发展的旺盛时期，所以是更丰富、更完善、更具个性化特征的 CI 战略体系。

二、CIS 的构成要素

一个完整的 CIS 系统由三个要素构成：理念识别（mind identity，MI）、行为识别（behavior identity，BI）和视觉识别（visual identity，VI）。MI 比较抽象，BI 比较复杂，VI 比较直观，三者之间是相互连接、相互推衍、相互促进的统一体，缺一不可。三者的交集即是最完整的 CIS，如图 2-3 所示。

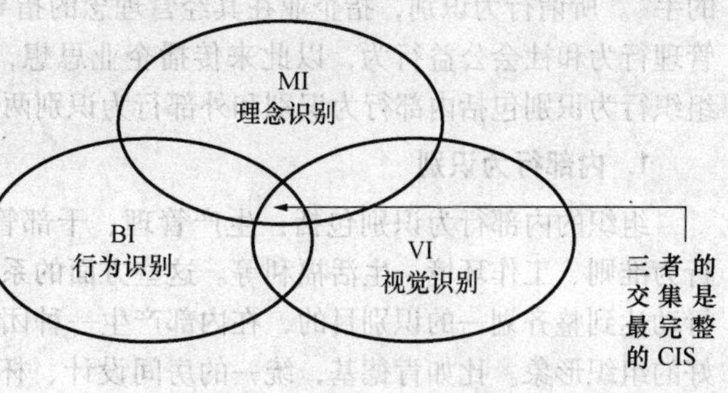

图 2-3 CIS 构成要素图

（一）理念识别（MI）

理念识别是企业经营理念的定位，即组织形成有别于其他企业的、个性鲜明的经营理念，从而确立企业在市场上的形象。有人将其形象地表述为“企业的心”。经营理念是指导企业行为的具有哲学内涵的思想意识，包括企业精神、企业使命、经营宗旨、行为准则等内容，这些一般通过组织的标语、口号、训词、歌曲、座右铭等得以表现。组织理念识别是组织形象战略管理的灵魂和核心，它是从社会组织管理实践中抽象出来的、关于社会组织一切活动本质和基本规律的概括，是社会组织经营管理经验和理论的高度总结，是对社会组织经营管理的哲学思考。

中国有句古话：“人心齐，泰山移”，讲的就是调动人的积极性的作用。它的形成往往来自企业内大多数员工对企业存在的意义、社会使命、发展方向和发展目标的认定，一个企业不管自觉与否，都存在着一种支配自己活动的理念。

经营理念是组织经营价值观强化为一种信念的结果，它是组织精神的集中体现，是基于员工对组织价值观的认同而产生的。

小资料

康佳电器理念系统

康佳理念：创新生活每一天。

康佳宗旨：质量第一，信誉为本

康佳精神：团结开拓，求实创新

康佳目标：领先国内，赶超世界

康佳口号：员工至亲，客户至上

康佳风格：我为你，你为他，人人为康佳，康佳为国家

康佳承诺：康佳产品遍四方，售后服务到府上

（二）行为识别（BI）

如果说 MI 是组织的“想法”，那么 BI 则是组织的“做法”，也就是组织在确定其文化精神层要素之后，如何将组织理念在实践中加以贯彻实施。有人将其形象地表述为“企业的手”。所谓行为识别，指企业在其经营理念的指导下，形成有别于其他组织的经营行为、管理行为和社会公益行为，以此来传播企业思想，使之得到内部员工和社会公众的认同。组织行为识别包括内部行为识别和外部行为识别两个部分。

1. 内部行为识别

组织的内部行为识别包括：生产管理、干部管理、服务态度、员工教育、接待技巧、行为准则、工作环境、生活福利等。这些方面的系统设计和规划，可以使组织全体员工的行动达到整齐划一的识别目的，在内部产生一种团结一致的凝聚力，在外部公众中形成良好的组织形象。比如肯德基，统一的房间设计、杯盘桌椅，热情的服务，不停地打扫，抹布是每位员工必不可少的工具，所以，人们对肯德基产生一种亲近感和信赖感，并一再光顾，这就是内部行为识别给人所带来的冲击力。

2. 外部行为识别

社会组织为塑造良好形象而面向社会的一切活动称为外部行为识别。外部行为识别包

括：市场调查、产品开发、促销活动、流通对策、广告宣传、公关活动等。

（三）视觉识别（VI）

心理学显示，人所感觉接收到的外界信息中，83%来自于视觉，11%来自于听觉，3.5%来自于嗅觉，1.5%来自于触觉，1%来自于味觉。可见，视觉是人类获取外部信息的主要渠道。VI是CI中最具传播力、感染力和覆盖面最大的要素。有人将其形象地表述为“企业的脸”。所谓视觉识别指根据组织的经营理念，设计出系统的识别符号，以刻画组织个性，突出组织精神，并借助各种传媒，让公众一目了然地掌握其中传递的信息。

视觉识别包括基本要素和应用要素两大部分。基本要素包括：企业名称、企业标志、标准字体、标准色、象征物等；应用要素则是基本要素的具体应用，融入组织的有：产品包装、办公用品、建筑外形、宣传橱窗、职工服装、交通工具、票据证件等一切方面。在VI中，企业标志、标准字和标准色是CI设计的核心，因为这三方面是组织地位、规模、力量、尊严、理念等内涵的外在集中表现，构成了组织的第一特征和基本气质。

小思考

奥运标志“中国印”

中国2008年奥运会标志“中国印”，是用汉字变化而成，既像北京的“京”字，又像人文的“文”字，还像一个张开双臂奔跑的人，试问这个会标的设计为什么得到了中国领导人和国际奥林匹克委员会的一致认可？

三、CIS设计的基本原则

CIS作为一种卓有成效的经营战略，在树立组织形象，提高产品竞争力，改善组织内部经营管理，增强组织凝聚力和向心力等方面都有着十分重要的作用。但有些组织导入CIS后效果并不明显，主要是由于它们违背了CIS设计的基本原则。那么，组织设计CIS应当遵循什么样的原则呢？

（一）客观性原则

CIS的导入和推广必须从企业的实际情况出发，才能取得预期的效果。现在，很多企业在进行CIS设计的时候，往往让人感到“高、大、全”、“假、大、空”，千人一面，缺乏特色，原因就是在设计时一味追求完美，脱离了企业的实际，结果只能制造出一些CIS垃圾。为了保证CIS设计的客观性，组织必须要得到内外公众的认同：一方面是内部公众的认同，在进行CIS设计的过程中，要在组织内部充分发动群众参与，广泛征求群众意见，并将他们的意见收入CIS设计当中；另一方面是外部公众的认同，在进行CIS设计的过程中，要广泛征求顾客公众、政府公众、社区公众、媒介公众等的意见，这样的CIS设计才能使组织在社会上树立良好的形象。

（二）识别性原则

识别性原则就是CIS设计必须在三大识别设计上发挥创造性的想象力，力争与众不同，要容易引起注意，便于辨认和易于记忆，力求达到：一鸣惊人的企业经营理念，过目不忘的企业视觉效果，耳目一新的企业行为形象。在当今异常激烈、残酷的市场竞争环境中，组织形象只有通过识别性设计，才能在公众面前表现出自己的技术特点、性能特点和服务特点，形成自己的品牌形象，这样不仅有利于顾客的识别和认同，而且也能使组织形成一个统一的形象，避开对手的竞争锋芒，击败对手。

（三）同一性原则

同一性原则就是组织向外界传达的任何讯息，都必须突出组织的经营理念这一核心，要求组织外显标志的统一性，组织理念与行为和视觉形象传达的同一性。具体要求如下。

1. 企业标志与产品标志基本相同

产品的力量是来自企业的力量，一个优秀的企业，它的所有产品都应该是可以信赖的。如果企业标志是文字标志，则要求企业标志等于企业名称，等于商标名称；如果企业标志是图形或图文标志，则企业标志的图案应与商标图案保持一致。如我国的东莞市黄江保健品厂，生产“生物健”保健口服液，注册“万事达”商标，由于企业名称、产品名称、商标三者不统一，影响了信息的传播，后来导入 CIS，以“太阳神”统一了企业名称、产品名称和商标，获得了成功。

2. 企业识别标志保持相对稳定性

在相当长的时间内，企业标志应保持相对的稳定性，使社会公众容易识别和记住企业的整体特征。时时刻刻都要严格遵循基本标志设计规范，不任意更改其文字、图案、结构、色彩等，如果变更频繁，就会破坏企业标志的一贯性，不能给公众以深刻的印象。如“可口可乐”这个由红色海洋簇拥着变形的“Coca - Cola”一组英文字母的企业标识，一百多年来外形基本上没有很大变化，只是随着时代的发展作一些小的调整，因而达到了很高的识别性。

（四）人性化原则

人性化原则就是要求企业在进行 CIS 设计的时候，要求企业标志能切合公众的心理需要，引起公众的情感共鸣，这才是现代工业设计的基本点。企业标志有了情感的介入，就能够打动人、感染人、激发人的内心需求，缩短企业与公众之间的心理距离，就能赢得组织内外部公众的认同，使人们在情感体验中不知不觉地接受企业标志，留下深刻的印象，并引起亲近该企业的行为。

四、CIS 导入的程序

CIS 导入是一个复杂的过程，一般分为提案准备阶段、调研宣传阶段、设计开发阶段和实施管理阶段。

（一）提案准备阶段

这个阶段包括导入动机的确认、导入时机的确认、组织导入计划的领导机构、安排日程、编制预算、完成 CIS 提案书。

1. 导入动机的确认

在考虑导入 CIS 时，必须明确导入的动机。一般而言，组织导入 CIS 的动机分为组织的内部需要和外部压力两个方面。

（1）组织的内部需要。

组织的内部需要表现为：吸收人才，确保发展；激励士气，增强动力；增加好感，提高信心；提升形象，增加价值；加强管理，提高效率；统一设计，节省成本。

（2）组织的外部压力。

组织的外部压力表现为：第一，成本的挑战，随着社会经济规模的快速扩大，物价指数相对提高，原材料和能源等采购成本不断上升；第二，竞争的挑战，市场竞争愈演愈烈，竞争对手的市场经营策略也越来越具有挑战性；第三，传播的挑战，导入 CIS，塑造良好的组织形象，有利于提供统一性、独特性的传播信息，为组织内外信息传播的有序性做出贡献；第四，人才的挑战，市场竞争归根到底是人才的竞争，效益好、形象优的企业，才能留住人才。

2. 导入时机的确认

CIS 导入时机选择的是否合适，关系到组织形象塑造的成败。一般说来，组织导入 CIS 的时机主要有八种：新公司成立时；企业面临重大改组；企业经营业务扩大化与多元化；企业开发国际市场的需要；企业形象落伍；一直缺少统一的标志；企业知名度较低；企业经营发生危机。

3. 组织导入计划的领导机构

在提案的准备阶段，组织的一项重要工作就是建立导入计划的领导机构。导入 CIS 是关系到组织前途和命运的重大决策，必须由组织的领导机构来决定。为了使领导机构有权威性，组织的主要领导应当参加。由公共关系部门的负责人具体组织策划，有关部门的领导共同参与。这样既可以保证领导小组的成员有一定的专业性，又能使其得到有关方面的积极配合。

4. 安排日程

CIS 导入是一项长期、复杂的系统工程，大型商务组织的 CIS 导入一般需要 1～2 年的时间，中小商务组织可以酌情减少。为了使 CIS 导入工作高效有序地进行，在工作开始之前应制定一份详细的作业时间表，规定在哪一段时间完成哪一项任务。

5. 编制预算

CIS 导入是一项回报潜力很大的软性投资，组织应当对其高度重视，编制科学、合理的预算。CIS 导入的费用包括：调研与计划费用，视觉形象设计开发费用，实施与宣传费用，各项机动费用。

6. 完成 CIS 提案书

提案准备阶段的最后一项工作就是编写 CIS 提案书，详细说明 CIS 导入的动机、时机、基本方针、时间安排、计划与费用等。

（二）调研宣传阶段

这个阶段的工作包括组织内部的宣传调查和组织形象的外部调查两个部分。

1. 组织内部的宣传调查

CIS 导入是一项关系到组织全体员工利益的重大事件，需要全员参与，因此组织内部的调查活动也就是一个宣传动员的过程。吸引全体员工参与，人人出谋划策，这样既可以集中全体员工的智慧，也可为以后的实施管理阶段打下基础。组织内部宣传调查可通过面对面沟通、问卷调查、座谈会、个别员工的深入访谈等方式，与组织的决策者、各部门的负责人以及员工进行广泛的交流，以便全面深入地了解组织内部的真实情况。调查内容包括：组织运营状况的分析与评估，如组织的规模、前景潜力、营销趋势、经济效益、利润幅度，等等；员工对组织形象的意见，如工资福利情况、管理人员的水平、内部沟通状况，等等。这些资料都是概括、提炼组织理念的基本素材。

2. 组织形象的外部调查

CIS设计人员除需要了解组织内部员工的意见和看法以外，还需要了解组织以外的公众的意见和看法。因此，在调查阶段还必须进行深入、细致的外部公众调查。由于组织的性质不同，所以其调查的项目也肯定不同，组织应根据实际需要自己掌握。调查结束后，组织要实事求是地写出调查报告。组织形象外部调查的内容包括：目标市场的经营与开拓状况；产品的市场占有率；产品结构及产品的生命周期；竞争对手经营状况和重大战略规划；品牌形象及消费者对本组织的认同度，等等。

（三）设计开发阶段

提案和调研阶段结束以后，就可以进入CIS设计开发阶段了。设计开发包括理念识别、行为识别和视觉识别三个部分。由于在本节中我们对CIS构成要素已经做了较为详细的介绍，此处不再赘述。

（四）实施管理阶段

CIS设计完成之后，CIS导入过程远远没有结束，还有一个更为重要的推广落实阶段。如果没有相应的推广落实，那么CIS只是纸上谈兵，多么大的投入也将付诸东流。组织CIS实施管理阶段大致包括如下内容。

1. 设立“CIS管理委员会”

“CIS管理委员会”由组织领导亲自主持，组织的公共关系部门为其执行机构。这个委员会并非临时组织，而是对组织CIS设计全面统筹、统一管理并组织CIS工程方案的实施与监督，负责实施过程中的关系协调及日常考核，对外收集反馈信息，监测组织形象，评价设计效果，提出改进方案，完善CIS管理手册。

2. CIS设计的发布

组织CIS导入是一个重大事件，必须慎重地选择时机，举行隆重的发布仪式，以便在企业内部产生重大的震动，在社会上产生强烈的反响。组织CIS设计的对内发布可以利用全体员工大会或组织内部的一切宣传机构，如内部报刊、内部广播、闭路电视、海报、标语口号等形式对其广为宣传；组织CIS设计的对外发布则要广泛借助大众传播媒介，可以通过新闻发布会、产品广告、公关广告等形式，以灵活多样的公关模式将CIS形象推向社会。

3. CIS效果的评估

在CIS导入一段时间以后，组织应当对CIS的效果通过监督与评估，形成有效的反馈机制，以便总结经验，发现问题，寻找进一步解决的方法。

小资料

A公司CIS规范管理制度

总则

第一条　为了不断升华公司的经营理念，创造和形成统一的公司形象，提高公司的凝聚力和竞争力，强化公司对社会的责任，特制订本管理制度。

第二条　本管理制度由公司 CIS 规范管理委员会负责解释、组织实施。

第一章　CIS 规范管理组织与职能

第一条　公司设立规范管理委员会。由下述人员构成：

主任　由总经理兼任。

委员　由副总经理、财务总监和各部门负责人构成。

第二条　公司 CIS 规范管理委员会职能如下：

(1) 有关 CIS 规范管理文件的制作。

(2) 有关 CIS 规范管理标准的制订。

(3) 有关 CIS 规范管理活动的组织与实施。

(4) 有关 CIS 规范管理工作的督促与检查。

第三条　公司 CIS 规范管理委员会下设 CIS 规范管理执行研究室。主任由公司办公室主任兼任。其工作职责如下：

(1) 根据公司的实际和发展要求，对公司 CIS 建设的理念识别、行为识别、视觉识别三个系统进行科学分析、研究与定位。

(2) 开展广泛的 CIS 调查，不断拿出公司 CIS 建设的市场报告等建议。

(3) 对公司 CIS 建设各种方案的实施进行分析、测评，提出意见和建议。

(4) 在公司 CIS 规范管理委员会的指导下，对公司的规范管理工作进行督导。

第二章　CIS 规范管理内容与要求

第一条　公司哲学（略）

第二条　公司价值观（略）

第三条　公司精神（略）

第四条　公司目标（略）

第五条　员工行为规范（略）

第六条　员工工作与社会活动礼貌用语规范（略）

第七条　公司各种标志规范（略）

第八条　公司各类印刷品规范（略）

第九条　公司各种用具、工具标记规范（略）

第十条　公司各种文件制作规范（略）

第十一条　公司广告规定（略）

第十二条　公司参展设计规范（略）

第十三条　公司产品包装规范（略）

第三章　CIS 规范管理的实施

第一条　公司将 CIS 规范管理制度印刷给公司员工人手一份。

第二条　公司每年分两次（年初、年中）组织员工学习《CIS 规范管理制度》。

第三条　公司员工必须能熟练、准确无误地背诵公司哲学、公司价值观、公司精神、公司目标。

第四条　公司一切活动都必须渗透 CIS 意识，按 CIS 建设的要求做好有关工作。

第五条　对违反《CIS 规范管理制度》有关规定的当事人及其负责人追究责任，给予批评与处分。

第六条　公司有关工作涉及第二章第七条至十三条有关规定的，必须严格按规定执行，如有失误，视其情节，按造成的经济损失和社会影响的大小，予以开除、记大过、记过、罚款等处分。

第七条　CIS 规范管理委员会每季度检查、总结一次公司 CIS 规范管理工作，并写出书面报告，通报全公司。

本章小结

公共关系主体是公共关系活动的策划者和实施者。在公共关系中，社会组织对公关活动起到决策、发动、组织、实施、控制、管理等决定性的作用。要想在公众心目中树立良好的组织形象，就要对社会组织的相关知识有所了解和掌握。本章首先介绍了社会组织的涵义、特征和分类，在介绍组织形象塑造的基础上，最后介绍了组织 CIS 设计。

习　题

基础知识题

1. 什么是社会组织？它具有哪些特征？
2. 如何对社会组织进行分类？
3. 试述社会组织与环境之间的交互关系。
4. 组织形象的构成要素和特征有哪些？
5. 简述组织形象塑造的内容。
6. 塑造良好的组织形象有哪些要求？
7. 简述 CIS 设计应遵循的原则。
8. CIS 导入有哪些程序？

技能训练题

1. 以某一组织为例，从形象设计与塑造的角度分析该组织成功的奥秘所在。
2. 为所在学校或班级开展 CIS 形象模拟设计。

典型案例

“假如我的菜好吃，请告诉您的朋友；假如我的菜不好吃，请告诉我。”这两句富有浓厚情感的公关语言同一家普通餐厅的名字传遍了整个杭州。这家餐厅所处的地理位置并不是十分理想，既不是车站、码头，又不是风景区、闹市区。刚开业时，生意清淡、门庭冷落。没有顾客的惠顾，就谈不上餐厅的生存，更谈不上餐厅的营利。要使顾客青睐，餐厅就要有自身的吸引力。这个吸引力在哪里呢？这家餐厅深深懂得：只有在顾客心目中树立起组织的良好形象，才能招徕顾客的光顾。于是餐厅把吸引力放在一个令人亲切的“情”字上，依靠情感的传导来沟通顾客关系。只有把情感输入顾客心里，才能塑造出良好餐厅形象。只有把诚心贴在顾客心里，才能建立餐厅的信誉，从而产生一种“情感效应”，使企业获得良好的经济效益。

思考题

（1）饭店业开展公关活动的任务有哪些？

（2）分析“假如我的菜好吃，请告诉您的朋友；假如我的菜不好吃，请告诉我”这句话中所包含的公关思想。

（3）你从该案例中获得了哪些启示？

第三章　公共关系的客体——公众

学习目标

知识目标：了解公众的特点和分类；理解不同组织应根据本组织的具体情况来确定和分析自身的目标公众；掌握公众心理定势的含义、特征和基本形态。

能力目标：具有判断公众类别的能力。

技能目标：能够准确把握不同的公众心理定势。

重点：组织基本目标公众分析。

难点：公众心理定势的基本形态。

美国的麦当劳公司现在是世界快餐业中最大的公司之一。自1955年创立以来，麦当劳苦心经营，不断发展，截至2009年2月在全世界建有30000多家快餐店。麦当劳公司一直非常重视内部公共关系，为在企业内部创造一种积极向上、开拓进取的精神风尚，麦当劳不看重学历、资历，而看重表现。麦当劳连锁分店每年举办岗位明星大赛，全世界举行各地岗位明星比赛，经理必须从普通员工做起，一方面增长了管理人员的真才实干，另一方面又给了最基层员工实现自身价值的机会。表现好的管理人员被送到芝加哥汉堡包大学，系统地学习作为一个经销商或餐厅经理经营餐厅的专门技术知识。当今社会的竞争，说到底是人才的竞争。员工的素质的不断提高、才干的不断增长是组织的巨大财富，它保证了组织的生机与活力。麦当劳公司除了给员工创造更多深造、晋升的机会外，还很重视在内部建立“麦当劳”大家庭的观念，创造和睦的大家庭气氛。在麦当劳无长幼尊卑之分，所有员工都互称名字，公司记住每个员工的生日，并根据员工的情况给予一定形式的祝贺。员工在麦当劳有一种不是家庭胜似家庭的归属感，其强大的凝聚力不言自明。另外，麦当劳很重视员工外观形象的塑造。为了吸引顾客，麦当劳让每一位员工都穿上有明显花纹的制服。员工的服务态度也是一流的，只要你推开麦当劳的大门，就会听到亲切的“欢迎光临麦当劳”的问候，笑容始终挂在员工的脸上，让你总有宾至如归的感觉。

公共关系的工作对象是社会公众，从公共关系的英文翻译 public relations 来看，有时公共关系也称为公众关系。社会组织开展公共关系活动的主体和客体是相对存在的两个方面，缺一不可。社会组织的运行必然与社会公众发生联系，社会组织的形象又依靠社会公众进行评价，所以，要做好公共关系工作，就必须了解和研究公众，只有透彻地了解社会组织所面对的公众，才能真正了解公共关系的工作对象和内容，才能制定正确的策略和方法，才能使公共关系活动做到有的放矢，高效率地达到公共关系目标。

第一节　公众的特点及分类

一、公众的含义

“公众”这一概念是公共关系学中的一个基本概念，正确理解这个概念的含义，树立正确的公众意识，对于理解和把握公共关系工作的真谛具有至关重要的指导意义。

从国内外的研究资料可以发现，目前学术界对公共关系学中“公众”这一概念的解释不是十分一致。有的学者把公众理解为与私人相对的群体；有的学者仅仅把公众理解为员工公众、顾客公众、媒介公众等单一目标公众。对公众认识上存在的偏差，不仅影响了公共关系理论研究的发展，而且对公共关系的实践也会造成不利的影响。我们认为，在公共关系学中，公众与“人民”、“群众”、“大众”这些政治学和社会学的概念是有区别的，它既不泛指社会生活中的所有人，也不泛指社会生活中某一领域的大多数人，而应具体称为社会组织公共关系工作的对象，是“组织的公众”。

所谓公众，是指与特定的公共关系主体发生相互联系和相互影响的组织、群体和个人，是公共关系工作对象的总称。

二、公众的特点

作为公共关系的运作客体，公众有其自身的特征。

（一）群体性

群体性也称为整体性。从组织的角度来说，公众的群体性强调公众不是单一的群体，而是与某一社会组织运行有关的整体公众环境。公众环境与自然环境不同，它是指社会组织运行过程中所面对的社会关系和社会舆论的总和。比如一家公司在营业过程中，它既要面对组织内部的员工公众和股东公众，还要面对组织外部的顾客公众、媒介公众、社区公众、政府公众等相关的公众。对于其中任何一种公众的疏忽，都可能会导致整个公众环境的恶化，从而在战略意义上影响了组织的生存和发展。而要达到社会组织与公众环境的一种动态平衡，就应该将组织所面对的公众视为一个完整的环境，用全面、系统的观念分析组织所面对的所有公众。

小知识

木桶原理

用一批长短不一的木板做成一个木桶，这个木桶的盛水量并不取决于最长的那块木板，而应取决于最短的那块木板，即使再延长最长的木板，也不能增加木桶的盛水量，这就是管理学中的一条重要原理——“木桶原理”。

一个组织的公众具有整体性，可以看作一个管理系统，即可形象化为一个“木桶”，适用“木桶原理”。

（二）同质性

公众不是一盘散沙，而是具有某种内在共同性的群体。公众虽然广泛存在，但实际与某一社会组织发生关系的公众是有限的，当某一群人、某一社会组织、某些社会团体因为某种共同性而发生内在联系时，便成为一类公众。这种共同性也就是他们相互之间存在的某种共同点，如共同的需要、共同的利益、共同的背景，等等。这些共同点使一群人、一些团体或社会组织对某一问题具有相同或相似的态度与行为，便构成组织所面对的一类公众。例如，一幢公寓大楼里开设了一家卡拉 OK 歌厅，天天唱到深更半夜，使整幢大楼都不得安宁。那么，这幢大楼中原本没有任何联系的各行各业的居民很自然地就会形成一类公众，共同向这一歌厅进行交涉甚至投诉。

（三）相关性

相关性也称为关联性。某个人、某个群体或组织之所以能够成为某一社会组织的公众，主要是因为他们与该组织存在一定的相关性，即他们的意见、观点、态度和行为对该组织的目标实现和长远发展具有现实或潜在的影响，甚至决定该组织的兴衰成败。同样，该组织的决策和行为也对这些公众具有实际或潜在的影响，制约着他们需求的满足、利益的实现，等等。由于公共关系主要强调的是传播管理，而不是直接的物质或利益手段的使用，所以，从公共关系的角度来说，只要与组织发生了关联，就具有相关性，相关的人员就是组织的公众，而不管引发相关的原因是什么。

（四）多样性

公众存在的方式是复杂多样的，包括各种类型的组织、群体和个人，同时他们的性质和任务不同，存在的形式不同，需求和目的不同，联系的方式不同，这些区别使公众整体呈现出多层次、多样化的特点。这就要求组织必须根据不同的公众选择不同的沟通方式和传播媒介，以便公共关系活动更具针对性和有效性。例如，一名记者，他既可以是某单位内部的员工公众，也可以是某商店的顾客公众，还可以是某小区的社区公众。

（五）变化性

有哲人说过："一切皆变，无物为常。"公众也不是封闭僵化、一成不变的对象，而是一个开放的系统，处于不断地变化和发展过程中。这主要表现在，组织在运行过程中解决了公众原来所面临的共同问题，那么，原来的公众自然消失，随着新问题的产生，又可能与其他具有共同问题的人一起形成另一组织的公众。所以，公众群体是随问题的产生而形成，随问题的解决而消散。例如，某航空公司的一次空难事件形成的受难者家属公众，会因问题的解决而消散。

小思考

某市一中型商场的一次中层例会上，商场经理说："市区的所有居民都是我们的消费者公众，都是我们必须重视的公关对象。"你认为经理说得准确吗？

三、公众的分类

组织所面对的公众是广泛而复杂的，为了更好地了解自己的公众，提高公共关系工作的针对性和有效性，要根据不同的角度，按照不同的标准，对公众进行科学的分类。这里主要介绍几种常用的分类方法。

（一）根据公众与组织的归属关系分类

按照公众与组织的归属关系划分，可以把公众分为内部公众和外部公众两大类。

1. 内部公众

所谓内部公众是指社会组织内部的所有员工，还包括员工的家属和股东。这类公众与组织的关系最为密切和直接，他们的意见、态度、情感等对组织的生存和发展会产生直接的影响，同时组织的境况也直接决定着他们的利益，协调好内部公众的关系，是组织公共关系工作中最重要的一个环节。

2. 外部公众

外部公众是指除内部公众之外的一切与组织发生相互影响、相互作用的公众，包括顾客公众、媒介公众、社区公众、政府公众等。这类公众与组织的关系虽然不如内部公众那么密切，但他们和组织也存在这样或那样的利益关系，并且他们的数量要比内部公众大得多，情况要复杂得多。因此，组织需要对他们作进一步的分类，以便有的放矢地开展公共关系工作。

（二）根据公众发展过程分类

按照公众发展过程划分，可以把公众分为非公众、潜在公众、知晓公众和行动公众。

1. 非公众

非公众在公共关系学中是一个特殊概念，指的是处在某组织的影响范围之中，但与该组织不发生任何相互影响和作用的社会群体。例如，在一般条件下，美国总统竞选，中国公民就是它的非公众；一般的工薪阶层不会是豪华大酒店经常的顾客公众。准确地说，非公众不是公众，之所以在这里提到非公众这个概念，就是让组织弄清哪部分公众是组织所面对的公众，哪部分公众不是组织所面对的公众，减少公共关系工作的盲目性，增强公共关系工作的有效性，避免把时间和精力浪费在并不需要的地方。

2. 潜在公众

潜在公众是指未来可能与组织发生利害关系或者已经同组织发生了某种直接关系，由此引起了某种问题，但尚未意识到这一问题存在的公众。从定义中，我们可以看出，潜在公众包括两种情况：一种是未来可能与组织发生利害关系的公众，但尚未与组织发生任何关系；一种是已经同组织发生了某种直接关系，但尚未意识到问题存在的公众。我们这里主要指后一种情况。潜在公众在一定时间内，至少在意识到他们面临的问题之前不会采取行动，他们对组织的影响力是潜在的。例如，家里准备购买空调的市民对于空调生产厂家是潜在公众，或者已经购买了某一品牌劣质空调的消费者，因一时未发现问题，而成为这个品牌空调厂的潜在公众。在公共关系工作中，发现潜在公众可以使公关人员有计划、有目的地调整公共关系目标，防患于未然。

3. 知晓公众

知晓公众是指明确意识到自己的权益与特定组织有关，并已考虑与该组织联系，但暂时还未付诸行动的公众。知晓公众是由潜在公众发展而来的。知晓公众一旦形成，就会急于了解问题的真相、原因和解决的办法。对组织来说，就是面对事实，毫不隐瞒地把真相告诉公众，满足公众要求被告知的心情，使公众对组织产生信赖感，防止事态的激化，使知晓公众的态度和行为向有利于问题解决的方向转化。例如，消费者已经购买了某品牌的劣质空调，使用一段时间后发现空调没有制冷功能，但暂时还没有采取行动，这时消费者就由潜在公众发展为知晓公众了。

4. 行动公众

行动公众是指采取实际行动与组织相互作用，对组织构成现实的行为压力的公众。行动公众是由知晓公众发展而来的。在这个阶段，公众已经不仅仅表达意见，而是采取实际行动，对组织构成压力，迫使组织采取相应的行动。如消费者找商场、找生产厂家、找消费者协会投诉、找媒体曝光甚至诉诸法律等行动。这时组织必须采取相应的公共关系行动，采取各种补救措施，以维护组织的形象和声誉。

（三）根据公众对组织的态度分类

按照公众对组织的态度划分，可以把公众划分为顺意公众、逆意公众和独立公众。

1. 顺意公众

顺意公众又称为支持公众，是指对组织的政策和行为持赞赏、支持态度的公众。他们是推动组织发展变化的基本公众与中坚力量。

2. 逆意公众

逆意公众又称为敌对公众，是指对组织持反对意见、不合作态度，甚至采取敌对立场的公众。逆意公众的形成一方面原因是对组织的政策和行为产生了误解；另一方面原因是在利益上与组织发生了冲突。如某品牌保健品酒厂宣称，喝了本厂生产的保健品酒对治疗高血压有一定的作用，某老年人喝了一瓶之后，不但血压没有降低，相反却上升了，这位老年消费者就成为保健品酒厂的逆意公众。

3. 独立公众

独立公众又称为中立公众，是指对组织的政策、行为持中立态度，尚未表态或态度还不明朗的公众。由于独立公众就数量而言占大多数，他们的态度具有极大的可塑性，既可以转化为顺意公众，也可以转化为逆意公众，因此，对于独立公众组织应该多做沟通和团结工作，争取他们对组织的了解和好感，引导他们成为顺意公众，防止他们成为逆意公众。

（四）根据组织对公众的态度分类

按照组织对公众的态度划分，可以把公众划分为受欢迎的公众、不受欢迎的公众和被追求的公众。

1. 受欢迎的公众

受欢迎的公众是指完全迎合组织的需要并主动对组织表示兴趣和交往意愿的公众。如慕名而来的顾客、自愿投资的股东、为组织进行正面宣传的记者等。这种关系双方均采取主动的态度，不存在沟通的障碍，最终结果一般来说对双方都有利。

2. 不受欢迎的公众

不受欢迎的公众是指违背组织的利益和意愿，对组织构成现实或潜在威胁的公众。如反复纠缠索取赞助的团体或个人、持不友好态度的记者等。这类公众有求于组织，试图与组织主动建立关系，但由于他们对组织构成威胁，与这样的公众接触会使组织感到不安或受到损害，所以，组织往往有意设置障碍，将其拒之门外，与其保持适当距离，不愿意与其交往和接触，力图回避。

3. 被追求的公众

被追求的公众是指符合组织的利益和需要，但对组织不感兴趣、缺乏交往意愿，需要组织主动接近和追求的公众。如政府官员、社会名流、影视体育明星、著名记者等，组织会想方设法同他们建立关系来扩大组织的影响，但却是件很不容易的事情，往往要讲究交往的艺术，把握传播的时机。

（五）根据公众与组织的重要程度分类

按照公众与组织的重要程度划分，可以把公众分为首要公众、次要公众和边缘公众。

1. 首要公众

首要公众是指关系到组织生死存亡、成败荣辱的公众。他们对组织的生存、发展与成败有着举足轻重的影响。比如商场、酒店顾客关系中的 VIP（贵宾）就是首要公众。美国著名管理大师约瑟夫·朱兰曾经说过："80% 的业务来自 20% 的顾客"，借用到这里，也就是说，首要公众可能占公众绝对量的 20%，但他们给组织带来的效益却可能超过 80%。首要公众是组织生存和发展的基础，对组织操有"生杀大权"，所以组织要投入大量的人力、物力、财力及热情、耐心和时间来维持和改善同这类公众的关系。

2. 次要公众

次要公众是指对组织的生存和发展有影响，但不起决定作用的公众。如商场购物的一般消费者，组织所赖以生存的社区等。次要公众从表面数量上看可能挺多，但由于影响力比较小，即使投入大量的时间和精力，也只可能收到较少的效益。因此，次要公众要在保证首要公众的前提下给予兼顾。

3. 边缘公众

边缘公众是指与组织虽有关系，但联系较少、影响最小的一类公众。如竞争者公众和国际公众。

就社会组织来说，它的首要公众、次要公众和边缘公众在一定的时间和条件下，可以相互转化。今天的首要公众可能变为明天的次要公众，明天的次要公众可能变为日后的边缘公众，对此，应当予以注意。

第二节　组织基本目标公众分析

公共关系工作的主要对象就是目标公众，每个组织都有自己特定的目标公众。组织的性质、类型不同，具体的目标公众也就不相同。以下就一般社会组织较为常见的带有一定共性的目标公众作简要分析。

一、内部公众

内部公众是指组织内部沟通、传播的对象，包括组织内部全体成员构成的公众群体，如企业内部的员工、股东，等等。内部公众与社会组织的关系即为员工关系，它是指在组织内部管理过程中形成的人事关系。它是最重要的内部公众关系，是组织赖以生存和发展的细胞，是一切公共关系工作的起点，在社会组织公共关系工作中占有举足轻重的地位。

（一）员工关系协调的意义

1. 良好的员工关系可增强组织的内聚力

任何组织作为社会机体，其生机和活力源于员工素质的不断提高和员工积极性、主动性、创造性的充分发挥。一个组织的存在价值和整体形象在取得社会的认可之前，首先要得到自己员工的认可，组织的目标和任务在赢得社会支持之前，首先要赢得自己员工的配合支持。因此，组织的内部公共关系工作首先要增强内聚力，争取员工的理解和支持，使内部员工组合成一个有机的整体，由此形成组织成功的动力和源泉。

小资料

公司拴住了职工的心

美国著名旅游公司罗森布鲁斯公司提出了“员工第一，客户第二”的经营理念。他们认为只有公司把员工当“上帝”，员工才能把顾客当“上帝”。该公司就是在这样的经营理念指导下，形成了一套独特的企业文化，即公司为员工营造一个“快乐的工作环境”，员工为公司创造“令人震惊的工作成果”，两者有机地融汇于一体。在公司里，员工被称为“朋友”、“伙伴”，绝没有“雇员”之说，无论是勤杂工还是高层管理者，大家都是平等的。公司还推出“迎新人方案”，并设立了“热线电话”、“热线电子信箱”，因为管理层始终认为“沟通是最重要的”。该公司还别出心裁地提出“影子方案”，即员工和管理者每月共同工作一天，以便双方更好地了解彼此的工作。每年8月则是公司的“感谢员工月”。届时大家身着盛装，欢聚一堂，举办开奖、化装舞会等活动，其乐融融！正是由于公司有效地落实了“员工第一”的理念，使得公司业务蒸蒸日上，并跻身于全球三大旅游公司的行列。

2. 良好的员工关系是构建组织形象的基础

社会组织的对外影响力有赖于全体员工的努力和配合。在对外交往中，每一位内部员工都处在对外公共关系的第一线，社会组织的整体形象都要通过他们在各自工作岗位上的良好表现得以具体体现，他们的一言一行时时刻刻都代表着组织的形象，其良好的服务态度、精湛的技术等都将为组织树立良好的形象和信誉。所以，良好的员工关系可以激起员工的敬业、奉献精神，会赢得外部公众的信赖和认可，成为构建良好组织形象的条件和基础。

（二）员工关系协调的内容

要搞好员工关系，其艺术与技巧在于以下几个方面。

1. 了解员工心理，把握员工需求

对员工的状况、问题和想法有清楚的了解是建立良好员工关系的先决条件。大量资料表明，员工关系不好并不是由于相互之间的利害关系，而是社会组织与员工之间没有充分地进行了解和沟通。所以要搞好员工关系，应该透彻地了解员工的身体和思想情况，然后做出具体计划和部署。

同时还应该尽可能满足员工的物质和精神需求。员工的物质需求，主要包括工资、奖金、福利及工作环境等，员工作为现实社会中的人，为了生存和发展，通过劳动换取一定的报酬，要求改善物质待遇的要求是正当合理的。社会组织应重视改善员工的物质待遇，在可能的情况下，尽量把员工的物质利益搞好。另外，组织还可以提供给员工多种能力培训的机会，一方面可以提高员工的素质，另一方面还可以开发员工的潜力资源。合理的经济报酬是调动员工积极性必不可少的条件，但光有这一点是不够的，组织的员工是“社会人”，而不是“经济人”，他们除了满足物质需求外，还有精神和情感方面的需求。精神需求的满足就是引导员工在工作中寻求生活的意义和乐趣，通过在工作中的创造性活动获得尊重，得到心理上的平衡和满足。著名的日本松下电器公司，在内部员工关系的处理上很让人称道，松下幸之助先生经过常年观察研究后发现，按时计酬的员工仅能发挥工作效能的20%~30%，而如果受到充分激励则可发挥至80%~90%。于是松下十分强调“人情味”管理，探索出“拍肩膀、送红包、请吃饭”的感情激励法，取得了良好的效果。

2. 加强信息传播沟通，培养员工主人翁意识

组织内部的信息沟通既有纵向信息传播，也有横向信息传播。纵向信息传播是指组织内部上下级之间的双向信息交流，而横向信息传播是指组织内部各部门、各层次之间的平行信息交流。具体的信息沟通可以经常通过黑板报、内部刊物、闭路电视、会议、总经理致函等方式，把组织的运转情况、决策目标、领导情况、业绩情况、福利情况等有关信息传达给内部员工，满足员工的知情权，使员工感到自身的价值所在，感觉受到了应有的重视，并把自己的意见和建议反馈回组织，完善组织发展过程中存在的问题。这是一种开放式的交往，它可以打破部门界限、职务隔阂，在组织中创造一种相互理解、相互信任的和谐气氛，使组织充满活力，达到“人和”的境界。只有充分发挥员工的主人翁精神，才能真正意义上调动员工的积极性。

3. 建立健全合理化建议制度，提高组织的内聚力

早在1989年，柯达的创始人乔治·伊斯曼收到一份普通工人的建议书。建议书中呼吁生产部门将玻璃窗擦干净，这虽然是不能再小的一件事情，伊斯曼却看出了其中的意义所在，他认为这是员工积极性的表现，立即公开表彰，发给奖金，从此建立起一个“柯达建议制度”。或许伊斯曼不会意识到，他所建立的“柯达建议制度”会成为其他各大企业纷纷效仿的对象。在现代社会，合理化建议制度已成为许多社会组织密切员工关系，增强员工参与意识，降低组织内部耗费的“法宝”。内部员工最熟悉自己工作领域的情况，对自己所涉及的工作最有发言权，建立健全合理化建议制度，广泛征求搜集员工改进工作方式、工作程序、操作技术的意见，既可以为组织降低成本、节约资金，还可以增强员工的参与意识，增加管理工作的透明度，使员工的成就欲望得到满足，从而产生自豪感、归属感和强烈的进取心，也形成了强有力的内聚力，在各方面都能以组织的整体形象约束自己。

讨论一下

某企业组织了一次合理化建议活动，结果在收集来的几十条建议中，意见占了相当部分，其中要求改善福利待遇的意见甚为强烈，企业经理皱着眉头说：“这叫合理化建议吗？一开口就要福利，我们员工的素质太低了！”你如何评价经理的这番话？

4. 创造“家庭气氛”，协调与非正式组织的关系

行为科学研究表明，社会组织中存在两种组织形式：正式组织和非正式组织。所谓非正式组织是组织中存在的未经官方正式规定而自然形成的以满足个人需求和欲望的团体，如同乡会、同学会、兴趣团体，等等。非正式组织是以成员间的情感为纽带，以共同的追求为目的而自发聚合而成的，比起正式组织，其成员间交往更亲密、更有效、更富有弹性。非正式组织在组织的公共关系工作中，利用得好，往往能起到正式组织所无法起到的积极作用；利用得不好，则可能成为组织决策者的一块“心病”，因此，要发挥非正式组织积极的作用，避免消极的影响，就要靠组织公共关系人员的引导、协调和疏通。

公共关系人员在与非正式组织联系时，应注意的问题：第一是要重视“精神领袖”的作用。“精神领袖”并不一定比同伴更有社会地位，却因消息灵通、足智多谋或有超人的胆识而赢得员工的信任，逐渐形成一定的影响力和权威性。如果对一个“精神领袖”流露出不信任，就等于在相当一部分员工中树起了敌意，所以在工作安排上，尽可能让“精神领袖”担负一些比较重要的职务，这样就把正式沟通和非正式沟通有机结合起来了。第二是管理层多参与非正式组织的活动。非正式组织的活动一般带有较强的人情味，组织管理层主动积极地参与，就能缩短与员工在感情上的距离，甚至会成为他们中的一员。这样，正式组织与非正式组织的隔阂就会缩小，也可在一定程度上压缩了“精神领袖”的权力。第三是对非正式组织应加强引导。对于积极型的非正式组织应采取支持和保护原则，对于中间型的非正式组织应注意引导和争取，对于消极型的非正式组织应给予教育和改造。

二、顾客公众

顾客公众是指购买、使用本组织提供的产品或服务的个人、团体或组织。顾客是与组织具有直接利害关系的外部公众，是组织公共关系环境的轴心，只有形成良好的顾客公众关系，组织才能使输出的劳动成果为社会所承认和接受，并转化为经济效益和社会效益，其他各类公众的需求才能得到满足，才能改善并形成组织整体的良好的公共关系环境。换言之，良好的顾客公众关系，对于形成组织生存发展的整个公共关系环境具有决定性的作用。

（一）顾客公众的重要性

1. 顾客公众是组织的“衣食父母”

早在20世纪50年代，市场营销理论就开始从以生产者为中心转向以消费者需求为中心，到了70年代，顾客关系更是上升到直接影响组织生存的核心层次。可以说，掌握顾客的消费需求，组织就拥有了一个生存空间；失去了顾客，组织就失去了生存的基础。作为社会组织，只有让顾客满意，顾客才会重复购买，这样组织便增加了生存和发展的机会。所以，对组织来说，顾客就是上帝，谁拥有顾客，谁就拥有发展的机会。

2. 良好的顾客公众关系能给组织带来效益

建立良好的顾客公众关系，可以促使顾客形成对组织及其产品的良好印象和评价，提高组织的知名度和美誉度，增加对市场的影响力和吸引力，提高组织的经济效益和社会效益。对于组织来说，顾客就是市场，有了顾客就有了市场，满足了顾客的需求，组织的经济效益就能够实现，经济效益的实现也带动了社会效益的提高。

3. 良好的顾客公众关系能够帮助组织树立正确的经营理念

“顾客第一”还是“利润第一”，这是两种根本对立的经营理念。组织要实现自己的目标，最重要的任务是使其生产的产品和提供的服务能得到顾客的认可和接受，组织要通过顾客需求的满足来换取自己所希望的利润，所以组织要把顾客放在首要位置。这也决定了组织必须不断改革自身的管理，不断创新，才能适应变化了的顾客公众的需要。

（二）顾客公众关系协调的内容

1. 树立“顾客至上”的经营理念

组织与顾客之间的关系，实际上不是顾客依赖组织，而是组织依赖顾客。组织要全心全意为顾客服务，把顾客放在“上帝”的位置，时刻把顾客的需要和利益放在首位，树立“顾客至上”的经营理念。但“顾客至上”的经营理念并不会凭空产生，一方面组织要加强员工培训，形成“全员公关”意识，人人增强服务观念，人人落实服务行动，才能把“顾客至上”的理念变为组织全体员工身体力行的自觉行动；另一方面组织要尽可能满足顾客公众的需要。丁子青是北京“东来顺”羊肉馆的创始人，为了了解顾客不合口味的原因，他经常品尝顾客剩下的饭菜，并在作料上大动脑筋，最后他将作料分装七小碟，由顾客自己搭配，从而解决了“一人难调众人口”的难题，而今“东来顺”已发展成全国知名连锁品牌。

2. 始终为顾客提供一流的服务

向顾客提供完善的服务，是组织建立良好的顾客公众关系所不可缺少的一个环节。在现代人的消费心理中，产品本身的使用价值固然重要，但产品所体现的附加价值将是左右其购买行为的最后决定因素。顾客购买产品，实质上是在购买他从产品中期望得到的需要和利益的满足。对消费者的服务包括售前、售中和售后三个环节，每一个环节都直接关系到最终的服务效果。就售前服务而言，良好的广告宣传和正确的消费引导能让顾客充分的知晓和了解组织的产品及服务；就售中服务而言，包括良好的服务环境及出售产品时耐心、热情、周到、主动的服务态度等；就售后服务而言，是指顾客消费后的系列追踪服务，包括送货上门、售后三包以及义务维修等。“真正的销售始于售后”，这是众多销售专家的智慧结晶。美国著名汽车经销商吉拉德在介绍他的成功秘诀时说：“我的成功秘诀就在于重视顾客服务，尤其是售后服务，顾客再回来要求服务时，我会全力替他做到最佳服务，你必须像个医生一样，他的汽车出了毛病，你也为他感到难过，急顾客之所急。”

3. 妥善处理与顾客间的纠纷

组织在提供销售与服务的过程中，会因为某方面工作不到位而引起顾客的抱怨甚至投诉，这很正常，关键在于对顾客抱怨与投诉所采取的态度和补救措施如何。组织在处理顾客纠纷时，无论是企业的普通职工，还是企业的专职公关人员，或是企业的领导，都应该时时提醒自己“顾客永远是正确的”，这是妥善处理纠纷的一把“金钥匙”。2006 年 6 月，北京第一例食用福寿螺导致的广州管圆线虫病患者确诊，截至 2006 年 8 月 21 日，北京市卫生局统计，全市确诊的广州管圆线虫病病例达到 70 例。北京某酒楼也因此出名，经查实，北京某酒楼对此事负有全部责任，该酒楼在制作凉拌螺肉和麻辣福寿螺两道菜时，加热时间不充分，病菌没有全部被杀灭，导致消费者食用后，感染广州管圆线虫病。事件发生后陆续有致病患者要求酒店赔偿，有的对赔偿结果不满意便诉诸法律。面对这次公关危机，北京某酒楼还是本着积极的态度来采取补救措施，如酒楼派专人专车对住院病人全天候监护，为患者做力所能及的事情；积极联系自 5 月中旬至 8 月 8 日在酒楼食用凉拌螺肉的顾客，追踪是否发生异常情况；在店内张贴告示，酒楼 24 小时专人专车接送食用凉拌螺肉且不适者到医院检查；开通 24 小时咨询电话，由专人解答顾客的相关事宜，最终使风波得以平息。

4. 尊重和维护顾客的合法权益

要建立良好的顾客公众关系，组织还必须尊重和维护顾客的合法权益，认真履行组织应尽的责任和义务。只有尊重顾客的权利，保护顾客的利益，真正替顾客着想，才能赢得顾客的心。1993年10月31日，第八届全国人大常委会第四次会议通过了《中华人民共和国消费者权益保护法》，于1994年1月1日起正式施行。这部法律对消费者的合法权益保护等问题作了详细的规定。消费者的权益就是经营者应尽的义务，因此，社会组织在日常的生产、运营过程中，必须熟悉保护消费者权益的有关法律、法规，自觉维护消费者的正当合法权益。

三、政府公众

政府公众是指政府机关及其内部工作人员。政府公众关系是指社会组织与政府及各职能机构、政府官员和工作人员之间的关系。政府是国家的管理机构，是国家实现其统治意志、实施国家管理的实体形式。任何社会组织都必须无条件遵守政府的法律、法规，服从政府以及各职能部门的管理。政府公众是所有传播沟通对象中最具权威性的公众。

（一）政府公众的重要性

政府掌握着制定政策、执行法律、管理社会的权利职能，具有强大的宏观调控能力。社会组织的政策、产品和服务如果能够得到政府官方的认可和支持，无疑会对社会组织的各个方面产生有利影响，往往能获得优越的竞争条件和有利的发展环境，争取到更多的政策性优惠；相反，如果社会组织被政府有关部门批评、制裁，往往会给组织造成极坏的社会影响。因此，社会组织必须高度重视与政府部门关系的协调。例如，全球知名企业百事可乐公司当年为了进入印度市场，一方面和一家印度贸易集团合作，向其转让食品加工、包装和水处理等技术，另一方面又向政府提出帮助印度出口一定数量的农产品，最终使得印度政府同意百事可乐公司进入印度市场。可见，通过创建良好的政府关系，跨国经营企业可以有效地克服市场障碍，达到企业自身难以达到的目标。

（二）政府公众关系协调的内容

1. 遵纪守法，组织利益服从国家利益

社会组织的一切活动都必须在国家政策、法律法规允许的范围内进行，坚持完成国家下达的各项计划任务，服从政府的宏观调控。这就需要组织必须熟悉政府所颁布的政策、法律法规，并根据政策、法律法规的变化及时修正组织的方针政策和实际行动。这是政府关系的前提，同时在组织利益与国家利益出现矛盾时，要以大局为重，应以国家利益为重，这个原则在任何时候都是不能变的。

2. 熟悉政府各部门的职能分工

政府部门分工复杂，如果社会组织分不清职责范围，很容易违背管理权限和能级，导致不必要的麻烦。所以，社会组织要保持与政府职能部门的经常联系，全面了解和熟悉政府机构的内部层次、主要职能、工作范围和办事程序，这样才能减少因公众目标不明带来的“公文旅行”和“踢皮球”现象，增强沟通的针对性，提高办事效率。

3. 加强与政府的信息沟通

要建立良好的政府关系，就必须采取主动合作的态度，及时将组织的经营业绩、发展规划等相关的信息情况以适当的渠道向政府有关部门进行传播，此举既有助于加强政府对组织的了解，还有助于政府根据基层的实际情况，修订政策在执行过程中出现的偏差，制定出更切合实际的方针、政策，为组织的发展创造宽松的外部环境。

4. 建立与政府官员之间的经常联系

公关人员应把握一切有利时机，加强与政府部门的联系，扩大组织在政府部门的影响。组织领导人及公关人员要经常以个人身份参加政府机构举办的各种活动，通过交流了解组织所需要的各种信息及政府部门对组织的意见、建议，及时调整自身的工作。

四、社区公众

从社会学角度讲，社区是指由共同生活于一定区域的人们因利益关系紧密而构成的一种群体。社区公众是指在特定的地理区域内，社会组织与所在地的群体或组织以及当地的居民之间发生的互动关系。俗话说“远亲不如近邻”，良好的邻里关系对组织做好各项工作都非常重要。

（一）社区公众关系的重要性

1. 社区公众关系影响着组织的生存环境

社区在地理上与组织密不可分，是组织的生存空间和根基，社区公众与组织有着共同的生存背景，与组织的关系千丝万缕，是一种“准自家人”的关系。发展良好的社区公众关系，以争取社区提供各种地方性服务和支持，使社会组织能够在各种完全不同的社区环境下生存和发展。因此，社会组织需要将社区关系作为自身发展的一个重要组成部分来认真对待。

2. 社区公众关系能为组织提供相应的服务

社会组织建立在某个社区之内，就必然要使用该社区的电力、水力、土地、原材料等资源，并且社区还可以为组织提供充足的劳动力资源，同时为组织提供交通、治安、环保、商店、浴池、学校等社会服务。作为组织生存和发展的直接环境，社区还提供相对稳定的购买力市场。

（二）社区公众关系协调的内容

1. 加强与社区公众的信息沟通

良好的社区公众关系建立在互相了解的基础之上，因此，社会组织应采取各种传播手段，使双方信息畅通。社会组织应主动和经常地向社区公众通报组织的各方面情况，让社区公众对组织有充分的了解，比如通过大众传播媒介对组织进行宣传；通过邀请社区公众参加座谈、参观或联谊活动等方式加强情感交流等。相反，如果社会组织不重视社区关系的处理，甚至当社区关系纠纷发生后也不积极进行沟通，就势必会给组织带来危害，例如，某座电石厂坐落在陕西省距县城五公里处的一个村庄，是该县重要的企业，这一年冬天，气候的异常变化使该地区的树木及家畜死亡率增高。当地群众认为往年都没有这种情况，肯定是由于电石厂排放废气所致，群众纷纷登门抗议并制造事端，而电石厂却没有及时同当地村民进行沟通，使得事态愈发严重，村民持铁锹撅头冲击工厂，最终导致电石厂停产。

2. 关心并支持社区公益活动

组织要本着“取之于社会用之于社会”的社区建设理念，关心和支持社区建设，积极参与社区的各项公益活动，努力为社区出力、做贡献。如出资修建公园、道路、风雨亭、健身设施等公共设施；维护社区治安；资助养老院、残疾儿康复中心等社会福利机构；资助社区办学，发展社区教育事业。这样，才会受到社区公众的欢迎，“钱不白花”，树立了社区“好公民”的形象。

3. 关心并维护社区环境

保护人类的生存环境是任何社会组织必须认真对待的问题。许多社会组织在运营过程中，存在着环保与效益的矛盾，即在生产效益的同时，也存在着废水、废气、噪音等对周边环境的污染，使社区公众苦不堪言。尤其当组织不慎排出的废水、废气、噪音等影响到社区公众的正常生活，组织应及时向公众道歉并采取措施加以解决，以求得公众的谅解。在保护社区环境的同时，组织还应积极美化社区环境，实际上，整洁的建筑、充满大自然气息的厂区和卫生的工作环境，也是一种赢得公众喜爱的措施。

五、媒介公众

媒介公众是指大众传播机构（包括报社、杂志社、广播电台、电视台、网络）及其工作人员。媒介公众是公共关系工作对象中最敏感的一部分。在信息化社会中，人们对组织或产品的了解，很大程度上通过传媒的宣传而流下深刻印象，其中如何通过传媒将组织的有关信息全面、及时、准确地告诉给公众，以及如何迅速消除公众对组织所产生的误解就显得相当重要。因此许多组织都视结交“无冕之王”、保持与媒体的良好关系为公共关系的重要内容。

（一）媒介公众的重要性

在现代信息社会中，新闻界是社会信息流通过程中的“把关人”，他们决定着哪些信息应该中转和传播，哪些信息应该抑制和封闭。媒介公众通过制造舆论对组织产生有利或不利的影响，它可以使组织一夜之间“扬名”，也可以使组织一夜之间“毁誉”，所以组织的公共关系人员必须记住，与新闻界人士交恶是所有愚蠢行为中最愚蠢的行为。如果能通过新闻界实现与公众的广泛沟通，就能形成对组织有利的舆论氛围，提高组织在民众中的影响力。

（二）媒介公众关系协调的内容

1. 与新闻媒介建立良好的关系

社会组织要尊重新闻媒介人士的权利，以诚相待，平时多与之联系，建立良好的人际关系。用行贿等手段来拉拢记者，或者以暴力威胁记者的行为都是公共关系活动中的大忌。组织可以在重大节日向新闻界发送纪念品；举办各种形式的联谊活动，增加组织公共关系人员与新闻界人士的个人友谊。

2. 支持新闻媒介的工作

真实是新闻的生命，新闻媒介最为重视的是新闻的真实性。新闻界的大忌就是新闻失真，所以在社会组织与新闻界交往过程中，要本着以诚相待的原则，应实事求是，不隐瞒事实真相，做到不隐恶，不溢美，尤其是遇到有损组织形象的事情发生，更应积极与新闻界配合，力争挽回影响，重塑组织形象。另外对待新闻媒介要一视同仁，切忌厚此薄彼，千万不要重大报，轻小报；重名记者，轻小记者；重中央台，轻地方台。要积极主动地配合新闻媒介客观报道组织的政策和活动，这才是真正的合作与支持。

3. 主动向新闻媒介提供信息

组织的公共关系人员应主动向新闻媒介提供有新闻价值的素材，同时还应善于通过“制造新闻”引起新闻界的注意，塑造组织的形象。所谓“制造新闻”是指社会组织为提高自身的知名度和美誉度，通过有计划的策划与组织，而将某个事件典型化、新闻化的公共关系行为。制造新闻不是自然的等待新闻记者来采访，而是主动“演出”新闻给记者看，引起他们的好奇心，调动他们报道的积极性。

小资料

“雪莲维药”千里追连战

新疆雪莲维药有限公司（以下简称雪莲维药）是一家从事新疆少数民族医药研究与生产的企业。2005 年 4 月 26 日至 5 月 3 日，中国国民党主席连战将访问大陆，任何一个中国人都能够体会到这次历史性的来访，将会对中国的和平统一起到怎样积极的促进作用。此时的雪莲维药营销总监也想到能不能借助这样的事件提升企业的知名度？5 月 2 日，连战一行将在上海国际会议中心与台商代表见面、交流。所以当天在会议中心门外也聚集了很多民众，想一睹连战一行的风采。而在这个自发形成的人群中间，有几个人显得十分醒目。他们身着新疆传统的民族服装，头戴维吾尔族的小花帽，打出了两条红艳艳的条幅“连哥：常回家看看！——新疆人民”、“战兄：常回家看看！——新疆雪莲维药”。由于是现场唯一的两条横幅，加上又是一群身着少数民族服饰的群众，摄像机、闪光灯、采访话筒几乎忙个不停，连在执行任务的民警都不得不上来协助进行维护秩序。当天晚上包括央视在内的电视新闻都播出了有此镜头的新闻。在第二天新华社向全国刊发的上海民众欢迎连战的五张图片新闻中，就有雪莲维药拉起条幅的这张，下面还专门配发了一段文字“新疆赶来市民欢迎连战”。一时间，一个新的名字“雪莲维药”引起了人们的关注。经过“雪莲维药千里追连战”的公关传播，雪莲维药在市场上的知名度大增，不少经销商主动前来洽谈合作意向，同时一部分消费者也开始主动尝试产品的购买，此举也实现了品牌推广与销量提升的双丰收。

第三节　公众心理定势分析

公众不同行为的产生是由公众的不同心理所致。公众心理是日常社会生活中普遍存在的一种群体心理现象。在某种程度上，公共关系活动是人与人在交往过程中所建立的心理上的联系。因此，掌握有关的公众心理活动规律是有效地从事公共关系工作的基础。

一、公众心理定势的含义

人们共同的心理行为倾向不是先天就有的，而是在一定的社会条件下，经过人们相互作用以后，使个人的社会经验积累凝结而形成的。心理定势普遍存在，比如当人们听说某某毕业于哈佛大学时，一定会认为他是个乖巧、聪明且孝顺的孩子，而看不到他身上其他方面的缺陷。

所谓公众心理定势，是指在日常社会生活中公众受组织行为的影响和大众影响方式的作用所形成的心理及行为倾向。

二、公众心理定势的特点

公众心理定势是一种不自觉的“惯性”，但并不是不可打破的，它和一切事物一样充满了矛盾性和运动性。

（一）不自觉性

公众心理定势是一种内在的心理倾向。人们不一定能自觉意识到自己的心理定势，但心理定势会在以后的活动中反映出来。

（二）动力性

公众心理定势不只是存在于大众心底的一种状况，而且具有干预现实生活的主动性，一旦生发出来，成为人们的一致性行为时，具有一种难以驾驭的力度。

小资料

“五·一九”事件

1985 年 5 月 19 日在北京工人体育场发生了中国足球史上第一次球迷闹事事件。比赛时，中国球迷把“中国队必胜香港队，比分至少 3:0”作为共同的心理倾向，当中国队败在香港队脚下，失去世界杯小组赛出线权时，在场的两万多名观众深感失望，继而愤懑地不愿退场。这时有数百名青年球迷无法控制自己的情绪，以抛掷汽水瓶、啤酒瓶、水果，拦阻车辆、掀翻汽车等行为来发泄气愤。

（三）自发性

公众心理定势是对特定情境的适应性反应，是公众经过相互作用后自发产生的。其中公众的无意识心理占有重要的位置，发挥着强烈的作用。

（四）规范性

公众心理定势又是人们对某一自然现象或社会事物的共同反应方式、原则和策略，因此带有一定程度的规范性。比如，“尊老爱幼”、“欢度春节”等，是我国传统的社会习俗，这种心理定势具有普遍的制约力，规范着人们的心理和行为。

三、公众心理定势的基本形态

公众心理定势的特征决定了公众心理定势不只是一种个体心理现象，也是一种群体心理现象。它不仅表现为人的社会认知，而且还表现为人的认识、情感、意志、行为的综合统一。根据心理定势的性质，可以将其分为个体心理定势、群体心理定势和流行心理定势。

（一）个体心理定势

个体心理定势是个体在长期生活过程中形成的，通过具体事件表现出来的一种稳固的心理活动方式。在现实社会生活中，人们往往容易受各种偏见的影响而造成歪曲的社会知觉，做出与客观事实不一致的判断。个体心理定势有积极作用，也有消极作用，在公关活动中，如何利用个体心理定势，如何对待和处理不同的个体心理定势，具有十分重要的意义。

1. 首因效应

首因效应又叫“第一印象”，它是当人们第一次与某物或某人接触时留下的印象。首因效应具有先入为主的作用，一旦形成就很难消除，会妨碍人们正确、全面的认识事物。第一印象不仅来自于直接的接触，而且也可能来自于传播媒介的间接介绍。因此，开展公关活动，还应注意传播媒介的特殊功能，要从一开始就让自己的组织在各种媒体上树立起一个良好的形象。在公关活动中，利用人们的“第一印象”，抢占先机是十分重要的，只有首先想到做到的才能给公众以新鲜感，才能使人关注，那些如法炮制的公关活动是无法给人留下深刻印象的。

2. 近因效应

近因效应是指最近或最后形成的对事物或人的强烈印象。对一件事或一个人接触的时间延长以后，该事物或人的最近信息对你产生影响，甚至会改变原来的第一印象。如文艺演出，放在最后的一个节目往往是最好的，也是最能吸引观众的，俗话叫“压轴戏”。同样道理，开展一项公关活动，当组织利用首因效应给公众留下了良好的印象，而在活动结束时，又用新奇独特的做法，利用近因效应加深公众对公关活动的认识。这样利用两种效应的作用，必将达到最佳效果。

3. 晕轮效应

晕轮效应，又叫光环效应，是指公众从对象的某种特征推及对象的整体，从而产生美化或丑化对象的心理现象。之所以把它称为“晕轮效应”，是说它像月晕一样，会在真实的现象面前产生一个更大的假象。主要表现为“以木为林”，以偏概全的心理定势。比如在选购礼品时，精美的包装常会使人产生晕轮效应，想象包装里的东西与外面的包装一样精美，带有强烈的主观色彩。作为公关人员，完全可以利用人们这种认知偏差，策划并开展一些公关活动。如北京的一些仿膳饭店，打出“皇帝吃过的饭菜”，使顾客形成一种强烈的先入为主的印象，吸引了大批的中外游客前来品尝。但公关人员利用晕轮效应来宣传组织必须实事求是，如果利用公众的晕轮效应进行坑蒙拐骗则是应该反对和制止的。

4. 经验效应

经验效应，又叫定型效应，是指公众个体在对对象进行认知时，总是凭借自己的经验对对象进行认识、判断、归类的心理定势。不少人认为，身份高的人较文质彬彬，身份低的人较粗野；东北人性格率直，浙江人精明能干；男性的工作能力比女性的工作能力易受到肯定，这些都是经验效应的结果。“人心不同，各如其面”，经验效应也是一种以偏概全的思想方法，它只凭一些过去的经验，以有限的信息得出较为普遍的结论，当然容易出现偏差。因此，公关人员与人打交道时，切忌只凭职业、地区、性别等方面的已知经验，把人分为豪爽、细腻、粗鲁、诚实等品质类型。

5. 情感效应

情感效应，又叫移情效应，是指对特定对象的情感迁移到与该对象相关的人或事物上，引起他人的同类心理效应。情感效应首先表现在“人情效应”方面，即以人为情感对象，并将自己的情感迁移到他人身上的效应，还表现为由人情而达到“爱屋及乌”，即由于爱某人而爱及他的一切。在公关工作中，社会组织利用“情感效应”的心理规律进行公关活动的例子举不胜举，请明星做代言人就是最典型的例子，让公众将对某个明星的喜爱转嫁到明星所代言的商品上，从而提高组织的知名度和美誉度，这是公关活动中最常用的手段。

（二）群体心理定势

群体心理定势是指公众处在某一实际的社会群体中而在外部行为上表现出来的经常的和稳定的心理特点。群体心理定势的表现形态有风俗、习惯、传统礼仪等方面。群体的组成一般是基于共同的生存条件和共同的心理需要，因而群体成员就有可能形成共同的心理倾向，这些心理倾向不可能完全雷同地表现在每一位成员身上，但对全体成员来说都具有一定的典型意义。

（三）流行心理定势

流行心理定势是指在短时期内社会上形成的一种人们之间的相互影响、相互感染的心理定势。常见的流行心理定势包括流行心理、流言心理、舆论心理。

1. 流行心理

现实生活中，我们常常会发现一种现象：一段时期内，社会上相当多的公众对某个特定的观念、行为、语言或生活方式等产生崇拜并进行追求，并且公众之间还相互模仿，相互产生连锁性感染，即所谓的“一窝蜂”现象。我们把这种现象称之为流行。如流行歌曲、流行语、流行时装、流行发型、流行色、流行活动等。

流行的出现是基于人们选择的一种心理动机。一方面是求同心理，人们渴望能求同于有地位、有魅力的人，求同于符合社会潮流的价值观念，求同于现代生活方式，求同于多层次的文化品位；另一方面是存异心理，人们又渴望求异于与自己同层次的芸芸众生，求异于低层次的生活方式，求异于传统的价值观念。

作为公关主体，要设法抓住流行的趋势，适时有效地预测流行、制造流行、领导流行，对组织形象与产品进行集中性的公关宣传，并在政治、经济、文化发达地区或较有地位和影响的公众中“试用”以引导消费，使组织形象在短期内“风靡”。

2. 流言心理

在社会学中，流言指传路不明、传无根据的言论。流言能使本来被关心的问题更加被关心，使本来不被关心的问题成为被关心的问题，所以它具有较强的煽动性。

“好事不出门，坏事传千里”，流言一经发出，传播迅猛，一传十，十传百，辗转相传，面目全非。流言的破坏性大，它可以摧残一个人的精神，威胁一个企业的生存，甚至可以引起社会的震荡，进而影响到一个地区和国家的安定。因此，必须及时制止流言的产生与传播。

由于流言都是建立在缺乏事实根据基础上的虚假消息上，因而对付它的最好办法就是公布和说明事实真相。社会组织要拿出事实依据，通过传媒向公众及时提供确切的消息和真实的情况，使流言不驳自倒。

3. 舆论心理

舆论是公众的意见与看法，是社会全体成员或大多数人的共同信念，是人们彼此间信息沟通后产生的一种共鸣。舆论一旦形成，就会成为一种群体性意见，对社会产生更大的影响。林肯说过："得到民意的支持，任何事情都不会失败；得不到民意的支持，任何事情都不能成功。"

小思考

明星照片悬白堤，妥否？

2006年4月25日，一块贴有2006杭州世界休闲博览会形象大使某知名女性明星照片的大型广告牌悬挂在断桥附近的白堤上。据介绍，这是白堤上首次出现如此大面积的户外广告，但不少游客认为这破坏了白堤的自然景观。请问游客的这种看法属于舆论吗？

舆论像根主导线，连着社会和组织，伸入社会生活的各个领域和角落，公关人员正是通过这条主导线去触摸公众的脉搏，把握社会的节奏。社会组织与公众交流的内容只有融入社会舆论的潮流中，才能真正获得公众的理解和信任。从这个意义上讲，公关活动的实质内容就是制造良好的社会舆论，形成良好的舆论环境。

"民心不可辱，民意不可欺"，舆论能反映危机，也能预示危机。作为公关主体，要从"内求团结，外求发展"出发，正确对待舆论。应该做到：第一，倾听舆论。组织要全面及时地了解公众对本组织的印象和反映，就必须认真倾听代表大多数公众意愿的舆论，并以此作为自身决策的依据之一。第二，顺应舆论。只有顺应公众舆论，搞好与公众的关系，才能建立起自身生存与发展的良好环境。第三，引导舆论。社会组织的公关部门可以通过宣传、解释和劝导，及时引导公众的舆论，使其朝着有利于组织的目标发展。

本章小结

公众是组织赖以生存的基础，是公关主体开展公关活动的对象。衡量公关工作成败的标准是公众需要满足的程度。要想成功的开展公关活动，就要对公众的相关知识有所了解和掌握。本章首先介绍了公众的特点及分类，在介绍内部公众、顾客公众、政府公众、社区公众、媒介公众等五大类组织基本目标公众的基础上，最后介绍了公众心理定势的含义和公众心理定势的三种基本形态。

习　题

基础知识题

1. 公众具有哪些特点？
2. 非公众是公众吗？为什么？
3. 请根据不同的标准对公众进行分类。
4. 公关主体如何确定自身的目标公众？
5. 公关人员应该如何协调和不受欢迎公众之间的关系？
6. 如何处理同媒介公众之间的关系？
7. 简述公众心理定势的特点。
8. 晕轮效应对公共关系有什么意义？
9. 试述公众心理定势的基本形态。

技能训练题

1. 某生产车间为提高生产效率，采取边听音乐边工作劳逸结合的措施，但嘈杂的音乐声影响到车间旁边的教师宿舍，教师因此无法正常备课。这时，你作为车间主任会如何解决这个问题？

2. 以所在学校为公共关系主体，调研学校的外部公众有哪些，并评估学校的外部公众状况。

典型案例

一天，一位陌生的顾客走进豪华的美国花旗银行营业大厅，只是要求换一张崭新的100美元钞票，准备当天下午作为礼品用。花旗银行是世界最大的银行之一，每天的营业额高达数亿美元，业务十分繁忙。但接待这位陌生顾客的银行职员微笑着听完这位顾客的要求后，请他稍候，立即在一沓钞票中寻找，又拨了两次电话，15分钟后终于找到了一张新票，并把它放进一个小盒子里递给了这位陌生顾客，同时附上一张名片，上面写着："谢谢您想到了我们银行。"事隔不久，这位偶然光顾的顾客又回来了，这次是在这家银行开立了账户。在以后的几个月中，这位顾客所在的那家律师事务所在花旗银行存款达25万美元。

思考题

（1）分析案例中的陌生顾客属于花旗银行的哪类目标公众？

（2）当企业组织与顾客之间发生矛盾时，顾客未必总是正确的，但为什么我们还要说："顾客永远是正确的"？请结合案例，加以阐述分析。

第四章　公共关系的媒介——传播

学习目标

知识目标：了解公共关系传播的构成要素和模式；理解公共关系传播的涵义和五种基本方式，以及公关传播的媒介选择；掌握公关传播效果的层次、制约传播效果的因素和获得理想传播效果的条件。

能力目标：具有判断不同公关传播方式的能力。

技能目标：熟练运用不同传播媒介进行公关传播。

重点：制约公共关系传播效果的因素。

难点：获得理想传播效果的条件。

1999 年国庆节前夕，一件高 40.6 米，宽 30.8 米，重达 930 公斤的大衬衣，在北京东二环附近的一幢大楼上悬挂起来，该衬衣约有 12 层楼高。这件衬衣在此悬挂了半个月，吸引了大量路人的目光。这是爱德曼国际公关公司为美国宝洁公司策划的一次媒介事件，想出用这样一个大衬衣冲击吉尼斯世界纪录的活动。这件大衬衣的布料，足可以缝制 2350 件普通衬衣，衬衣上印有“全新碧浪漂渍洗衣粉”的字样，其中红色“碧浪”两字高 5.9 米，宽 9.8 米，非常醒目，这件大衬衣在悬挂了 15 天后，经风吹雨淋和空气污染变得非常肮脏，在大衬衣的揭幕仪式上，还有一些嘉宾将更难洗净的墨汁泼在衬衣上。7 月 23 日，保洁公司用全新的碧浪洗衣粉，洗净了这件衬衣，使新推出的碧浪洗衣粉一举成名。

爱德曼公关公司的这次传播活动，其意义并不仅仅在于破吉尼斯世界纪录，更主要的是，要使中国的消费者认识碧浪洗衣粉。他们先用大衬衣冲击吉尼斯世界纪录吸引公众的视线，引起新闻媒介的广泛报道，然后再通过洗净如此肮脏的衬衣，强化碧浪洗衣粉的功效，在市场上产生强大的冲击力。

公共关系是社会组织与公众之间的传播沟通行为，它所使用的手段和方法就是现代信息社会所提供的各种信息传播与沟通媒介，以及运用这些媒介所形成的各种信息传播与沟通方式。也就是说，要想使社会组织与公众之间达到良好的公共关系状态，必须通过信息传播媒介这个桥梁。离开了传播，公众就无从了解社会组织，社会组织也无从了解公众。

第一节　传播的要素及模式

一、传播的涵义和特点

（一）传播及公共关系传播的概念

“传播”一词译自英文“communication”，原意包括“沟通”、“交流”、“交往”等多种含义。《牛津字典》的解释是：“借着语言、文字或形象，获得观念、知识等的分享、传送或交换。”《大英百科全书》的解释是：“若干人或者一群人相互交换信息的行为。”综上，我们可以将“传播”的概念概括如下：传播就是促进传者与受者之间信息的双向交流与共享的过程。

公共关系中所讲的传播，是指一个社会组织为了提高自身的知名度和美誉度，借助一定的传播媒介方式，向公众进行信息或观点的传递与交流。所谓公共关系传播是指特定的社会组织为实现其公共关系目标，综合运用各种传播方式和传播媒介同组织的内外部公众进行双向信息交流的活动和过程。

（二）传播的特点

公共关系的传播方式是多样的，传播方式不同，其特点也不同。这里所讲的特点是一般意义上的传播特点。

1. 社会性

传播是人类社会维持社会生活而进行的一种最常见、最基本的社会行为。人类传播的重要意义就是建立社会联系，任何传播行为都不能离开社会，人类社会也离不开传播行为。离开了传播就不能形成社会，同时传播又是一定社会关系的体现，传受双方表述动机、内容和采用的姿态、措辞等，无不反映各自的社会角色和地位。

2. 互利性

传播是一种信息传递和交流的活动，这种活动不仅仅是出自于社会组织自身的需要。一个成功的传播活动应该是着力于寻找社会组织与公众之间利益相关的热点来展开传播沟通活动，使社会组织和公众双方的利益都得到完美的实现。要突出双向利益要求，社会组织首先要了解和掌握公众的利益需求心理，找到与此相关的组织利益热点，这样的传播活动才能被双方都接受；其次，要注意收集和研究公众的信息反馈，使传播活动能做到有的放矢。

3. 情感性

随着社会生活节奏的加快以及人们生活水平的提高，人们越来越注重情感的交流，强调精神生活的愉快，情感在双向交流中起着润滑剂的作用。在传播过程中，情感的特点表现为相互尊重、信任及平等式交流，也表现为互动、认可及合作式的沟通，这种情感式交流与沟通能起到良好的调节作用，有助于社会组织和公众双向互动关系的发展。

4. 共享性

传播的目的就是要与传播对象一起共同分享信息内容。通过传播将个人或少数人掌握的信息化为更多人共有的信息，使传授双方达成某种程度的一致。公共关系就是力图通过科学的、有效的双向信息交流，同公众和社会达到相互了解、相互理解、相互谅解，乃至相互支持的效果。

5. 双向性

传播是一种信息传递和交流的活动，但这种活动不是社会组织单方面的信息传递和交流，而是双向的信息传递和交流活动，即社会组织将信息传递给公众，公众再将对这些信息的态度再反馈到社会组织这样两个环节。

6. 符号性

人与人之间的信息传播是依靠“符号”交流来进行的。这里所说的符号，指信息的表现形式，包括语言、文字、音响、图画、表情、动作等。在传播过程中，传者制作、传递符号，受者接收、还原符号。公共关系人员就是根据各种符号的特征，小至一举手一投足，大至新闻报道、综合性公共关系活动，来传递特定的信息。

小资料

金盾新闻特别奖

2005年3月2日中央人民广播电台中国之声《神州夜航》节目主持人向菲，因劝说和感化杀人潜逃12年之久的嫌疑犯辜海军自首，被公安部授予“金盾新闻特别奖”。

主持人向菲借助夜间广播节目的优势，以缓慢的语速，亲切的语调，向在人生岔路口徘徊的人们，发出有如亲人般关切、友人般诚恳的劝告。杀人嫌疑犯辜海军在听到向菲的节目后，心灵产生强烈的震撼。经过激烈的思想斗争，他终于主动与向菲联系，并向主持人表达了他内心的痛苦与矛盾。在向菲十几天的耐心劝说下，杀人嫌疑犯辜海军在逃亡12年后，最终在13天内改变了他的人生，向公安机关投案自首。

向菲以一个国家公民应有的责任感，以一个新闻工作者良好的职业素质和职业道德，劝化犯罪嫌疑人。这集中体现了媒体传播的双向反馈、迅速快捷、范围广泛等特点。

二、传播的构成要素

传播要素是构成传播活动的必要条件。公共关系的信息传播作为一个完整的系统，应该由以下几方面的基本要素构成。

（一）信源

信源就是信息的发出者，也就是传播者。传播者是信息发出的源头，故称信源。在传播过程中，传播者占主动、积极的地位，选择所要传播的信息、形式、方法，针对接受者及所用信道的特点来组织传播。传播者既可以是某个个体，也可以是某个群体或某个社会组织。在公共关系传播活动中，信源实际上就是社会组织。公共关系信息发生源是公共关系信息交流的基础，它直接影响和制约着整个公共关系信息传播的全过程。

（二）编码

编码就是传播信息的设计过程，指信源采取什么形式，把要发送的信息变成信宿所能理解的信息，即公共关系信息的传播者，要把信源发出的信息制作成能够传输、公众能够接受和理解的符号的过程。

（三）信息

信息就是传播的内容，是人们需要表达、传递的意识和行动，它可以是语言文字信息，如情报、消息、数据等，也可以是非语言文字信息，如观念、态度、动作、表情。信息是物质运动状态的反映，它可以被感知、采集、储存并传送给他人。信息进入传播才有价值，它是一种无形的资源，众人可以共享信息，并在利用中取得巨大的效益。公共关系传播活动的信息，更多的是为了增进双方的相互了解，更好地协调双方的关系而设计的。

（四）信道

信道就是信息的传播通道，指信息从传播者到达受传者的渠道和途径，它是连接信源和信宿的纽带，是信息交流的中介。在公共关系信息传播中，信息从信源传输到信宿是需要一定的通道的，没有信道的信息传输是不会实现的。传播信道是多种多样的，如人际信息传输通道、组织信息传输通道、大众信息传输通道、网络信息传输通道，等等。信道的质量决定传播是否通畅、高效。传播者应根据所要达到的传播效果和所要针对的受者情况选择不同的传播渠道，并要使用适当的媒介予以配合。

（五）信宿

信宿就是信息的接收者，或称受传者。受传者是信息接收的终点，故称信宿。受传者是传播的目标，他们在传播活动中没有主动权，但在对所传信息的接收上则有着主动权。受传者得到信息后会根据自身的理解，产生反应。在传播活动中，信宿同样既可以是个人，也可以是群体或组织，在公关活动中一般是指公众。公众成为受传者的数量和范围取决于传播的具体需要，即由公共关系具体目标来决定。

（六）译码

译码就是受传者对信息的理解过程。只有当传者发出的信息被受者接受并理解时，信息的传播沟通才算是发生，而在此前，仅仅只是传递。受传者收到信息后，将信息译成自己理解的内容，受传者的译码能力取决于自身的受教育程度，以及相应的文化和生活背景。

（七）反馈

反馈就是受传者的反应。受传者根据自己的经验和理解，会产生相应的反应，发出反馈是受传者能动性的反应。在公共关系信息传播系统中，信源将信息传输给信宿，信宿将接收和应用的效果和有关问题作为信息反向传输的内容传输给信源，以为信源了解传播效果，并以此调整和改进下一步的工作。这种公关信息的逆向传播过程，就是我们所说的公关信息的反馈。

（八）环境

环境就是影响传播的外在构成要素，包括政治环境、经济环境、文化环境、地理环境、人口环境、区域环境等。公关传播是一种社会活动，不能脱离社会环境而独立存在，在不同的环境中，即使是相同的传播活动，其效果也会有所差异。

小案例

引起误解的广告词

上海某服装有限公司委托某广告公司做内衣广告宣传。广告公司精心策划出“玩美女人”的广告词，其意为此内衣是追求和崇尚美丽的女人的选择，广告词又与“完美女人”谐音，言下之意为选择此内衣，即可成为完美女人。并立即将此得意的广告词制作成灯箱广告，挂到街道两边。不料，此举引起群众不满，大多数群众将广告词理解为“玩·美女人”，并举报到工商管理部门，工商管理部门认为此广告词确实不雅，思想境界不健康。责令公司将印有“玩美女人”字样的灯箱广告全部撤下，公司不服与之理论，未果，最后由法院来裁决，判定广告公司败诉，撤下所有印有该字样的广告，另外处以 20 万元的罚款。

作为信息的传递者广告公司，将“追求和崇尚美丽的女人的选择”的信息编码为“玩美·女人”，以文字为媒介，传递给受众，受众在译码的过程中缺乏与传递者相同的经验范围，对广告词的理解产生了歧义，出现了译码干扰，不能还原信息，有了与信息传递者不同的理解，即“玩·美女人”，在当今文明、道德的社会环境里，亦不允许出现如此不健康的思想，所以受众出现了负反馈。编码的不慎重造成信息的传播受阻，从而影响了传播质量，降低了传播效果。

三、传播的模式

模式是对某一事项或实体的内在机制与外部联系进行的一种直观的简洁的描述。传播模式是传播要素的组合形式，是现代传播显示、展示传播过程和结构，揭示各要素之间相互关系的理论形式。

（一）拉斯韦尔模式

美国著名的政治学家、传播学研究的先驱哈罗德·拉斯韦尔于 1948 年提出了著名的“5W 模式”，他将传播的过程归纳为五个方面，即：who（谁——传播者）、say what（说什么——传播内容）、in which channel（通过何种渠道——传播媒介）、whom（对谁说——传播对象）、with what effects（达到什么目的——传播效果）。因为这五个方面的英文字头都带有 W，所以称为“5W 模式”。5W 模式适用于公共关系传播，如图 4－1 所示。

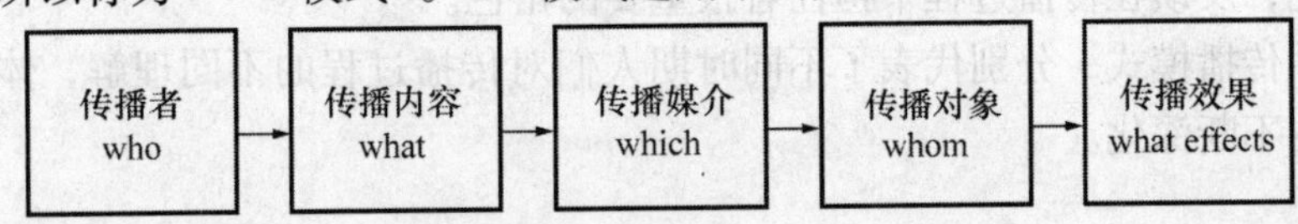

图 4－1　拉斯韦尔模式

拉斯韦尔想通过这一模式抽象地表述出传播过程的共同性质，但这一般化的描述没有真实地再现出实际的传播状况。5W 模式忽视了信息的反馈，是单向的信息传播，所以也称为线性传播模式。尽管这一模式有缺陷，但仍为人们提供了非常有用的线索，帮助人们把错综复杂的传播过程理出了头绪。

（二）香农—韦弗模式

1949 年，美国的信息学者香农和韦弗在研究如何获得传播的最好效果时，从信息论的角度提出了传播模式，见图 4－2。

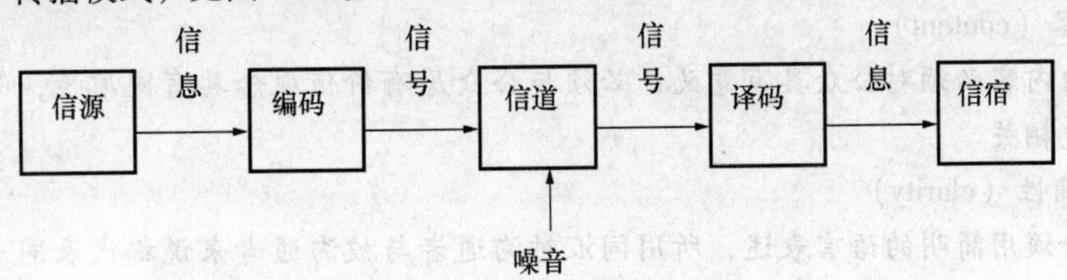

图 4－2　香农—韦弗模式

香农—韦弗模式为传播过程的进一步研究提供了重要的启示。特别是提到了“噪音”，客观地表明信息在传播过程中会受到干扰，从而可能引起信息的失真。但这种模式仍属于一种单向直线传播模式，缺乏信息的反馈。因此，后来的研究者在研究传播模式时，都在尽可能的范围中充分体现接收者的反馈作用。

（三）施拉姆模式

施拉姆是美国的大众传播学权威，他提出的传播模式又称为循环互动模式。如图4－3所示。

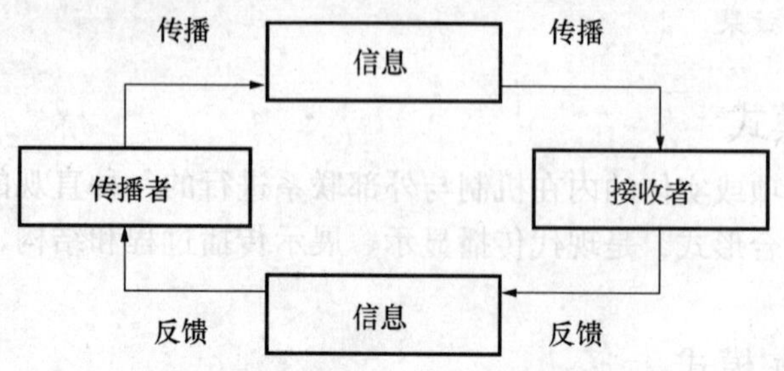

图4－3　施拉姆模式

施拉姆模式是一种双向循环式活动过程，它与传统线性传播模式的根本区别在于它引进了反馈机制，将反馈过程与传授双向互动过程联系起来，把传播理解成为一种互动的、循环往复的过程。一个经验丰富的传播者会时刻注意反馈，并且随时会根据反馈来修改他的信息，因此，反馈在传播过程中担任着很重要的角色。

以上三种传播模式，分别代表了不同时期人们对传播过程的不同理解，体现了人们对传播的认识在不断深化。

小知识

传播的七个"C"原则

1. 可信赖性（credibility）

沟通应该从彼此信任的气氛中开始。这种气氛应该由社会组织来营造，它反映了组织是否具有真诚的、满足公众的愿望。出于信任，公众相信组织传递的信息，并相信组织有足够的能力解决他们共同关心的问题。

2. 一致性（context）

传播计划必须与组织的环境要求相一致，必须建立在对环境充分调查研究的基础上。

3. 内容（content）

传播的内容必须对公众具有意义，必须与公众原有价值观念具有同质性，必须与公众所处的环境相关。

4. 明确性（clarity）

信息必须用简明的语言表述，所用词汇对沟通者与被沟通者来说都代表同一含义。复杂的内容要列出标题或采用分类的方法，使其明确与简化。

5. 持续性与连贯性（continuity and consistency）

传播是一个没有终点的过程，要达到渗透的目的必须对信息进行重复，但又必须在重复中不断补充新的内容，这一过程应该持续地坚持下去。

6. 渠道（channels）

在信息传播过程中，不同的渠道在不同阶段具有不同的影响。所以，应该有针对性地选用各种渠道，以达到向目标公众传递信息的作用。

7. 公众的接受能力（capability of audience）

公众的接受能力，主要包括他们接受信息的习惯、阅读能力与知识水平。传播必须考虑公众的接受能力，当沟通信息最容易为公众所接受时，信息传播成功的可能性就越大。

第二节　公共关系传播的基本方式

公共关系作为一种传播行为，为有效达成社会组织与公众的沟通，必须运用各种不同的传播方式。公共关系传播的基本方式包括自身传播、人际传播、组织传播、群体传播和大众传播。熟练地掌握和运用这几种传播方式，了解各种传播方式及其特点，有助于完整地理解公共关系的传播活动，是公共关系工作获得成功的重要保证。

一、自身传播

自身传播，也称为“个体内向交流”，是指个体接受外部信息进行自我信息处理的活动，即传播的双方集于一身，本身内部进行交流。传递信息的主体和接受信息的客体是同一个体，交流沟通的“双方”是同一个人，是自己与自己的沟通，其表现形式是人的自言自语、自我反省、自我安慰、自我发泄、自我陶醉、自我斗争和沉思默想等思维和心理活动。

个体自身传播是人们进行其他对外交流沟通，以及应付对外交流沟通中出现的各种变化的基础。个体通过自身传播，可在与外界交流前实现内心的“预演”，提高传播的效率和成功率。通过自身传播，个体还可以更好地内省和整理“思想”，也可以进行自我心理调节，在事情发生时能做到有所准备、反应敏锐、应对自如，在困难和挫折面前能做到泰然处之。从传播学的角度看，个体自身传播是人类一切传播行为的基础。

二、人际传播

人际传播，是个体与个体之间的传播与沟通。它是最常见、最基本、最广泛的一种传播方式，它渗透在人类活动的各个方面。人际传播形式多样，但大致分为两种：一种是面对面“无媒介”的传播，主要是通过语言、表情、手势等直接沟通；一种是非面对面借助某种有形的物质媒介的传播，主要是通过书信、电报、电话、传真、E－mail 等媒介进行沟通。人际传播具有以下主要特点。

（一）交往的私人性

人际传播的一个显著特点是传者和受者之间是一对一进行的，如朋友之间、同事之间、夫妻之间、同学之间等。由于人际传播仅限于两个个体之间的信息互动，因此具有明显的私人性，最易于与交往对象联络感情。所以，在所有的传播方式中，人际传播情感色彩最浓，最容易达到以情感人的良好传播效果。

（二）符号的多样性

在人际传播的过程中，传播手段是非常丰富的，传播符号是多样的，除语言、文字、图像、音响外，还有表情、动作、眼神、姿态、服饰等多种手段来传递信息，甚至特定的时间和空间环境也能成为一定的信息符号。传播符号的多样性，使得人际传播具有较强的表现力。

（三）方式的随意性

人际传播的对象特定、范围狭窄、社会影响力小，因而在进行人际传播时，传受双方承受着较小的心理压力，在信息的内容选择和信息符号的编码上可以比较随意。因此，这种传播方式可以是严肃的主题，可以是轻松的话题，也可以是毫无意义的调侃。

（四）反馈的灵敏性

由于人际传播大部分情况下是面对面的，因此，在传播过程中，信息的反馈就比其他传播方式要来得灵敏，基本上可以做到即时反馈。在传播过程中，双方可以根据需要，并且可以通过观测对方的反应来调整自己的传播内容和传播手段，这无疑将大大提高双方达成一致的可能性。

（五）效果的制约性

人际间的个体传播由于对象数量少、传播覆盖面小，大大限制了其迅速、大范围传播信息的能力。另外人际传播主要是在个人之间进行的，最容易受个人主观因素的制约，如传播者的思想、观念、态度、情绪、语言、知识等，这些因素都会直接影响传播的效果，制约传播的进行。

三、组织传播

组织传播是指作为传播主体的社会组织与其相关公众，以及环境之间的信息交流和沟通活动。包括组织内部个人与个人、团体与团体、部门与部门、组织与其成员的传播活动以及组织与相关的外部环境之间的交流沟通活动。组织传播既是保障社会组织内部正常运行的信息纽带，也是社会组织作为一个整体与外部环境保持互动的信息桥梁。组织传播具有以下主要特点。

（一）传播主体的组织性

组织传播的主体是明确的，就是特定的公关主体社会组织。组织传播主体的组织性并不意味着只能以组织机构的名义进行传播，有时组织传播是通过个人或以个人名义进行的，但此时个人的传播活动不代表自己而代表组织，是组织传播的一部分。

（二）传播对象的广泛性

针对不同的问题，社会组织需要针对不同的公众开展组织传播活动。这些传播对象，可能是数量庞大但关系松散的群体，也可能是组织严密的团体；可能是年轻人，也可能是老年人；可能是男性，也可能是女性。因此，组织传播的对象具有广泛性，既是公开的，又是大众的。

（三）传播手段的多元性

面对广泛性的传播客体，为了取得预期的传播目的，必然要选择各种各样的传播手段有针对性地加以运用，包括：主办内部刊物、制作视听材料、写作宣传材料、开通闭路电视等。

（四）内部传播活动的层次性

组织内部传播活动包括自上而下的下行传播、自下而上的上行传播和同级部门成员之间的横向传播。组织内部传播活动的层次性，保证了组织系统运行的效率，但过多的、不合理的层次可能会导致信息的衰减和失真。

（五）外部传播活动的综合性

由于社会组织面对的公众是复杂多样的，因此，组织在外部传播的活动也必然具有综合性，单一的传播方式和媒介是不可能承担组织传播任务的。

四、群体传播

群体传播是指传播主体在一个特定的场合向按一定方式聚集在一起的公众群体进行的信息传播。比如公开展示活动、演讲会、新闻发布会、大型文体演出等都属于群体传播。其实早在两千多年前的古希腊，就出现过许多公民聚集在广场、大厅里聆听演说的群体传播现象。著名的学者亚里士多德专门写了一本《修辞学》，阐述了群体传播的特点。群体传播具有以下主要特点。

（一）传播主体的多样性

群体传播的主体可以是一个人，也可以是一个社会组织。因此，虽然群体传播也是直接传播活动，但它与人际传播的一个根本区别就是它具有公开性，而人际传播具有私人性。

（二）传播对象的集中性

群体传播的客体是规模较大而又相对集中于特定空间的公众群体。因此，虽然群体传播也是面对大众的传播活动，但它与大众传播的一个根本区别就是它的客体具有集中性，而大众传播面对的是空间上彼此分散的公众。

（三）信息反馈的笼统性

群体传播通常也是面对面的，具有人际传播的反馈直接的某些特征，但无法像人际传播那样可以随时充分地参与，适时地进行调整适应，只能通过观察笼统地获得一定程度的反馈。

（四）多种媒体的综合使用

群体传播由于是在特定的现场中进行的，这为多种媒体的使用带来了方便。事实上，为了达到良好的传播效果，群体传播总是力求同时运用多种媒体。例如，展览会上，有产品实物、文字介绍、录音录像、电脑触摸屏；大型文艺晚会上，有服装、灯光、舞美、音响等。

五、大众传播

大众传播是指传播主体通过报纸、杂志、广播、电视、互联网等大众传播媒介，将大量经过复制的信息传送给广泛而分散的受众的过程和活动。大众传播是组织公关活动中最主要的传播方式。大众传播具有以下主要特点。

（一）传播主体的职业化

大众传播的传播者是拥有现代化大众传播媒介的专业化的组织机构，包括报社、出版社、广播电台、电视台以及以大量发行为目的的音乐、影像制作公司，它集中了大量经过专业训练的职业人员。这些传播者在很大程度上要对所传播的信息进行选择与评价，只对其中的一部分放行，使之通过媒介传出，因而他们又被称为大众传播的“把关人”。

（二）传播受众的分散化

大众传播的受者众多，他们是分散的、不确定的、其人数之多难以计数，可以跨越地域，超越民族与文化，分布全球，而且他们之间是没有任何联系的，甚至是陌生的，处于高度的分散状态，与传播者之间没有即时的、直接的联系。

（三）传播内容的大众化

大众传播的对象是“受众”，任何人无论其性别、年龄、社会地位、职业、文化层次等如何，只要他接触大众传播的信息，便是受众的一员。面对广泛而分散的受众，大众传播的信息是公共的、公开的，是社会上任何组织和个人都可以共享的。

（四）传播手段的技术化

大众传播必须借助现代科技手段才能进行，如印刷、摄影、传真、无线电、电视、通讯卫星、信息高速公路等，这些技术含量相当高的现代科技都是大众传播的技术支持，没有这些现代科学技术手段的支撑，大众传播的实现是不可能的。

（五）传播反馈的迟延化

虽然大众传播速度快、覆盖面广，但大众传播属于单向性很强的传播活动，互动机制较弱。由于大众传播的受众面广、分散，又缺乏直接和有效的反馈通道，因此，反馈的过程较长而且比较迟延，大多是事后的，缺乏即时性和直接性。

讨论一下

《后窗》与百叶窗销售

20世纪50年代，好莱坞影片《后窗》曾风靡香港，该片描写了一个脑部受伤的新闻记者，在家养伤时闲极无聊，便买来一架望远镜，每日坐在屋子里从对面楼层的后窗窥视住户的家庭隐私，从而卷入了一场谋杀案。影片上映后，香港人竞相观看，形成了“后窗热”。这时，香港的一家生产百叶窗的企业成功地抓住了这一事件。他们在报上连续刊登题目为“请留心你家的后窗”的销售广告，其生意一下子兴隆起来。试从大众传播对公众的影响来分析点评这一案例。

第三节　公共关系传播媒介

媒介原意是二者之间的意思，引申为介绍或引导双方发生某种关系的介质物。公共关系的传播媒介是信息或观点借以进行传递与交流的渠道、途径或手段，是传播内容的载体。在公共关系传播中，媒介与信息密不可分，离开了媒介，就难以实现有效的信息交流，因此，组织公共关系的任何传播都需要一定的媒介。

一、人际传播媒介

以个体对个体信息交流为主要特征的人际传播是公关传播中最常见、最广泛的一种传播方式。通过人际传播与交流创造出良好的人际关系环境，是顺利开展其他传播活动的必要前提。人际传播的媒介主要包括以下几点。

（一）口头语言媒介

口头语言是通过人的发音器官来表达的语言，一般理解为有声语言。口头语言的出现是人类进化历程中的一大飞跃，也是人类传播活动的一次巨大变革。这种语言借助于人的听觉交流思想、传递信息。它是面对面人际传播的主要信息载体，是人类进行信息、情感交流，实现交际目标的最基本工具。有声语言的有效运用包括遣词造句应用的准确得体，表达的明晰，恰当的语音语调的配合与适当的态度和感情。“言为心声”，恰当的语言表达对于公关工作来说是十分重要的。公关活动中公关人员的大量日常和专业工作都离不开口头语言的运用，但能说并不等于会说，能够熟练地运用口语传播来说服人、打动人，却并不是一件容易的事，它需要遵循一定的技巧和艺术，特别是要根据不同的谈话对象的特点灵活地运用。

小资料

清朝乾隆皇帝想开个玩笑难难著名学者纪晓岚。有一次，乾隆问他：“纪爱卿，忠孝怎么解释?”纪晓岚答道：“君要臣死，臣不得不死，为忠……”乾隆立刻说：“朕命你现在就去死!”“臣领旨!”“你打算怎么死啊?”“跳河。”“好，去吧!”纪晓岚走后，乾隆边漫步，边吟诗。一首诗还未念完，纪晓岚就跑了回来。乾隆问道：“纪爱卿，你怎么没死?”纪晓岚答道：“我碰到了屈原，他不让我死。”“怎么这样说呢?”“我到河边，正要往下跳时，屈原大夫从水里向我走来，他拍着我的肩膀说：‘晓岚，这就不对了，想当年楚王是昏君，我不得不死，可如今皇上还算圣明，你应该先回去问问皇上是不是昏君，如果皇上说是，你再死也不迟啊!’”一席妙语，竟改变了皇上的“圣旨”。

（二）非语言媒介

虽然口头语言是人际传播的最主要形式，但不是唯一的形式。人们发现，非语言传播在人际交往中也占有十分重要的地位，在一些特殊的场合，非语言媒介在信息的传播中更真实、更可靠、更具表现力、感染力和吸引力。据有关研究显示，在面对面的成功交流中，言语本身远非信息沟通的主要部分。实际上，成功的信息沟通只有7%与有声语言有关，35%与语音语调有关，剩下的都是非语言符号系统的功劳。因此，作为信息发送者，必须确保发出的非语言信息能有强化语言的作用，而作为信息接收者，同样要密切注视对方的非语言提示，从而全面理解对方的思想和情感。在具体的公关活动中，最常见的非语言媒介主要是体语，也就是通过表情、动作、服饰等体现的身体语言；辅助语言和类语言，如音量、音调等以及空间距离语言等。

1. 体语

体语是靠人的动作、姿态、表情等传递信息的一种无声语言。它在人际传播中发挥着十分重要的作用，是每一个传播者都不可缺少的传播工具。公关人员如果能够熟练地掌握和运用，不仅可以恰到好处地表达，而且能够准确无误地理解交往对象传递出的所有信息，这样就可以始终把握交往的主动权，促使交往的成功。

小资料

在西方人与人的交往中，如果交谈一方有意做出一个摸自己耳垂的动作，对方因国别不同，会有以下不同的理解：意大利和南斯拉夫等国家——对男人表示侮辱："你缺乏男子气，应该戴耳环了"；葡萄牙人——"赞赏你"；西班牙人——"你这个人是混吃混喝的无赖。像耳垂一样，是摆饰品"；希腊、土耳其人——一种警告的信号："我要对你不客气了"；马耳他人——"你是窃听者、告密者、间谍"；苏格兰人——不相信你，"我无法相信我的耳朵"。如果在你和他人的交往中，无意地有了这样一个动作，会引起多大的误解啊！

2. 辅助语言和类语言

辅助语言是说话过程中的音量、音质、声调、语速等要素，是语言表达的一部分，对语言表达起辅助作用。据说有一次，意大利悲剧影星罗西参加了一个迎宾宴会，许多朋友请他即兴表演一个节目，于是，他用意大利语念了一段"台词"，由于他声音悲切，语调凄凉，在场很多人都被感动得流下了眼泪。但是，一个意大利人却笑着跑出了会场，因为罗西念的只是宴会上的菜单。这个故事告诉我们，辅助语言在人际传播过程中具有重要的作用。

类语言就是有声无义的功能性发声，如哭声、笑声、咳嗽声、叹息声，等等。这些声音虽不属于语言系统，但却可以加强语言的表达能力。比如，在公共场合，某人咳嗽了一声，从简单的直接意义上说，他只是为了清清喉咙，但是如果这个声音与特定的场景联系起来，就可能是这个人给他人的一种暗示，表示对讲话意见的反对或提示其讲话时间过长等。

在公关语言交际中，辅助语言和类语言是伴随有声语言表达的一种特殊语言现象，它的巧妙运用和正确解读，对于增强表达效果、准确获取信息，实现双向沟通，有着非常重要的意义。

3. 空间距离语言

空间距离语言是一种通过人在交往时所处的距离、位置，来传递信息的一种无声语言。一般而言，关系亲密的人站得比较近，关系疏远的人站得比较远。公关人员应对此有所了解并正确地运用，根据交往场合和交往对象的特点，正确地选择自己的位置和把握恰当的人际距离。

小知识

爱德华·霍尔的空间距离理论

（一）亲密距离，在0.45米以内，这时可以感到对方的呼吸，只有爱人、父母、孩子、密友才能进入这个范围。

（二）个人距离，约为0.45~1.22米，这是比较熟悉的朋友之间交往的距离。

（三）社交距离，约为1.22~3.65米，这是人际交往过程中处理非个人事务的距离，可用于处理一般人际事务与来访者谈话等等。

（四）公共距离，约为3.6~9米，这是与各种较有名望的人进行交流时应当保持的距离。如名人演讲、作报告，常和公众保持这个距离，以形成高大感。

二、大众传播媒介

大众传播是公关传播最主要的传播方式，大众传播媒介也是公关传播中运用频率最高的媒介。大众传播媒介可以分为印刷类媒介和电子类媒介。

（一）印刷类媒介

印刷类媒介是指将文字、图片等书面语言、符号印刷在纸张上以传播信息的大众传播媒介，主要包括报纸和杂志。报纸是以客观事实报道和评论为主要内容，利用印刷文字，以较短的间隔时间定期发行的印刷类媒介；杂志是比报纸更能将信息向深度和广度发展的印刷类媒介。总得说来，印刷类媒介具有以下特点。

1. 信息容量大，报道深入

印刷类媒介的版面可以增加，对特殊事件可以作连续报道，能给读者留下深刻的印象，增强报道的深度和广度。公关传播中需要公众详细了解的信息选择印刷类媒介比较恰当。

2. 携带方便，随时可读

广播和电视都在固定的时间播放，错过时机就难以再次接收，读者没有多少选择的主动权，而印刷类媒介的读者可以按照自己的需要、阅读的习惯和时间来进行阅读，既可以一目十行，也可以逐字推敲。

3. 造价低廉，制作简便

印刷类媒介相对广播、电视等媒介成本较低，价格便宜，普及性强，影响力大。而且随着现代科技的发展，计算机排版技术的广泛应用，使其在出版速度和质量上都有了飞速发展。

4. 便于保存和检索

面对面的交流，信息稍纵即逝；广播电视媒介传播需要专门录制，否则很快也会消失。而唯有印刷类媒介能把各种事实、信息有效保存起来。尤其是对于公关专业人员，对媒介中某些重要信息，需要通过剪贴、摘录以供长期使用。

5. 即时感染力较差

传播信息不如电视那样生动直观，也不及广播那样有直接对话般的亲切感和真实感，导致即时感染力较差。

6. 受众受一定条件的限制

阅读报纸和杂志需要读者有一定的文化基础和理解能力，这就造成了文化程度低的人和文盲是无法充分使用和享有这种媒介。

7. 制约信息传递的因素多

尽管电子印刷技术的普及已经极大地加快了印刷类媒介的发行和出版速度，但与电子类媒介相比，还有一定差距。同时，制约印刷类媒介信息传递的因素较多，如在自然灾害、交通阻塞、地域偏远、爆发战争等情况下，均会影响信息传播的速度。

（二）电子类媒介

电子类媒介是指依靠电子技术，以电波或电缆、光缆来传播声音、文字、图像、色彩，运用专门的电器设备发送和接收信息的广播、电视和互联网。

1. 广播

广播是以声音为载体，利用无线电波或导线传播信息的电子媒介。广播媒介始于20世纪初，美国匹兹堡的KDKA广播电台于1920年开始播音，是世界上第一家广播电台。广播具有以下特点。

（1）传播迅速，传播面广。

广播的传播速度快于其他大众传媒，消息传出立即可到达公众的耳朵里，而且不受时间、空间的限制，广泛地接触受众。广播节目制作比较简单，其短波频率可作远距离的无线传播，因而信号覆盖面广。

（2）接收方便灵活。

广播接收设备（收音机）体积小巧，利用无线传播，接收信息不受空间环境限制。人们可以一边工作一边收听广播，而且可以多人一起欣赏，不受人数限制。比如出租车司机，经常一边开车一边听广播，交通台的信息对他们最为有用。

（3）受众不受文化水平的限制。

广播使用语言、音乐等组合成多姿多彩的广播节目，形象生动、亲切随和，有较强的说服力和感染力，社会适应面广，老少皆宜。

（4）费用较低。

由于制作简便，加上广播的发送和接收设备简单，而且一次投入后不需要很多的补充投入，因此，广播的运作成本比电视要低得多，这也使广播与受众的交流可以增强。

（5）受时间和播出顺序的限制。

广播属于线性传播，听众接收的信息受广播电台编排的节目次序限制，听众只能按顺序接收，不能自由选择接收。而且信息效果稍纵即逝，难以把握，稍不留意，就可能漏过了关键性的信息。

（6）直观性较差。

广播所呈现的只是语言和音响，没有文字、图像和色彩，生动性不强，这就限制了广播信息的表现力，使其不适宜表现复杂的、难以理解的信息内容。

2. 电视

电视是20世纪产生最晚但发展最快的传播媒介。近一百年来，电视以惊人的速度在全世界铺张开来，成为人们日常生活中不可缺少的组成部门。电视具有以下特点。

（1）最大限度的真实感。

电视将文字、声音、图像、动作的传播有机结合在一起，是视听结合的新媒介，形象生动、丰富多彩，信息的表现力和现场感极强，信息接收不受受众文化水平的限制，最能引起受众的兴趣并使其乐于接受，具有很强的普及性，给人以最大限度的真实感。

（2）信息传播迅速。

由于卫星技术的广泛应用，电视信息的接收和发送越来越方便、快捷。尤其是“现场直播”形式，做到了与事件的发生同步传播。

（3）极强的娱乐性。

电视取众媒体之长，集多种符号于一身，在娱乐性方面具有其他媒介无法比拟的优势。现在的电视节目越来越多种多样，并可同时提供数十个频道，这一发展变化使公众的选择性不断提高，是现代家庭主要的娱乐形式，在公众中的影响比较大。

（4）接收方式不够灵活。

电视机本身太大，公众不能随身携带，随时收看。电视节目是按固定的速度发送的，公众对于深度信息不能反复收看。

（5）制作成本高昂。

电视节目的制作耗费巨大，制作、播放和接收成本较高，使用电视媒介传播信息不是任何社会组织在任何时候都能承受起的。

3. 互联网

互联网即网络，是由千万台电脑通过调制解调器和电话线、ISDN 专线、DDN 专线、ADSL 专线、有线电视专线等联结组织成的全球信息网络。西方有位网络专家说："谁不上网，谁就将被留在 20 世纪。"这一说法，得到了社会各界的普遍认同。互联网的出现和日益普及，标志着人类传播史上又一次面临重大的媒介革命，这场革命在改变人们的思维方式、工作方式和生活方式的同时，也为现代公关提供了全新的策划思路和传播媒介。互联网具有以下特点。

（1）发展速度惊人。

在传播学的定义里，达到 5000 万人的使用标准才会被称之为大众传播。为了实现这个目标，广播用了 38 年时间，电视用了 13 年的时间，而互联网仅仅用了 5 年的时间。由此可见，互联网这个新生事物以惊人的速度发展。

（2）高度开放性。

互联网是一个高度开放的系统，在这个电子空间中，没有红灯，不设障碍，不分制度，不分国界，不分种族，任何人都可以利用这个网络平等地获取信息和传递信息。无论对传播者还是受传者来说，在互联网这一媒介中都享有高度的自由。

（3）真正实现了双向互动。

与传统的大众传播媒介相比，互联网为社会组织提供了一个很好的互动平台。组织可以通过网络论坛、BBS、E－mail 等形式，与广大的公众进行实时互动。在网络上，不仅可以接触到大范围和远距离的受众，而且受众的主动性、选择性和参与性也大大加强，使得传播沟通的双向性大大加强。

（4）成本较低。

相对其巨大的功能来说，网络的使用是比较便宜的。原因是，目前互联网充分利用了现成的全球通讯网络，无需重新投资建设新的通讯线路设施。在通讯费用方面，无数局域网分担了区域之间的通讯费用，而个别用户只需支付区域内的通讯费用，因此，即便是进行全球性的联络，也只需支付地方性的费用。

（5）多媒体传播。

由于多媒体技术在互联网上的普遍应用，网络传播将文字信息、图像信息、音响信息融为一体。使信息更加丰富、生动和形象，可赋予组织形象更为丰富的时代特征，有利于组织良好形象的塑造和传播。

（6）虚拟性强。

互联网是一个虚拟的世界。比尔·盖茨曾经说过："在网上没有人知道你是一条狗。"面对着自己的电脑屏幕，你可以看到远在天边的世界，可以构建太空中的城市，然而，这一切都可能是假设的。人们以匿名进入互联网，网民之间一般不发生面对面的直接接触，这就使得网络人际交往比较容易突破年龄、性别、社会地位、身份等传统因素的制约。在大多数情况下，人们不必为自己的言论负责，因此有些人会在网上散布不负责任的信息，对组织形象肆意进行破坏，给组织造成严重的公关危机。所以，在利用互联网进行传播工作的同时，对组织可能造成的伤害，必须有充分的思想准备。

(7) 监督力度大。

随着网络的普及，互联网这张无形的网已经起到了很强大的社会监督作用，过去的一些公关手段已经跟不上形势的发展，同时也提高了企业的公关成本，企业稍有不慎，就可能被互联网这一新的监督体系批驳的体无完肤。

三、传播媒介的选择原则

基于对以上几种人际传播媒介和大众传播媒介特点的认识，在进行公关宣传时，公关人员应根据传播的目的、对象、内容，有针对性地选择传播媒介，以便收到最佳的传播效果。一般而言，公关人员在选择传播媒介时要遵循以下几个原则。

(一) 根据公关目标来选择

社会组织在不同的时期开展不同的公关活动，都会有确定的具体的公关目标，这些公关目标的实现，要求不同的传播媒介予以配合。如果公关目标是为了减除公关危机，改善组织在公众心目中的形象，那就应选择大众传播媒介；如果是为了处理内部关系，那选择人际传播媒介就会更好。

(二) 根据经济实力来选择

在选择传播媒介时，一定要从组织自身的实际出发，同时考虑组织的经济实力，要量力而行，做到“少花钱多办事”。如果经济实力雄厚的组织，可以考虑档次高一些，宣传规模大一些的传播媒介；如果经济实力一般，就应当避免选用那些虽然传播效果好，但费用很高的传播媒介。

(三) 根据传播对象来选择

要想获得理想的传播效果，公关人员在进行传播时要根据不同的受传对象，有的放矢地运用与之相适应的传播媒介。如公众的收入状况、教育程度、职业习惯、生活方式以及他们通常接受信息的习惯，等等，并根据这些情况选用适当的传播媒介。

(四) 根据传播内容来选择

选择传播媒介时，应考虑需要传播的信息内容的特点，如果需要传播的信息内容比较复杂，就应当采用报纸和杂志，而不宜选择广播和电视；如果信息内容侧重于声音，可选择广播；如果信息内容侧重于画面，可选择电视；如果信息内容需要广泛传播且无需保密，则可选择报纸、电视、互联网等。

第四节　公共关系传播效果

传播效果是受众在接受了传播者传出的信息后，在情感、态度和行为方面发生的某种程度的变化。由于每一种传播方式都有固定的特点，它们各自的传播效果、对受众产生作用的方式也各不相同，而传播效果是传播者最为关心的。公共关系传播在公关工作中的作用能否充分发挥，关键也要看公关传播是否达到了预期效果。

一、公关传播效果层次

各类传播对受众都会产生一定的影响和作用，但是效果并不都是等值的，它们有作用范围大小与作用程度深浅不同的区别。针对公关的目标和公关传播的目标评估，传播对于受众的影响可以达到四种程度，也就是四个层次的传播效果。这四个层次的传播效果一般是递进反映出来的。

（一）认知层次

认知层次是将所要传递的信息传给目标受众，使之完整、清晰地接收到，并且较少歧义、含混和缺漏，使目标受众由潜在公众转化为知晓公众。这是公共关系传播首先应达到的效果，也是产生其他传播效果的前提和基础。

（二）情感层次

情感层次是指受众在接收到传播者传出的信息后，由认知触动了情感，实现了双方的情感共鸣，缩短了公众与社会组织之间的心理距离，公众对组织产生了认同感。但是需要注意的是，情感有正负之分，只有正面情感才是传播者所需要的，负面情感应予以避免。

（三）态度层次

态度是人对客观事物或现象认识的程度、情感表达和行为倾向的总和。它已经从感性层次进入了理性层次，是在感性认识基础上经过分析判断、理性思维而产生的，一经形成就非常难以改变。通过该层次的传播，使公众对组织的敌意、冷漠、偏见等态度转变为赞许、了解、认可。

（四）行为层次

行为层次是公众在获得感性、理性认识之后，行为习惯发生改变，采取了组织所期望的、对组织有利的行为，使传播者的目标不仅有了同情者、肯定者，而且有了具体实施者、执行者。这是公关传播效果的最高层次，是其他层次效果不断积累的结果，也是公关传播期望达到的最终目的。

小思考

有人提出，在公共关系活动实施过程中，只要强化传播的力量就能解决大部分公关难题，此观点准确吗？

二、制约公关传播效果的因素

在公关传播过程中，有很多因素同时作用于信息接收者，并对其产生强度不同的影响。了解这些因素，并有针对性地加以引导和应用，会使传播效果得到改善和提高。

（一）受众对传播媒介的选择

公众对传播媒介的要求一方面是要使用简便，易于掌握，易于获得；另一方面是要比较有效，即它的使用效果受到普遍的重视与承认。传播学者认为，人们总是选择那些既能满足自己对信息的需求，又方便易得的媒介。用公式表示就是：

$$选择的或然率 = \frac{报偿的保证}{费力的程度}$$

公式中“报偿的保证”是指传播内容满足选择者需要的程度，而“费力的程度”是指得到满足和使用媒介的难易程度。从这个公式也可以看出，选择的或然率与报偿的保证成正比，而与费力的程度成反比。所以，公关工作要注意选择适当的媒介传播信息，选择不当可能会产生不良的传播效果。

（二）受众对传播内容的选择

受众在接收传播内容时，存在一个有目的的选择过程，对传播内容意义的选择受到受众的信仰、价值观、文化习俗、公众的需求等因素的制约。这些因素决定着传播者所要传播的信息是否为受众所关心、感兴趣，是否重要、新鲜，是否可靠、可信，而最终则决定着传播的效果如何。

（三）受众对传播环境的要求

这里的环境指传播活动所处的具体时间、空间环境。时间和空间环境对受者接收是否有利，对传播效果有着相当大的影响。时间环境主要指选择的传播时机是否恰当，时间环境的恰当选择有时能使公关传播产生事半功倍的效果；空间环境主要指传播活动具体的空间物理环境是否存在干扰，是否有利于受众接收信息，比如，室内的温度、照明、整洁程度、座位的设置排列都会影响信息的传播。受者接收环境存在的各种干扰或没有足够的时间接收，这些因素都会影响受者投入接收，会使效果大打折扣。

（四）信息的重复率

一个人接触某一信息的次数越多，就越容易接受它。这是因为，同样的信息内容重复刺激受众的感官，受众会逐渐由生疏到熟悉，由漠然到亲切，甚至在长期的接触后，会把这一特定的内容形式融入自己的生活。所以，同样的信息在相当长的时间里重复出现，是取得以至增强传播效果的重要因素。

三、获得理想传播效果的条件

（一）最佳的传播者条件

在整个传播活动中，传播者是信息传递的主体，是信息的发出者。同样的信息内容，由不同的传播者传播，效果可能大不一样。究其原因，传播者是传播活动的起点，他的声誉、形象对改善传播条件至关重要。一个最佳的传播者应该具备以下几个条件。

1. 权威性

权威性是指传播者是所传播内容的权威，或是传播对象心中敬佩的人物或崇拜的偶像。如国家质量技术监督局发布的数据，在公众心目中的可信度就非常高。需要注意的是权威具有领域性，某一专业领域的权威，未必是其他领域的权威。当权威离开自己擅长的领域而对其他领域的问题发表意见时，出差错的可能性要大得多，从而失去权威性。

2. 认同性

传播者能否被公众认同，也会影响传播效果。认同性是指传播者与传播对象之间没有心理隔阂、关系融洽，传播者能够得到受众的认同。在其他条件相同的情况下，如果能让受众对传播者有认同感，使其在理智上和情感上把传播者看作“自己人”，就能够比较容易接受传播者发出的信息。

3. 客观性

客观性是指传播者在传播对象心目中立场客观、态度公正，越是传播与传播者自身没有明显利益关系的信息，其可信度就越高，也就越容易被受众所接受。

（二）良好的信息条件

传播能否取得预期的效果，与被传递的信息内容也有很大关系。传播的信息应具有以下几方面的特点。

1. 信息内容尽可能符合公众的经验范围

人们对事物的理解，总是以自身的经验为基础的。组织对公众传播的信息，如果符合公众的经验范围，就容易被公众所理解，传播就容易取得良好效果。反之，则难以取得理想的效果。

2. 信息内容真实可靠

真实的信息才会赢得公众的欢迎。尽管有时真实性在产生预期效果方面无明显影响，但是在推动和促进公关传播活动的成功方面有很大的潜在影响力。

3. 信息结构合理

信息结构是指信息的组织与搭配方式。信息的结构性因素很多，包括信息的先后次序与空间分布等。信息的先后次序不同，传播效果往往也会不同。研究表明，要是某种观点可能为对方所接受，应该先提出论点，以引起对方的注意，形成较好的氛围，让以后那些不太容易被对方接受的观点也能得到认真友好的考虑。

（三）尊重受众的选择权

有效传播离不开对目标公众的了解和研究，因为传播活动的开展，都以特定的目标公众为对象，任何传播活动的效果最终都要体现在目标公众的身上。所以要充分尊重公众在传播过程中的“选择权”，顺应公众选择的趋势。这就要求传播者要认真研究分析自己的公众，充分了解他们的需要、态度、知识、经验、能力、信仰、价值观等方面的情况。在此基础上，选择合适的传播方式和时机，以保证传播达到预期效果。

（四）注重双向沟通

双向沟通指信息传播是双向的、互动的，有信息的发出，也有信息的反馈。双向传播沟通既是公关传播的基本特征，也是公关传播必须坚持的原则。为实现信息的双向沟通，就必须树立反馈意识，强化反馈环节。这就需要传播者对正在进行的传播活动跟踪施控，建立和完善反馈通道，及时准确地获取反馈信息，并根据反馈信息及时调节传播行为，保证双向沟通的实现。

（五）完善传播技巧

传播效果优劣与传播技巧有直接的关系。所谓传播技巧就是传播者为达到一定的传播目的，追求某种传播效果，在信息的处理与传递过程中所采用的各种策略和手段。完善传播技巧，一靠学习和掌握扎实的传播理论及实务知识，二靠大量传播实践中的经验总结和积累。完善传播技巧，唤起受众的注意，引起受众特定的心理和行动的反应，从而实现说服或宣传之预期目的。

小资料

欧美公关界总结的十项传播技巧

1. 沟通前做好准备，预备可能发生的事件及其应变措施；
2. 认真考虑本次沟通的真正目的，选择适当的沟通方式和沟通语言；
3. 全面审查环境和氛围因素；
4. 沟通的信息内容准确客观；
5. 善于利用最有利的沟通时间；
6. 重视沟通中的“体态语言”；
7. 信息沟通中发送者的言行一致，讲究信用；
8. 克服不良的聆听习惯，学会做一个“好听众”；
9. 重视沟通中信息接收者的反馈；
10. 在正确运用语言文字时，酌情使用图表、数据和实物资料以说服对方。

本章小结

公共关系传播是社会组织了解公众，公众认知社会组织的中介和桥梁。要想成功的进行公共关系传播，就要对公关传播的相关知识有所了解和掌握。本章首先介绍了传播的要素和模式，然后介绍了公共关系传播的五种基本方式，在介绍公共关系传播媒介的基础上，最后介绍了制约传播效果的因素和获得理想传播效果的条件。

习　题

基础知识题

1. 试述传播和公共关系传播的含义。
2. 传播的构成要素有哪些?
3. 试述公关传播的五种基本方式。
4. 试述传播媒介选择应遵循的原则。
5. 公关人员在信息传播中如何利用传播媒介?
6. 公关传播效果的层次有哪些?
7. 制约公关传播效果的因素是什么?
8. 获得理想传播效果的条件有哪些?

技能训练题

1. 搜集知名公司的公共关系传播案例并以小组形式进行讨论。
2. 假如你是某企业的公关部经理，你会如何应用公关的传播手段，使公众进一步了解和熟悉组织，从而取得理解和支持?

典型案例

五星级酒店的沟通效应

中国大酒店是地处祖国南大门广州市的中外合资企业。酒店的公关部担负着四个不同层次的沟通工作：与消费者的沟通；与大众传播媒介的沟通；与社会公众的沟通；酒店内部的沟通。

一、与消费者的沟通

中国大酒店“推销”的是服务，这里的消费者自然是指以不同形式惠顾酒店的客人。酒店与消费者的沟通是借助各种有形、无形的细节表达的，既包括各种精美的印刷品、宣传刊物、小纪念品等，也包括出色的服务质量。

二、与大众传播媒介的沟通

中国大酒店曾在20世纪80年代末举办了一次为云南灾区募捐义卖的“云南日”活动。公关部抓住时机，召开了记者招待会，向新闻界发出新闻稿。这一活动受到新闻界和广大公众的热切关注，既为云南灾区尽力，同时又巩固了酒店的形象，扩大了影响，受到各界人士的赞扬。中国大酒店不仅善于捕捉时机利用新闻，而且善于制造新闻，为新闻媒介提供新颖的题材。例如，酒店开业一周年之际，公关部精心地组织了3000名员工排成一个浩大的“中”字，拍摄了一张“全家福”照片，为新闻媒介提供了一张颇具新闻价值的图片，先后被国内外众多报纸和杂志采用，收到了极好的宣传效果。

三、与社会公众的沟通

中国大酒店为了取得公众的支持和理解，坚持致力于支持社会公众活动和社会公益事业，促进了公众对大酒店的了解，提高了酒店在社会公众中的社会地位。酒店开业以来，曾先后参与赞助“中国残疾人基金会”的成立、兴建“广州残疾儿童健康中心”、捐款赞助“残疾儿童福利院”、赞助每年一次的“六一”中外儿童联欢会等活动，密切了酒店与公众的关系。

除此之外，酒店还积极热情地接待参观者，制作幻灯片，配备有经验的公关小姐为参观者热情导游，介绍有关酒店概括和最新动态，使参观者乘兴而来，满意而归。

思考题

（1）结合案例分析有哪些公共关系传播媒介可供企业选择，并分析这些媒介的优缺点。

（2）选择公共关系媒体需要考虑哪些因素？

第五章　公共关系的组织管理

学习目标

知识目标：了解公共关系组织机构的基本概念，熟悉公共关系部和公共关系公司的基本职能，对公共关系人员的职业要求有全面的认识。

能力目标：掌握提高公共关系人员素质的实用技能和实施应变能力。

技能目标：具备公关人员的良好心理技能、知识结构和能力结构。

重点：公关部、公关公司的职能；公关人员的公关意识、心理素质、知识结构和能力结构；公关人员的工作职责；公关人员的培养。

难点：公关部、公关公司的职能；公关人员的公关意识、心理素质和能力结构。

上海锦江集团的前身锦江饭店，是一家闻名遐迩的高级宾馆。1987 年，他们成立了直属集团经理领导的锦江集团公关部，主要任务是为集团拓展业务，提高知名度和美誉度。公关部成立后为锦江饭店的发展做出了杰出的贡献。

锦江饭店全方位公共关系活动计划的第一步，是让公众了解锦江，让锦江熟识公众，树立“锦江是属于公众的”这一形象。长期以来，锦江饭店由政府直接经营，接待对象级别高、规格高。在一般公众甚至国外宾客的心目中，其形象都是庄严有余，亲切不足。饭店公关部认为，必须在充分掌握公众心理及消费结构的变化、发挥锦江饭店原有高贵豪华形象优势的同时，再赋予它亲切平和宜人的情调色彩。公关部提请决策层采取措施，打破森严的壁垒，开门迎客，使锦江园内的新南楼锦丽厅、中楼蝴蝶厅等曾令普通市民望而却步的地方，成了门庭兴旺的场所。他们还通过各种媒介大做广告，使“锦江是属于公众的”这一信息广为传播。锦江饭店在社会公众心目中的形象，由神秘高傲变成了亲切宜人。

锦江饭店还十分注重维系与老顾客的感情。他们悉心留意入住该饭店外籍驻沪人员的情趣爱好，尽可能安排他们喜欢的活动。公关人员在外国朋友生日那天，送去总经理的贺词和生日蛋糕，使他们惊喜不已。诚挚的感情交流融洽了饭店与客户的关系，同时也换来了饭店的声誉。

第一节　公共关系的组织机构

公共关系工作是一项长期性、专业性和技术性较强的工作。随着社会的发展，这项工作的职业化特点也越来越明显，因此需要专门的组织机构来从事公共关系工作。这些专门的机构就是公共关系部、公共关系公司和公共关系社团，其实质是公共关系的实施主体。

一、公共关系部

公共关系部是某一社会组织内部设立的、专门从事公共关系活动的职能部门，简称“公关部”，有的组织又将其称为公共事务部、公共信息部、公关广告部或社区关系部等。

公关部的出现是现代管理不断发展的必然结果，其职责、地位、规模则是由组织自身状况和公众特点以及组织与公众之间的联系状况决定的。

（一）公共关系部的地位

组织的公关部同组织内部的其他部门一样，是一个重要的职能部门，它对组织发展起着非常重要的作用。

1. 情报信息部

组织要适应复杂多变的社会关系和激烈竞争的市场环境，就必须有专门机构充当组织的“耳目”，监测社会环境的变动。公关部作为组织的环境监测中心、信息储存中心及趋势预测中心，通过与组织内各部门、各方面保持接触和联系，对组织外公众进行调研、收集信息并汇总分析和处理，掌握组织内外公众的要求和倾向。进而及时、准确地向组织提供环境变化的信息，帮助组织准确地分析并预测公众态度和社会环境的变化，进行适当的行为或目标的调整。

2. 形象策划部

组织 CIS 的设计，组织文化的构想，知名度、美誉度的定位，各种方案的选定等，都要精心策划，公关部可起到组织形象设计师的作用。为使组织形象发展有利于预期目标，公关部门通过适时地策划举办各种专门活动，如展览、参观访问、新闻发布会、记者招待会、交流会、联谊会等，有效塑造组织的良好形象，营造有利于组织生存发展的环境。

3. 决策参谋部

一个组织事业上能否取得成功，关键在于决策。现代社会中，组织所做出的任何决策都与环境因素有密切的关系。因此，组织作决策时除考虑技术因素外，还必须考虑社会关系因素，公关部正是决策者把握社会脉搏的参谋部。公关部要为整个组织塑造形象，但公关部不是组织的最高决策层，而是组织的“智囊团”、“思想库”，负责提供成套可供选择的决策方案，为决策部门提出推动组织发展的有关公共关系方面的咨询和建议，协助组织进行决策。

4. 宣传部

组织要获得公众的了解、理解和信任，赢得公众的喜爱，取得公众的支持与合作，就要不断地向公众进行宣传。公关部就是组织的“喉舌”，根据组织的决策，担负对内、外公众宣传、阐释、传递信息的职责。

（1）编制刊物、画册等宣传品。

（2）直接与社会媒体沟通，并提供相关新闻资料。

（3）负责其他对内、外公众公共关系原理与实务施加影响的广告设计和信息传播。

5. 外交部

现代组织是一个开放的系统，它必须与公众实现有效的沟通、交流，从而取得公众的支持与合作。随着市场经济的发展，组织对外交往日益密切，对外联络和交往的任务越来越重；同时组织与环境之间的各种摩擦和纠纷也随之增多，需要进行协调。在这方面，公关部就是组织的“外交部”。公关部要与组织外公众保持沟通和协调，通过各种社会交往，获取公众良好评价，减少组织与外部环境之间的摩擦，创造各方面关系和谐的人际环境和社会心理环境。

（二）公共关系部的职能

公共关系部在社会组织中的地位，既取决于组织决策者对公共关系内涵的把握以及对公共关系部的目标期望，也取决于公共关系部门自身职能的发挥。公共关系部的职能与任务不同于组织的其他部门，其职能与任务主要围绕组织管理的“软区”（组织形象的塑造）来规定。

1. 信息调研

公关部所收集的信息具有宏观性和社会性，对组织实现整体发展具有十分重要的意义。主要包括组织向社会提供的产品或服务的形象信息、关于组织自身整体形象的信息、组织环境中的各种社会信息。

2. 决策咨询

公关部在采集、整理、分析信息的基础上，协助组织决策者分析、权衡各种决策方案的利弊，预测组织决策所产生的社会后果，提示组织决策者修正不利于组织长远发展的政策与行为等。公共关系部参与决策的主要意义在于让公众利益贯穿于组织决策过程的始终，以避免组织决策只顾自身利益的片面性。

3. 沟通协调

沟通协调是公共关系的根本职能，社会组织的形象主要是在不断沟通协调的过程中建立和发展起来的。公关部要借助各种媒介有效地与组织内外公众进行信息交流，为组织广结良缘、减少冲突、协调关系创造一个“人和”的环境，对外赢得公众，对内增强组织的凝聚力，从而实现组织的总目标。

（三）公关部的组建原则

公共关系部是组织内部的一个专门从事公共关系工作的部门，它的组建必须遵循一定的设置原则。

1. 精简性原则

这是组建一个机构的基本原则，在组建组织内部的公关部时首先要考虑的也是这一原则。它主要包括两个内容。

（1）公关部的人员岗位和编制要精简，公关人员要一专多能、精明能干。公关部的规模可大可小，应结合组织的具体情况配备人员。一般来讲，组织公关部的人数应低于组织内部各管理职能机构的平均人数。精干的人员设置有利于克服推诿扯皮的现象，减少人员的摩擦和矛盾，提高公关部的工作效率。

（2）公关部内部的部门层次应精简。公关部内部部门层次越多，信息流通就越慢，会导致工作效率低下。因此，公共关系部内部的部门不能太多，要因事设职，因职设人。

2. 专业化原则

公关部能否真正发挥公共关系的功能，在促进组织形象塑造及参与组织经营管理中切实显现出应有的效力，在很大程度上取决于公关部的专业化水准。因此，必须从组织机构上和工作内容上保证公关部的专业化。

（1）组织机构专业化。

公关部的工作人员应具备清晰的公关理念，受过一定的专业训练，具有一定的专业水准和能力，具有开拓精神等。

（2）工作内容专业化。

公关部必须将全部精力集中在与组织的公共关系目标有关的事务上，不能以公关部代替办公室、秘书处或接待处等部门。否则，就不能保证公关部的专业性质，公共关系的职能也就无法实现，这样，公关部就会形同虚设，不能发挥其应有的效能。

3. 责权对等原则

责任是权力的基础，权力是责任的保障。责权对等，是工作目标得以顺利实现和工作得以正常开展的重要保证。公关部及其人员，在规定范围内享有从事某项工作的权力，并同时承担一定的责任，即对组织的公共关系状态负责。因此，在设置公关部时必须授权，赋予其特定的权力：公关部在组织内部有代表最高决策层发表意见和做出决定的权力；对组织外部有代表组织发布信息、处理事务的权利；公关部还应有一定的人权、物权和财权，以保证公关部能有效地开展工作。

4. 服务性原则

公关部是一个服务性部门，接受组织最高领导层的领导，并对其负责。它不是领导部门，也不是直接的经营管理部门，而是一个服务性较强的技能部门。在指导思想上必须明确公关部服务的性质，否则，公关部的工作就会偏离正确的轨道。

5. 相对独立性原则

组织内部的公关部在组织——公众整体中处于“中介”地位。因此，社会组织在设立公共关系机构时应坚持相对独立性原则，即使公关部相对独立于社会组织的“指挥链”之外，公关部也无权指挥、命令本组织的任何其他部门，其他部门也无权对公关部下达命令、干扰其工作。从而确保公关部能在确定的工作范围内自主地行使权力、履行职责，并能适应外界环境的变化自行进行工作上调整。当然，这种工作的独立性是以实现组织的总目标为前提的。

（四）公共关系部的类型

1. 直属型

又称最高领导直接负责型，这是一种比较理想型的机构类型，对公共关系工作的开展最有利。这种机构类型的特点是，公关部直属于决策层，公关部部长具有直接参与决策的权利，甚至由组织主要领导兼任公关部部长，以此保证公关部在管理和决策中的突出地位及权威性。美国第一花旗银行正是采用这种类型，由副总经理兼任公共事务部主任。

2. 并列型

这种机构类型的特点是组织的公关部属于第二层管理部门，与组织的其他职能部门处于同一个权力层次，有特定分工和职能，对组织的最高领导人负责。但其工作范围受到一定的限制，要成功地开展工作，必须积极与其他部门密切配合。与其余几种类型相比，这种类型更为常见，如广州的中国大酒店公关部即属于这种类型。

3. 附属型

在这种类型中，公关部在组织中处于第三个管理层次，隶属于第二个管理层次的某一个职能部门（如行政部门、销售部门、广告部等），其地位不是很突出。这种类型一般常见于公共关系工作刚刚起步的中小型企业。

4. 兼职型

在这种类型中，公关部不是单独设立的职能部门，而是设在某一职能部门内部，如与销售部或广告部或办公室合为一体。它并不是完全意义上的公关部，但承担公关部的职能。这种类型主要适用于规模较小，暂时还不具备建立规范的公关机构的企业。

二、公共关系公司

公共关系公司又称公关顾问公司或公共咨询公司，它不隶属于任何社会组织，是专门从事公共关系咨询或接受客户委托为其开展公共关系活动，并收取费用的知识密集型专业机构。公共关系公司通常由经过一定的专业知识学习和技能训练、具有较多工作经验的公关专家、专业人员组成，是高度专业化的公共关系行为主体。

（一）公共关系公司的职业优势

1. 客观性

组织内部的公关部与组织有直接的利益关系，会有意无意地站在组织的立场上观察分析问题，其结论带有主观色彩，可能会有失公允。同时，组织内部错综复杂的人际关系也有可能影响公关部对具体问题的看法。公关公司对其委托客户来说是一个旁观者，能够用专业的眼光从外部公众的角度去观察和分析问题，不受组织内部主观因素的干扰。因而，他们的观察和分析更客观，能更敏锐地发现组织的问题所在，而且也敢于尖锐地提出来而不必瞻前顾后。

2. 权威性

公关公司通常是由受过专业训练的公共关系人才和专家组成，实践经验丰富，具有明显的专业优势，其整体专业水平是一般的组织内部公关部无法比拟的。因而其建议、策划具有较强的权威性和说服力，更容易引起委托者决策层的高度重视而被采纳。

3. 服务性

公关公司长期从事公共关系实务，已经建立起了多种信息来源渠道，并与社会各类公众建立了密切联系，形成了分布较广的社会关系网络。公关公司作为服务性行业，可以充分利用现代化的技术手段、广泛的信息来源渠道、优胜的人才素质等优势条件，为客户提供多功能的良好服务，充分满足客户的不同需求。

4. 机动性

公关公司往往是独立经营的职业化机构，其实力相对组织内部的公关部而言一般都比较雄厚，可以根据委托者的具体情况和要求，灵活组织人力、物力和财力开展公共关系活动。特别是在委托者遇到突发事件或紧急情况时，可以临时抽调有关专业人员，组成专门的工作班子，集中力量解决问题，具有很强的机动性。

5. 盈利性

聘请专业公关公司的运作成本一般比组织的公关部处理公关事务要高，但如果综合起来考虑，选择公关公司还是更经济。一方面，组织维持一个公关部门的运转，同样需要支付日常费用、人员工资、办公经费等，遇到大型专题活动开支也会增加；另一方面，公关公司提供的方案往往更权威、更合理、效果更佳，其创造的收益、企业从中获得的效益也更大。因此，对那些小型组织而言，选择公关公司要比在内部常设公关部更经济。

当然，公共关系公司与组织内部的公关部相比，也有一些弱点。例如，由于公关公司是组织外的机构，对组织具体情况的了解不如公关部深刻和全面，对组织运行及管理活动的介入性差，所提方案的可行性往往会受到影响。又如，由于公关公司为委托人提供服务的时间一般不会太长，也容易存在短期效应，很难为委托人系统地制定和执行长期的公共关系计划。

（二）公共关系公司的类型

公共关系公司的类型依据不同的方式可作不同的划分，从国际上看，公共关系公司大体分为三种类型。

1. 综合服务型公共关系公司

这类公关公司以分类公共关系专家（如消费者关系专家、员工关系专家、社区关系专家、媒介关系专家）和公共关系技术专家（如民意测验专家、演说专家、出版物专家、宣传资料专家）为主体组成。这类公司经济实力较为雄厚，拥有先进的信息收集系统和信息储存与分析系统，业务范围广泛，能为客户提供多方面的综合性服务。例如，美国博雅国际公共关系公司，其服务的项目涉及收集信息、顾问咨询、与政界新闻代理人建立联系、广告设计、制作电视新闻等。

2. 专项服务型公共关系公司

这类公关公司为不同委托人提供同一类型的单项公关业务服务，如专项为客户进行市场调查，或专门为委托人设计公关广告等。这类公司的经营规模和业务范围都比综合服务型公关公司小，其人员通常是某一领域的专家，公司以特色而独树一帜。

3. 特定行业服务型公共关系公司

这类公关公司为特定行业提供专门的公共关系服务，如专门为工商企业服务，维护企业合法地位和良好形象的公关公司；专门为工商企业提供金融方面的服务，维护企业正当权利的金融公共关系公司等。

（三）公共关系公司的职能

公关公司的基本职能是帮助客户确立公共关系目标，通过研究，对客户进行准确的形象定位；制定并实施公共关系计划，以帮助客户改善公众形象，在公众中建立良好的信誉。在具体职能上，公关公司可为客户提供以下服务。

1. 咨询诊断

即总体的公共关系顾问咨询，如帮助客户分析各种公关问题，为客户进行组织或产品形象研究，制定公共关系规划，为客户设计公众形象，为经营决策做参谋，提供专业化的公关顾问服务等。

2. 收集信息

为客户搜集、汇编有关的信息、情报资料，如新闻剪报、市场信息、民意资料以及各种政治、经济、金融、文化、科技等方面的资料。

3. 联络沟通

制定并实施组织对内、对外沟通交流的战略性计划，协助客户与有关的公众或组织联络沟通，建立和维持良好关系，如与政府的关系、与社区的关系、与名流的关系等。

4. 策划活动

为客户策划实施各种专题公关活动，如剪彩仪式、周年庆典、联谊活动、展览会以及与社区、文化、体育、慈善、福利等有关的大型公众活动。

5. 新闻代理

为客户策划新闻传播，包括为客户撰写和制作新闻稿件，选择新闻媒介，组织新闻发布会等。

6. 广告代理

为客户设计、制作公共关系广告，并作出广告预算、广告成本分析、广告效果检测分析。

7. 推介产品

不同于一般的产品销售广告，而侧重于推广产品的创意、形象、声誉等，为客户的产品制造有利的市场气氛。

8. 礼宾服务

为客户安排、组织重要的外交活动，如贵宾和要人的访问参观、大型宴会、签字仪式。

9. 印刷及音像制作

为客户设计、编制、印刷各种文字宣传资料和纪念品，为客户制作影片、录像带、录音带、幻灯片等视听材料，如介绍性书籍，公共关系杂志，宣传画册或活页，宣传招贴、产品或服务介绍以及代表企业标志的徽记、商标、招牌、纪念品等。

10、培训服务

代客户培训公关人员和传播人员（如新闻报道通讯员、组织刊物的记者等），提高培训人员的公共关系理论知识和实际操作技能。

小资料

全球最大的公关公司——博雅公司

美国博雅公共关系有限公司成立于 1953 年，是全球领先的公共关系和公共事务公司。公司在广泛的公共关系、公共事务、广告及与网站相关的服务领域向客户提供战略思维和项目实施服务。公司的全球无缝网络由 44 个全资事务所及 49 个子事务所构成，在全球遍布 5 大洲 57 个国家开展业务，在全球拥有 1600 名专业员工。

作为一家全球性公共关系公司，博雅公司的业务重点是通过提供全套的咨询和传播服务，有效地促进客户的业绩，在市场战略媒介关系、财经传播、环境调研、政府公关、技术制作等 10 大业务领域为客户提供服务。其主要客户包括许多世界知名企业，如阿莫科公司、安达信咨询公司、杜邦公司、瑞典伊莱克斯公司、福特汽车公司、博士伦公司、美国联合技术公司、麦道飞机公司等。

博雅公司早在1985年就在北京设立了办事处，此后，又在上海和广州设立了分支机构，并为花旗银行、杜邦、福特、通用电气、摩托罗拉、宝洁等知名企业进入中国市场提供了优良的咨询服务。我国海外上市公司中约60%的传播业务均是由博雅承担完成的。上海石化、金杯汽车、中国东方航空公司等著名企业都曾是博雅的客户。

三、公共关系社团

公共关系社团泛指为实现组织目标而自发组织起来的，从事公共关系理论研究和实务活动的，不以营利为目的的松散型群众团体或组织，主要包括公共关系协会、学会、研究会、研究所、专业委员会、俱乐部、联谊会等。在公共关系事业的发展过程中，公共关系社团起到了非常重要的引导和促进作用。

在我国，公共关系社团要依照国务院颁布的《社会团体登记管理条例》的规定到民政部门申请登记，经批准后组建，并在法律规定的范围内独立开展活动。

（一）公共关系社团的特征

与公共关系部门和公共关系公司相比，公共关系社团具有以下特征。

1. 人员构成的广泛性

公共关系社团是社会群众团体，由于不受地域、年龄、性别、职业等条件的限制，其人员构成具有行业分布广泛、层次多样的特点。来自各行各业的社团成员通过公共关系社团联系在一起，可以建立纵横交错的关系网络，便于沟通信息、联络感情、广结良缘。

2. 组织结构的松散性

公共关系社团是一种群众自发性的组织，与公共关系公司、公共关系部相比，它的松散性特点相当明显。公共关系社团没有严格的组织机构，也不具备强制性。其成员只是对公共关系有着共同的兴趣而聚在一起研讨问题，会员入会、离会手续比较简单。因此，其成员并不固定，组织机构也较松散。

3. 工作内容的服务性

公共关系社团集聚了一批有理论、有实践的公共关系人才，通过自身的活动，为会员和社会公众提供公共关系理论研究的信息与动态，提供公共关系实务活动的机会，组织公共关系培训，在会员之间、会员与社会公众之间起着沟通桥梁的作用。

4. 工作目标的非营利性

公共关系社团不是一个经济组织和实体，而是学术机构与团体。它的性质决定了它不能从事商业性活动，不能以营利为目的。

（二）公共关系社团的类型

目前，我国的公共关系社团主要有以下类型。

1. 综合型社团

综合型社团是指不同地域范围的公共关系协会。如：中国公共关系协会、中国国际公共关系协会、上海公共关系协会、北京、天津等公共关系协会等。此类社团多为民办官（政府部门）助，其职能是服务、指导、协调及监督。

2. 学术型社团

学术型社团主要指公共关系学会、研究会、研究所等学术团体。此类社团通过举办理论研讨会、学术交流会总结公共关系活动的经验，研究公共关系理论及发展趋势，为公共关系实践提供理论指导。

3. 行业型社团

行业型社团指某些行业内部设立的公共关系组织。由于行业不同，公共关系工作的目标和特点也有所不同。行业型公共关系社团可根据本行业的特点有针对性地开展公共关系工作，能从组织上保证公共关系在某一行业的深入发展，是一种极具潜力的公共关系社团形式。公共关系的行业化在国际上已成为一种发展趋势，如 1935 年美国成立了学校公共关系协会（NSPRA），1939 年成立了美国图书馆公共关系理事会（LPRC），1946 年成立了美国妇女公共关系主管人协会（WEPR），1952 年成立了美国铁路公共关系协会（RPRA）等。

4. 联谊型社团

联谊型社团指以联谊为主的公共关系社团。这类社团名称各异，有公共关系俱乐部、公共关系沙龙、公共关系联谊会、公共关系酒会等。联谊型社团形式较为松散，一般没有固定的活动方式，也没有严密的组织机构及严格的会员条例，其主要作用就是在成员之间沟通信息、联络感情、建立良好的人际关系。广东地区公共关系俱乐部是我国第一个联谊型的公共关系社团。

5. 媒介型社团

媒介型社团指通过创办报纸、杂志等传播媒介，并以此为依托组建的公共关系社团。此类社团直接利用媒介探讨公共关系理论，普及公共关系知识，交流公共关系经验，传播公共关系信息。目前我国有关公共关系的报刊已有 20 多家，其中《公共关系学报》、《公共关系导刊》、《公共关系学》、《公共关系世界》杂志在公共关系界有一定的影响，也有公共关系网站。

（三）公共关系社团的职责

公共关系社团是一种特殊的公共关系组织机构，它既是广大公共关系专家、学者及公共关系爱好者组成的民间团体，又是公关界与政府、工商企业及其他组织相互联系的纽带与桥梁。其宗旨是团结公关界同仁，宣传公共关系思想，普及公共关系知识，协调公共关系活动。其具体职责大体上包括以下内容。

1. 发展和联络会员

为了更好地促进公共关系事业的发展，公共关系专业社团组织应把社会上各行各业的公共关系爱好者和实际工作者，源源不断地吸收到社团中。同时，与会员进行经常性地横向沟通、联络，包括向会员提供组织信息及其他相关信息，组织会员间的学术和经验交流，以及维护协会和会员的正当权益。

2. 制定职业道德及行业准则

这是公共关系专业社团组织的一项相当重要的工作，也是衡量公共关系工作正规化的重要标准。公共关系的目的是在社会公众中树立良好形象，其从业人员更应该以良好的形象出现在世人面前。这就需要公共关系专业社团组织重视会员的道德行为，制定出其成员共同遵守的职业道德标准和行为准则。因此，几乎世界各国每个公共关系协会都制定了明确的公关人员职业道德准则。

3. 宣传普及公共关系知识

这应该是公共关系专业社团组织一项经常性的工作，各社团通过自己的出版物、会议、实践活动、免费讲座等，坚持不懈地向社会公众宣传推广和普及公关意识、公关观念，纠正社会公众对公共关系的误解，提高全民的公共关系意识，来为我国的改革开放和社会主义市场经济及两个文明建设服务。

4. 组织专业培训

公共关系专业社团组织可通过举办培训班、讲习班等形式来培训公共关系专业人员，以进一步提高公共关系专业对口人员的素质。此外，公共关系专业社团组织，特别是公共关系协会有责任组织公关从业人员职业资格考试的培训工作。有的公共关系社团组织本身就是一所培训学校，如英国公共关系协会经常举办 CAM 证书和文凭两个层次的考核培训。

5. 编辑印制出版物

编辑出版公共关系方面的书籍、报刊，是宣传公共关系知识的重要手段。例如，美国公共关系协会编有《公共关系评论季刊》，加拿大公共关系学会编有一个时事通讯季刊——《公报》，英国的公共关系学会每年出版 8 期《公共关系》，国际公共关系协会的官方出版物是《国际公共关系评论》季刊。

小知识

美国芝加哥 1915 年 7 月成立了世界上最早的公共关系社团组织，它一开始是作为世界广告协会的一个组成部分。

我国最早成立的公共关系民间团体是 1986 年 1 月在广东地区成立的公共关系俱乐部。此后，越来越多的公共关系协会或学会相继成立。

我国全国性的公共关系社团组织——中国公共关系协会是 1987 年 5 月宣告成立的。在其章程的第二章中，比较集中地体现了我国公共关系社团组织的特色及其所承担的主要任务，它所规定的协会任务如下：

(1) 联络全国各地区、各企业事业单位的公共关系组织和工作者，组织学术和经验交流，研究社会主义公共关系的理论与实践，推动社会主义公共关系事业健康、深入发展；

(2) 制定和实践社会主义公共关系的职业道德准则；

(3) 培训、训练和造就公共关系的专业人才；

(4) 编辑出版有关公共关系的书籍、报刊，宣传普及公共关系学知识；

(5) 加强与海内外公共关系界的交流合作；

(6) 开展国内外公共关系事业的咨询服务工作；

(7) 维护公共关系组织和工作者的正当权益；

(8) 协调国内外公共关系组织的关系。

第二节　公共关系人员的必备条件

公共关系人员，指在一定组织中从事公共关系工作的专职人员。社会组织的公共关系工作由专门的公共关系组织机构承担，而一切公共关系活动最终都落实在公共关系人员身上，由公共关系人员策划和操办，公共关系人员在公关活动中起着决定性作用。

公共关系人员所必须具备的条件，是以公共关系意识为核心，以热情、开放、执著的心理素质为基础，配之以公共关系专业知识结构和能力结构的一种整体职业素质。

一、公共关系人员的公共关系意识

公共关系意识是公共关系人员的思想灵魂，是公关人员所具备的各项基本素质中最为重要的一项素质。因为良好的公关意识能促使公关人员始终处于一种积极主动的工作状态，使其对环境变化的反应、适应和协调，有一种能动、开放、创造性的机制，以至既能很好地从事公关策划工作，也能创造性地完成公共关系实施任务。

（一）形象意识

在现代社会中，良好的组织形象是组织最重要的无形资产，公共关系的一切工作都是围绕形象目标而展开的。因此，形象意识是公共关系意识的核心，公关人员必须具有极强的形象意识。公关人员应深刻理解知名度和美誉度对社会组织的生存和发展的重要性，在行动中敏锐体察组织形象中的问题，自觉维护组织的形象。此外，由于公关人员在进行公关活动时，其个人形象就代表着组织形象。因此，公关人员也必须要注意对个人内在及外在形象的塑造与维护。

（二）公众意识

公众是组织生存和发展的基础，组织是因为有公众才有其存在的意义，公众的需求就是组织形象塑造所追求的目标。组织应一切为公众的利益着想，创造一切条件为公众服务，满足公众不断发展的需求。因此，公关人员要有公众优先的意识、投公众所好的意识、服务公众的意识，一切公关工作都要从维护公众利益出发，真正做到“公众就是上帝”、“顾客至上”。尤其是当组织利益与公众利益发生冲突时，满足公众利益更要摆在第一位。

（三）沟通协调意识

公共关系工作是一个系统工作，需要协调各方面的关系，社会组织与相关公众之间关系的协调是公共关系的本质属性。沟通协调意识强调重视信息传播沟通，是一种平等民主、真诚互惠的意识。组织为了塑造良好形象，更好地为公众服务，以实现其目标，就必须构架一个信息交流的网络，来掌握环境的变化，保护其组织的生存，促进组织的发展。因此，公关人员应该具备良好的沟通协调意识，要确切地意识到自己除了是本组织形象的维护人以外，还是组织与内外部社会公众、社会环境进行信息交流的中间人，遵循双向对称原则，平等竞争、公平合作，在沟通中寻求理解与支持，以增强组织内部的凝聚力和外部的和谐力，在沟通中谋求和谐发展。

（四）创新意识

公共关系是一门科学和技术，因为它有客观的可遵循的规律，有相对稳定的操作程序；公共关系又是一门艺术，具有突破固定程式、追求无重复创造的特点，它要超越对手，超越自我。每一次公关活动都是一种创新，唯有创新，才能塑造具有个性的组织形象，也唯有创新，才能使组织的良好形象打动公众，征服公众，从而在激烈的社会竞争中立于不败之地。因此，公关人员必须具备强烈的创新意识，充分发挥自己的主观能动性，不断接受新的事物、新的知识、新的观念，在工作中敢于大胆创新，做出突出的贡献。

（五）立足长远的意识

塑造组织良好形象，不是一朝一夕、立竿见影的事，而是需要通过长期努力，不断积累。因此，公关人员要有立足长远的意识，既要立足于公共关系活动的经济效益，更要着眼于长期的公关战略目标，既要追求公关活动的经济效益，更要注重公关活动的社会效益。

二、公共关系人员的心理素质

公共关系作为一种职业，需要具备一定心理素质。但心理素质是可以培养出来的，只要通过一定努力，使自己具备或努力培养以下方面的心理素质，成为一名合格的公关人员并非难事。

（一）开放的心态

现代社会是一个开放性、多元化的社会，承认和尊重多样性，新生事物、新思想观念不断涌现。公关人员具有开放的心态，就能认识世界和人的多样性，充分尊重别人的利益和需求，从而接受各种各样与自己性格不同、风格不同的人，并能“异中求同”，与各种类型的人建立良好的关系。此外，开放的心态还可以使公关人员保持不断接受新事物的浓厚兴趣，从而产生更强的求新、创新意识。

（二）热情的态度

公关人员在与人交往中，必须热情洋溢、真诚而又有礼貌，热情的态度可以使对方感到诚意、友好、礼貌，为交往的顺利进行打下良好基础。同时，热情的态度，能使公关人员兴趣广泛，对事物的变化有一种敏感性，激发想象力和创造力，从而主动、积极地开展公关活动。

（三）执著的精神

公共关系工作是一种极具挑战性的工作，经常会遇到各种困难及突发性的矛盾和危机。因此，公关人员应该在错综复杂的公关活动中，在面临诸多棘手的困难面前，保持锲而不舍的毅力和恒心。只有具有执著、敬业的精神，才能不计较个人得失，想方设法去克服困难、缓和矛盾，以影响、说服、转变公众。

讨论一下

20世纪70年代中期，索尼彩电在美国名不见经传，根本无人问津。当时任索尼公司国外部部长的卯木肇先生一筹莫展。据说有一天夕阳西下时，他经过一处牧场，看见一位稚气的牧童牵着一头雄壮的大公牛进了牛栏，其他牛都跟在“头牛”的后面鱼贯而入。卯先生突然由此受到启发，决定把当地最大的电器推销商——马希利尔公司作为索尼彩电进入美国市场的“头牛”。第二天，卯木肇先生就去求见马希利尔公司的经理，但得到的回答是：“经理不在!”接下来，他又去了第二次、第三次、第四次，第五次时他才终于见到那位经理。“我们不卖 SONY 的产品，你们的产品降价拍卖，像泄了气的足球，踢来踢去无人要。”这就是那位经理斩钉截铁的回答。卯木肇先生决定采用“韧”的方法，继续“缠”住这位经理，当那位经理说“SONY”的售后服务太差时，卯木肇就立即设置了特约服务部，并在报纸上公布服务部的地址和电话号码，保证随叫随到。紧接着，卯木肇召集了 30 多位工作人员规定每人每天拨 5 次电话，请马希利尔公司订购索尼彩电。终于，马希利尔公司的经理同意了。在“头牛”的带动下，芝加哥地区 100 多家商店纷纷要求经销 SONY 彩电，不到三年，SONY 彩电在芝加哥地区的市场占有率就达到了 30%。

请分析，SONY 彩电在美国销售成功的原因是什么？

三、公共关系人员的知识结构

公共关系从业人员的知识结构就是公共关系知识体系在其头脑中的内化。公共关系从业人员与其他行业人员的最大区别，在于他们具有从事公共关系工作的必要知识和专业技能。健全的知识结构不仅是公关人员基本素质的重要组成部分，而且是其创造性地开展公共关系活动的保证。特别是有了职业准入制度以后，是否具备公关理论和实务知识更是成为公关人员的必要条件。

（一）公共关系的基本理论知识

公关人员掌握基本的公关理论知识，用以指导实践活动，有利于克服盲目性，增强自觉性，提高公关活动的效果。公共关系的基本理论知识主要包括：公共关系的由来和历史沿革，公共关系的基本概念、公共关系的职能作用，公共关系的三要素及其相互关系，公共关系工作的基本程序等。

（二）公共关系的基本实务知识

公共关系是一种实践性、可操作性强的职业，当然也重视公关基本实务知识和技巧。了解和掌握公关实务知识，不在于死记硬背某些条文，而在于创造性地运用，学以致用。公共关系的基本实务知识包括：公关调研、公关策划、公关项目实施、公关效果评估、公共关系传播等。

（三）相关学科知识

公共关系是边缘性、综合性的学科，要求公关人员具有广博的知识。公关人员为了更好地开展工作，还应该掌握一些相关学科知识。例如：管理学类学科，包括管理学、行为科学、市场学、营销学等；传播学类学科，包括传播学、新闻学、广告学等；社会学和心理学类学科，包括社会学、心理学、社会心理学等。

现代社会是信息爆炸、知识爆炸的社会，公关人员再勤奋也不可能全部掌握所需的知识，但每个公关人员都应以此为目标激励自己，不断地学习，不断地吸收最新的公关理论、实务知识和公关技巧，努力使自己成为知识结构合理的公关人员。

小资料

欧美公共关系课程

基础课程：政治学、经济学、法律学、社会学、哲学、统计学、人类学。

应用课程：大众传播学、舆论学、新闻学、社会心理学、外国语言学、市场学、财政学、销售学、工商管理学、广告学、会计学。

专业课程：公共关系原理、公共关系实务、劳工关系、民意测验、语义学、摄影、演说、新闻写作。

四、公共关系从业人员的能力结构

公共关系人员的能力结构是由一系列彼此关联的能力所构成的。

（一）组织能力

公共关系工作千头万绪、具体繁杂，没有良好的组织能力是很难顺利做好工作的。组织能力是公关人员从事公关活动的重要保证，主要表现为公关人员在策划、实施公关计划、方案过程中所需要的组织与指挥能力。具体包括，在筹划一项公关活动时要深思熟虑，精心准备，制定详细周密的计划、措施，设想可能发生的种种情况；在公关计划、方案的实施过程中，要穿针引线、烘托气氛，排除不可控因素的干扰，保证最大限度地实现公关目标；在活动结束后要认真总结，仔细归纳得失利弊，及时地提出新的奋斗目标，使公关工作能持续地开展。

例如，我国广州中国大酒店的公关人员，曾精心组织拍摄了近3000多名员工的合影照，并利用广大员工穿着不同颜色的工作服，构成一个醒目的中国大酒店的“中”字图案，还将照片制成明信片。如此庞大的工程，安排得井然有序，充分显示了公关人员的组织能力。

（二）协调能力

公共关系中的每一件工作都离不开公共关系人员的协调，对组织内部公众而言，有组织上下级关系的协调，有同级部门之间关系的协调；对组织外部公众而言，有组织利益与公众利益的协调。因此，公关人员必须具有较强的协调能力，要善于发现组织与内外公众之间的矛盾和不平衡，随时发现各类公众对组织产生的误解或不信任，及时加以沟通、协调；或通过上级主管部门，或通过新闻媒介，或通过自己的劝导、游说，进行调解，以维护组织的声誉。

（三）表达能力

表达能力包括文字表达能力和口头表达能力，把所要传达的信息或思想清晰地用文字或口头表达出来，是对公关人员的一项基本要求。

公关人员要编写宣传材料、撰写新闻稿件、编写组织刊物、为领导撰写演讲稿、起草活动计划方案、写年度报告或工作总结，等等。这些工作都要求公关人员有扎实的笔墨功夫、较强的文字表达能力。国外有些组织的公关部把“擅长写作”作为对公关人员的第一职业要求，可见其重视的程度。

公关人员更多的是直接接触公众，采取面对面的方式进行传播，比如交谈、讲座、演讲、发言等。这就要求公关人员必须具备相当的语言表达能力，讲究讲话艺术技巧。一个人的语言能力强，可以产生吸引人、打动人、说服人、给人以好感的神奇作用，而这正是公关工作人员常常希望能够达到的理想效果。

（四）社交能力

有效的人际交往是组织搞好公关工作的基础，是争取公众理解、支持的基本条件。衡量一个公共关系人员能否适应现代社会需求的标准之一，是看他是否具备善于与他人交往的能力。一个公关人员只有具备较强的社交能力，懂得各种场合的礼仪、礼节，善于处理各类复杂的人际关系，才能在任何场合中相机行事，应付自如，广结善缘，搞好各方关系，营造出公关工作有利的人际环境，从而更有效地推销组织形象。

（五）应变能力

公关工作中经常会出现一些突发事件和事先未预料到的问题，这就要求公关人员必须具有镇定自若、机警灵敏、冷静思考、果断处理的应变能力。面对各种突发状况，公关人员应处变不惊，保持冷静的头脑和镇静的心态，对各种情况迅速加以分析，做出正确的判断并提出妥善的对策。一名成熟的公关人员，越是困难，越应具有高度的自信心，善于在困境中调动客观或主观的一切有利因素，变被动为主动，使之逐步摆脱困境，求得问题的圆满解决。

（六）创新能力

公共关系工作最忌千篇一律、一味模仿，公关人员的创新能力是公共关系活动的生命力和吸引力所在。在竞争激烈的现代社会，公关人员在开展公关活动中，只有善于捕捉新信息，勇于打破常规，敢于创新，提出新设想，才能满足公众不断求新、求异的心理需求，从而引起公众的关注，取得公众的理解和支持，达到扩大组织影响、塑造组织形象的目的。

综上所述，公共关系人员所应具备的素质是多方面的。当然，一个公共关系人员不可能完全具备上述各项素质，但是，至少应把具备上述素质作为自己的目标去尽力实践。在具备这些素质的情况下，再针对实际情况加以应用，只有这样的公共关系人员才能真正胜任公共关系工作，才能对自己的组织有所贡献。

第三节　公共关系人员的工作职责与职业准则

一、公共关系人员的工作职责

在《公共关系人员国家职业标准》中，对公共关系人员的职业工作做了如下描述：

第一，制定组织的公众传播计划，编辑、设计、制作和发行组织的各种宣传材料，负责组织的新闻发布和形象传播工作。

第二，监测、搜集、整理和分析组织的公众信息，向组织的领导人提供管理咨询建议。

第三，制定组织和产品（服务）的形象管理计划，策划和实施各种专题性公关活动，并对其进行评估。

第四，沟通、协调组织与内外公众之间的关系，参与处理组织的公众咨询、投诉和来访接待事务。

第五，协助组织发现、处理并监控其与公众之间的矛盾、问题和突发（危机）事件。

第六，对组织的其他有关人员进行上述工作的专业培训和指导。

二、公共关系人员的职业准则

所谓职业准则，是职业道德规范化、条理化的结果，它对从业人员有一定的调节作用和约束力，其形式是各种职业团体的规章守则、准则等。任何一种行业、职业，只有认真地履行自己的职业准则，才会得到社会的认可、支持和理解。公共关系行业在长期的社会实践中，其职业准则也得到了不断的完善。

(一)《职业标准准则》

在公关发展史上，美国公关协会是最早推出自己职业道德准则的专业协会，1954 年正式通过《职业标准准则》。此后又根据情况的变化，多次对其进行修订。根据 1988 年的版本，《美国公共关系协会职业标准准则》由原则宣言、条例部分和有关的详细解释三部分组成。

小思考

《美国公共关系协会职业标准准则》第四条规定："除非在充分说明真相后取得有关各方面同意，各会员不得为互相冲突或竞争的利益工作。"

美国公共关系协会为什么要做这样一条规定？

(二)《国际公共关系道德准则》

国际公共关系协会成立后，一直把职业道德建设作为推动各国公共关系职业化和规范化进程的重点。于 1965 年 5 月 12 日在雅典召开的国际公共关系协会全体大会上通过了《国际公共关系道德准则》(又称《雅典准则》)。1968 年 4 月 17 日，在该协会的德黑兰全体大会上又对该文件进行了修订，形成了现行的《国际公共关系道德准则》。

《国际公共关系道德准则》的规定虽然比较原则化，不像《美国公共关系协会职业标准准则》那样详尽、具体，但它仍然是全世界影响最大的公共关系职业准则。正如英国公共关系协会前主席赫伯特·劳埃德所说的，很多国家的公共关系组织都采用该准则，或以此作为范例稍作变动，以适应自己国家的需要。

(三)《中国公共关系职业道德准则》

在我国，公共关系事业从起步时，其职业道德建设就受到了普遍关注。1991 年 5 月，在广泛征求意见，借鉴国外众多的公共关系职业准则的基础上，结合我国公关事业的实际需求，全国省市公共关系组织第四次联席会议正式通过了《中国公共关系职业道德准则》。虽然它还不完全尽如人意，有待于进一步完善，但它的诞生无疑是中国公共关系事业发展史上的一件大事，将对中国公共关系职业化水平的提高，起到积极的促进作用。

第四节　公共关系人员的培养与考核

一、公共关系人员的培养

公共关系人员的教育培养途径主要有学校正规教育和在职进修培训两种。

(一) 学校正规教育

学校正规教育指经过高等院校专业培训的，属于学历教育，这是培训从事公共关系工作专门人才的主要途径。这种培训通常有系统和严格的教学计划、教学大纲、专业师资和专业教材，有明确的培养方向和目标，教学要求很高。

学校正规教育的优点是：课程学习安排具有系统性和科学性，专业基础知识学习具有广泛性和深厚性。在这种方式下，学生可以系统地学习公关基础理论，潜心研究公关技能，掌握信息传播工具，并参加适当的实践与模拟活动，为从事公关工作奠定良好基础。

20 世纪 80 年代，我国学校的正规公关教育主要是培养大专层次的公关人才，90 年代后期开始培养本科公共关系人才，近年来，有的学校已经开始招收公共关系专业方向的研究生。根据中国的实际，公共关系机构的负责人至少应该具有公共关系专业的大学专科或本科学历。

除了公共关系专业的专门教育外，目前我国的大专院校几乎都在学校里开设了公共关系课程，此外，在有条件的中专学校也增设了公共关系课程。这些课程一般是作为公共课或选修课，教学时间多为一学期，课程内容一般属概论性质或概论与实务相结合。通过学习，使学生了解和掌握公共关系的基础知识和一般实务方法，以助于完善学生的知识结构。

（二）岗位培训

公关人员的岗位培训主要面向已经从事公关工作的人员，是目前我国公共关系教育培训中最受欢迎、参加人数最多的一种教育培训方式。该教学方式的现实针对性较强，周期短，见效快；学员的学习目的明确，且已有实践经验，故易于理解、接受和领悟，而且能学以致用。具体而言，公共人员岗位培训的方式主要有以下几种。

1. 短期培训班

主要可分为三种，即教育单位办的培训班、用人单位办的培训班、教育单位和用人单位联合办的培训班。培训对象是有一定实践经验的人员，培训目标和重点是专业基本理论与知识，着力于理论水平的提高。培训时间长短不一，有半月、一月、半年等。通过短期培训，帮助学员学习公关的基本原理，提高公关理论水平；学习公关实务技巧，便于在今后工作中借鉴与使用，提高应用操练的技能。对大多数公关人员来说，举办短期培训班是一种时间短、见效快的好办法。

2. 见习培训

这种方式主要是从实践中学习与提高，安排见习人员在一段时间内充当本组织或外组织公关人员的助手，尽可能让他们有机会进行公关实践，在实践中观察和学习别人怎样处理公关事务，增强感性认识。这种方法特别适宜于培训刚参加工作的初级公关人员。

3. 专家指导

针对公关工作中的疑难问题，聘请具有公关业务专长的专家、学者到组织来进行指导、咨询，辅导和促进公关人员正确开展公关业务，提高公关人员的业务能力和组织公关工作的质量。这种方法针对性强，解决问题效率高，对公关人员启发帮助大，是一种较好的培训方法。

4. 其他培训形式

如组织员工参加自学考试、函授刊授教育及电视广播教育，并为之提供参加辅导、面授等的条件，多途径、多形式地提高专业理论水平和业务水平。

二、公共关系人员的考核

随着公共关系事业的迅速发展，对公共关系从业人员也提出了越来越高的要求。为了确保公共关系人员队伍的思想素质和业务素质，充分发挥公关人员在组织的现代化管理中的重要作用，必须对公关人员进行严格的考核。

（一）职业资格考核

1. CAM 专业任职资格考试

目前，国际上对公关人员的职业资格考核尚无通用模式，但英国公共关系协会参与主持的 CAM 考试不仅获得英国各界的普遍承认，而且还得到国际广告协会的正式承认。世界上已经有几十个国家相关专业的人员报名参与这项考试，对我们具有重要的参考价值。

CAM 是传播（communication）、广告（advertising）和市场（marketing）教育基金会的缩写，英国 CAM 是本国公认的职业教育机构，自 1969 年开始，主持公共关系、广告和市场营销人员的资格考试。

CAM 考试分两个等级，第一等级有 7 门考试课程：市场学、广告、公共关系、媒介、调查与行为研究、传播实践、商业与经济环境。公关、广告和市场营销人员只要通过其中 6 门课程考试，就可获 CAM 传播研究证书，获此证书后再参加第二等级考试。

第二等级的考试分开进行，针对公共关系人员的考试课程有 4 门——商业组织公共关系、非商业组织公共关系、公共关系战略、管理资源，考生只要通过其中 3 门就可获得 CAM 公共关系文凭和公关从业资格。

2. “公关员”资格考试

1993 年，中国公共关系协会也开始推进“公共关系专业资格证书”培训活动。经过几年的实践探索和不懈努力，终于获得国家有关部门认可。从 2000 年起，由国家劳动和社会保障部组织进行公关员资格全国统一考试。凡考试合格者将获得由国家劳动和社会保障部颁发的国家公关员职业资格鉴定证书，获“公关员”称号。此证为国家唯一合法和承认的公关员职业资格证书，只有持有公关员职业资格证书者才能上岗。

小资料

我国 2000 年开始的公关员资格全国统一考试，分为初、中、高三个级别。其中，初级属于国家职业资格五级，中级属于国家职业资格四级，高级属于国家职业资格三级。考试方式采取理论知识考试和技能操作两种方式，两门考试（考核）均采用百分制，皆达 60 分以上者为合格。

随着公共关系职业在我国的不断发展、市场对于高素质公关人才的需求不断增加，2003 年 6 月至今，我国在原有初、中、高级公关员的基础上，增设了“公关师”（国家职业资格二级）和“高级公关师”（国家职业资格一级）两个级别。对五个等级的申报资格分别提出了明确要求，同时对“公关师”和“高级公关师”的考核办法作了新规定，除技能知识闭卷考试外，还增加了专业技术报告和答辩的专家评审考核。

（二）工作业绩考核

工作业绩考核就是指组织对本单位公关人员的思想品行、技术业务、工作态度、工作能力、工作绩效以及健康状况等进行评价。依据考核结果对公关人员施行奖惩，以调动公关人员的工作积极性，提高工作效益。考核方法主要有以下几个方面。

1. 量表评定法

量表评定法是以一种标准化的等级量表为工具，采用组织评、群众评、自己评等多种途径，对公关人员进行的全面评定方法。其优点是评定项目设计严格，定义明确，计量方法统一合理，评定结果既能客观全面地反映一个人的实际水平，又可以进行相互间的比较。因此，这是一种比较好的判定方法。

2. 考试评议法

考试是检查公共关系人员专业理论知识、专业技术能力的重要考核手段，分为口试和笔试两种。通过考试来公平地鉴别优劣，达到优胜劣汰的目的。评议，就是采取多种方法征求有关人员对被考核人员的意见，并组织进行分析、讨论，最后做出公平、正确的评价。

3. 工作标准法

工作标准法是指根据不同岗位的具体工作要求，制定不同的工作标准，并以此标准去衡量公关人员的优劣。这种方法有明确而具体的客观标准，比较公平合理，特别适合考核工作成绩。这一方法适用于调整职务津贴和奖金分配，但不宜直接套用以决定公关人员的晋升和调配。

4. 相对比较法

这种方法是根据各考核要素，把所有的被考核者分别按两两一组的方式进行比较，并判断每组的优者和劣者，然后综合其结果得出最终序列和成绩。这种方法考核的准确性较高，由于考核者在考核过程中很难判断每个被考核者的最终成绩，因此可以避免考核的主观性、片面性与随意性。但这种考核方法的被考核人数有限，手续繁琐，工作量大，其适用范围受到一定限制。

本章小结

公共关系是应用性、实践性很强的学科，公共关系工作的成功，取决于公共关系机构的健全和公共关系从业人员的良好素质。本章首先介绍了公共关系的组织机构，即公共关系部、公共关系公司和公共关系社团；其次介绍了公共关系人员的必备条件，包括公共关系人员的公共关系意识、心理素质、知识结构和能力结构；其后介绍了公共关系人员的工作职责与职业准则；最后介绍了公共关系人员的培养与考核。

习　题

基础知识题

1. 公共关系部的主要职能有哪些？
2. 公共关系公司的主要职能有哪些？
3. 与公共关系部相比，公共关系公司具有哪些职业优势？
4. 公共关系社团的活动内容主要包括哪些方面？
5. 作为一名现代公关人员，应具备哪些公关意识？
6. 公关人员的知识结构和能力结构分别包括哪些内容？

7．公关人员的工作职责有哪些？

8．公关人员的培养途径有哪些？

9．如何考核公关人员的工作业绩？

技能训练题

假设现在你是一家公司的人力资源部主管，由你负责主持一个组织的公关人员招聘会，通过面试和笔试来选择公关人员，你会怎么做呢？请设计一下笔试的问题和面试的内容。

典型案例

在一次商业聚会上，上海某星级饭店的公关部经理小芳无意中听说一个日本大公司驻上海办事处正在为预定300人的大型宴会而发愁。她经过侧面了解得知，该日本公司的董事长、总经理等高层人物将来中国访问，行程包括上海。在上海访问期间，日方访问团将答谢上海有关方面的人员，该宴会就是为此而准备的。本来，在接到日本总部的指令之后，该公司驻上海办事处的代表已经在上海的另一家著名饭店里预定了席位。但是，他们对该饭店并不是特别满意，想寻找更好的宴会场所。

了解到日方代表的这一意向之后，小芳决定主动与之交往，做成这笔不小的生意。经过深思熟虑，小芳准备用一种特殊的交往方式打动日方代表，让他们将宴会地点改在小芳所在的饭店。为此，她专门托人从无锡带来一对包装精美的泥塑“乌龟”。原来，小芳对日本文化甚为了解，知道日本人特别喜爱乌龟，把它当作长寿的象征。然后，她带着这一特殊礼物直奔日方驻上海办事处代表的办公室。

小芳先进行了一番自我介绍，并把饭店以及宴会厅的有关资料给对方，还热情邀请对方实地考察。当然，还不忘了把那个特殊的礼物交给对方。正如她预想的，这个礼物被对方视为友好的善意，很高兴地接受了。

看到小芳的热情、大方、令人折服的交往能力和得体的特殊礼物，对方爽快地将宴会举办地改在了小芳所在的饭店。后来，日方代表团对宴会非常满意，对日方驻上海办事处的明智选择也大加赞赏。

思考题

（1）本案例中，公关部经理小芳体现了哪些公关人员应有的素质？

（2）结合本案例，谈谈素质与能力对公共关系工作人员的重要性。

（3）公关人员应如何提高自己的组织能力、协调能力、表达能力、社交能力、应变能力和创新能力？

附录一

美国公共关系协会职业标准准则

一、各会员都应对其目前及以往的客户、雇主、其他会员和公众持公正态度。

二、各会员的职业行为都应符合公众利益。

三、各会员都应坚守社会公认的准确、真实与品味高尚的标准。

四、除非在充分说明真相后取得有关各方面同意，各会员不得为互相冲突或竞争的利益工作。

五、各会员应维护目前及以往所有客户或雇主的信赖，不接受任何利用此种信赖或含有泄密因而可能危及这些客户或雇主的业务。

六、各会员不能参与有意败坏公众传播渠道诚实性的活动。

七、各会员不得故意散播虚假或欺骗性信息，并有责任努力防止这种信息的散播。

八、各会员不得利用任何组织，声称为某已知的事业服务而实际上却为某不可告人的目的或某会员、客户、雇主的私人利益服务。

九、各会员不得故意损害其他会员的职业信誉和活动。但如果某会员掌握其他会员不道德的、不法的或不公正的、包括违背本规则的行为的证据，应据章程前言第八条向本会提供情况。

十、各会员不得采用任何损害其他会员的客户、雇主或其产品、事业、服务声誉的伎俩。

十一、在向客户或雇主提供服务时，各会员在未充分说明情况取得有关方面同意的情况下，不得因这种服务与其他方面有关而接受任何其他人的服务费、佣金或其他报酬。

十二、各会员不得向预期的客户或雇主提出按特殊情况收取费用或报酬，也不能签订这种性质的收费合同。

十三、各会员不得侵夺任何其他成员的受雇机会，除非双方都认为两人同时受雇并不存在冲突，而且都考虑双方的协约。

十四、如果发现继续受雇于某组织会造成违背这个规则的行为，会员就应尽快与该组织脱离关系。

十五、除非经法院同意，如因实行本规则需要某会员出庭作证，必须出庭。

十六、各会员应通力合作以维护实行本准则。

附录二

国际公共关系道德准则

1955 年国际公共关系协会成立于伦敦，它是世界各地从事公共关系研究和实践的专业人员的组织，每三年召开一次世界公共关系大会。第二届大会在维也纳举行，制定并通过了《国际公共关系协会职业行为准则》。以下是该条文，供公关人员参考。

1. 国际公共关系协会成员必须竭诚做到以下各条

第一条：为建设应有的道德、文化条件，保证人类得以享受《联合国人权宣言》所规定的诸种不可剥夺的权利作贡献。

第二条：建立各种传播网络和渠道，以促进基本信息的自由流通，使社会的每一成员都有被告知感，从而产生归属感、责任感，与社会合一感。

第三条：牢记由于职业与公众的密切联系，个人的行为（即使是私人方面的）也会对事业的声誉产生影响。

第四条：在自己的职业生活中尊重《联合国人权宣言》的道德原则与规定。

第五条：尊重并维护人类的尊严，确认各人均有自已作判断的权利。

第六条：促成为真正进行思想交流所必需的道德、心理、智能条件，确认参与的各方都有申述情况与表达意见的权利。

2. 所有成员都应保证

第七条：在任何时候任何场合，自己的行为都应赢得有关方面的信赖。

第八条：在任何场合，自己均应在行动中表现出对自己所服务的机构和公众双方的正当权益的尊重。

第九条：忠于职守，避免使用含糊或可能引起误解的语言，对目前及以往的客户或雇主都始终忠诚如一。

3. 所有成员都应力戒

第十条：因某种需要而违背真理。

第十一条：传播没有确凿依据的消息。

第十二条：参与任何冒险行动或承揽不道德、不忠实、有损于人类尊严与诚实的业务。

第十三条：不使用任何操纵性方法与技术来引发对方无法以其意志控制因而也无法对之负责的潜意识动机。

附录三

中国公共关系职业道德准则

总　则

中国公共关系事业的发展是中国改革开放的必然趋势，它以新型的管理科学协调社会各方面的关系，密切党和广大人民群众的联系，调动各种积极因素，维护安定团结，促进社会主义建设。因此公共关系工作者肩负着时代的使命。公共关系工作者必须具有高尚的职业道德作为完善自身形象的行为准则。

条　款

一、公共关系工作者应当坚持社会主义方向。自觉地遵守我国的宪法、法律和社会道德规范。

二、公共关系工作者开展公关活动首先要注重社会效益，努力维护公关职业的整体形象。

三、公共关系工作者在公共关系活动中，应当力求真实、准确、公正和对公众负责。

四、公共关系工作者应当努力提高自己的政治水平、文化修养和公关的专业技能。

五、公共关系工作者应当将公关理论联系中国的实际，以严肃认真、诚实的态度来从事公共关系学教育。

六、公共关系工作者应当注意传播信息的真实性和准确性，防止和避免使人误解的信息。

七、公共关系工作者不能有意损害其他公关工作者的信誉和公关实务。对不道德、不守法的公关组织及个人予以制止并通过有关组织采取相应的措施。

八、公共关系工作者不得借用公关名义从事任何有损公关信誉的活动。

九、公共关系工作者应当对公关事业具有高度的责任感。不得利用贿赂或其他不正当手段影响传播媒介人员真实、客观的报道。

十、公共关系工作者在国内外公共关系实务中应该严守国家和各自组织的有关机密。

附　则

本准则将根据实际情况予以调整和修改。其解释、修改、终止权属全国省市公关组织联席会议。

第六章　公共关系的职能和原则

学习目标

知识目标：掌握公共关系的职能，理解公共关系的原则。

能力目标：在公共关系活动中能够遵循公共关系的五项原则。

技能目标：学会运用公共关系的五种职能。

重点：公共关系的职能。

难点：公共关系的原则。

美的电饭煲、电磁炉、电压力锅、饮水机作为小家电行业的领导品牌，国内市场占有率超过三分之一。2006 年，美的公司通过市场调查获悉：我国小家电的市场规模达 3500 亿，小家电的品牌多达 1000 多家，未来竞争的结局依然是“胜者为王”、“品牌为王”，市场前五名的品牌将占领市场 80% 的份额；中国公信力、覆盖率最高的媒体是“CCTV－1”。于是，美的公司积极策划与“CCTV－1”联手在“天天饮食”栏目中开展了“CCTV‘巧厨娘，美的生活新主张’全国电视选秀活动”，成为首个家电企业涉足娱乐营销的品牌。

在活动中，美的公司利用美的电饭煲、电磁炉、电压力锅成为 CCTV“天天饮食”指定产品的优势，将 2006 年所生产的中高档产品，近 2000 万台产品的外包装上都印上了 CCTV“天天饮食”指定产品的信息。美的通过中央电视台在普通老百姓心目中树立了公信力与影响力，为产品增加了卖点，从而实现品牌溢价。美的公司的此次活动，不仅促进了销售，扩大了市场占有率，更主要的是提升了美的品牌形象。

美的公司的成功取决于其超前的公关意识和对市场的了解与把握，更可贵的是其有目的地遵循了现代公关的原则，最大限度地发挥了公共关系的职能。

第一节　公共关系的职能

公共关系的职能是指公共关系工作对组织及个人、对整个社会所担负的职责和所发挥的功能。它是公共关系性质、目的和任务的外在表现。公共关系在组织的经营管理活动中的职能是全方位、立体化的，突出地体现为采集信息、提供咨询、协调沟通、传播推广和教育引导这五项职能。

一、采集信息

所谓信息，是一个多义词，至少有 50 多种定义。信息论创始人申农说：“信息是用以消除不确定性的东西。”从公关角度看，信息是具有价值性、有效性、经济性，可以减少或消除事物不确定性的所有消息、情报、资料、数据和知识。

近几十年来，人类知识的开拓、积累和增长出现了前所未有的巨大飞跃，这种飞跃导致了“信息爆炸”的局面，使人类社会进入了“信息时代”。在信息社会中，信息的作用超过了资本，成为战略性资源。信息就是生产力，是竞争力，是一个组织获得良好社会效益和经济效益的关键。可以说，一个组织能否及时、准确、大量地搜集有关信息，已成为决定其生死兴衰的主要因素，而公共关系在这方面可以发挥重要的作用。公共关系工作，由于其接触面广，因此可以从多方面搜集信息，为有关部门的决策、计划、实施、调整提供可靠的依据。对于公共关系来说，信息是基础。没有信息，公共关系工作就成了无源之水、无本之木。所以，公共关系的第一职能便是采集信息。

组织需要的信息是多方面的，公共关系所要采集的信息集中在以下几个方面。

（一）组织形象信息

公众对社会组织在运行中所显示的行为特征和精神面貌的反映就是组织形象的信息。组织形象信息直接关系到组织活动的开展和组织未来的发展，不了解公众对组织的评价，不适时改进组织的形象，将会使组织遇到麻烦甚至造成损失。公共关系是塑造形象的艺术，以建立和维护组织的良好形象为根本目标，采集组织形象信息是公共关系活动的一项重要内容。

组织的整体形象反映在公众对组织以下要素的评价上。

1. 公众对组织领导机构及其效率的评价和看法

例如领导能力、创新意识、办事效率、用人眼光、威望与信任度以及机构的完善程度、设置的合理程度，等等。由于领导机构是组织的指挥中心，因此对领导机构的评价往往在一定程度上反映了人们对整个组织形象的评价态度。

2. 公众对组织管理水平的评价和看法

管理水平的高低决定着这个组织在社会中的地位。公众对管理水平的评价，主要是看领导机制是否健全、经营方针是否明确、市场预测是否准确、市场目标是否合理、市场反应是否灵敏、生产计划是否完成、用人是否得当，等等。这一切都体现出组织的管理水平，公众对这些方面的评价反映出他们对组织的信心。

3. 公众对组织人员素质的评价和看法

组织人员的素质主要是指组织决策层及各部门人员的工作能力、观念意识、业务水平、文化水平、工作效率、创新精神、人际关系、工作作风等。组织人员的素质是社会组织生存和发展的重要主体条件，对他们的评价也构成了社会对整个组织形象评价的一个方面。松下幸之助曾说："松下的主要产品，首先是懂得松下使命的松下人。拥有了了解松下使命的松下人，才会有其他的物质产品。"良好的人员素质对于松下公司的重要性可见一斑。

4. 公众对组织服务质量的评价和看法

这不仅包括企业的售前售后服务及其项目，还包括企业服务设施的先进性、科学性。更重要的是对顾客服务态度是否诚恳，是否有责任心，对客户的承诺能否兑现。

讨论一下

四川曾经有农民投诉海尔洗衣机排水管老是被堵。服务人员上门维修时发现，这位农民居然用洗衣机洗地瓜，泥土大，当然容易堵塞。但服务人员并没有推卸责任，依然帮顾客加粗了排水管。农民感激之余，说："如果能有洗地瓜的洗衣机就好了"。技术人员回去后，把此事当笑话讲出来。但是，海尔集团董事局主席兼首席执行官张瑞敏听了之后却不这样认为，他立即组织科研人员开发研究，不到半年就生产出了"洗地瓜洗衣机"。它不仅具有一般双桶洗衣机的全部功能，还可以洗地瓜、水果。此事把张瑞敏的领导能力、创新意识和办事效率展现在公众面前，提高了海尔集团在公众中的认可度，推动海尔成为近年来成长最快的品牌之一。

本案例带给你怎样的思考？

（二）产品形象信息

产品形象是组织形象的客观基础，只有产品被接受、受欢迎，组织存在的价值才能得到社会的认可。良好的产品形象有助于组织获得社会公众的充分信任，从而有效地树立起组织的良好信誉。

在公众心目中，产品的质量是影响产品形象的第一因素，同时产品的设计、功能、包装、商标、品牌、价格等方面也不同程度地影响产品的形象。通过了解公众对组织产品的形象评价，就能反映出组织市场形象的好坏。因此，公共关系人员要时刻注意公众对产品各方面的反映，广泛收集各类公众的信息，以便组织制定正确的策略和采取有效的措施，不断完善产品形象。

（三）社会环境信息

公共关系人员应注意搜集对社会组织产生影响和作用的各种环境信息，充分利用环境中的有利因素和有利时机，及时避免环境中各种不利因素的影响，使组织与社会环境的变化保持动态平衡。

1. 政策指导性信息

即对组织经营管理和发展有重要指导意义的国家的各项方针、政策、法令、法规以及财税、工商、金融、审计等部门的信息。组织若能了解并遵循国家的政策，利用政策提供的条件，就能使其获益。

2. 市场动态信息

包括客户的需求、合作者的态度、投资者的意向、竞争者的状况、新闻界的评价、意见领袖的观点等。

3. 社区环境信息

了解社区内的组织机构、民规民约及每年在社区举行的重大活动，使组织适应社区环境，成为社区的好成员。

小案例

广东湛江市家用电器公司原先生产电饭煲，想转向生产其他产品，决定停止进料，压缩电饭煲生产。正在此时，该公司获得了中央决定在全国搞100个电气化试点县的信息，于是，公司立即改变决定，迅速大量进料，电饭煲年产量达120万只，不仅占领了国内市场，还打入了国际市场。可见，组织应注意采集和研究各种社会环境信息，对环境中的有利因素和有利时机，充分地把握并加以利用。

公共关系采集信息的方式是多种多样的，譬如注意从平时交谈中了解情况，对于重要的公众或关系密切的组织进行专门访问或使用调查问卷，使用剪报和搜集新闻资料等。如广州的中国大酒店公关部就有专人负责搜集有关本酒店的一切新闻报道、图片和资料，并将其按月剪贴成册，成为本组织形象评价的重要参考资料。

二、提供咨询

提供咨询职能就是公共关系部门要向组织决策层和各种管理部门提供有关组织各方面情况的咨询和建议，为组织决策服务。随着社会的进步，现代组织管理面临的情况越来越复杂多变，领导者在决策过程中必须依赖咨询。因为这项职能直接影响到组织的决策质量，所以称其为高层次的公关工作。人们经常把公共关系人员当做“智囊”、“开方专家”，把公关部当做“思想库”，就是从这个角度讲的。

公共关系提供咨询的职能与采集信息的职能是密切相关联的。获取信息是提供咨询建议的前提，没有充足的信息，一切咨询和建议都只能是空谈。同时，采集好的信息只有通过向组织提供咨询和建议，才能充分发挥其功能，实现其价值。

在组织的经营管理过程中，公共关系主要提供以下方面的咨询建议。

（一）关于组织形象评估的咨询

良好的形象代表着组织的信誉、产品的质量、人员的素质、股票的涨跌，是竞争的有力武器。它能为公众创造出一种消费信心，使公众容易接受进而选择其服务。在市场竞争日益激烈的情况下，组织形象越来越成为促进或制约组织发展的重要因素。

因此，公共关系人员在广泛获取组织形象的相关信息后，应对组织在公众心目中的形象、地位进行客观的分析评价，作出定性的结论和定量的说明，找出组织的自我期望形象和实际社会形象之间的差距。并且根据对组织形象的评估，向组织领导层和管理层提出改进、完善或强化原有组织形象的建议，使组织领导层和管理层乃至一般人员了解自己怎样做和做什么才更有利于完善组织形象。特别是当社会舆论不利于组织时，公共关系人员更要建议决策者开展一系列公关活动以维护和树立组织的形象。

（二）关于公众心理分析预测的咨询

公众的行为是由公众的心理活动决定的。由于社会环境变化迅速，公众心理状态也随之经常处于发展变化之中。公众的心理变化对于组织的运行影响极大，如果在公众心理已发生大的变化时，组织仍照旧运行，那就会使组织与公众的关系受到影响，不利于组织目标的实现。为此，公关人员要经常调查、分析确定社会组织在特定情况下与其公众在相互作用中发生的心理现象、各种不同类型公众的心理特征、社会环境对公众心理的影响，并预测其发展变化趋向，进而及时向领导提供咨询，作为决策的依据。通常，这类咨询能富有成效地帮助组织调整和制定中期战略规划。

（三）关于本组织方针政策的咨询

组织制定的方针政策应当既能体现组织的利益又能符合公众的利益，并使二者实现和谐的统一。然而组织的决策部门和计划部门制定自己的方针、计划和决策时，往往考虑更多的是自己单方面的职能性工作，而忽视组织全面、整体的社会影响。若实施这样的方针、计划和决策，就可能损害公众利益，从而破坏组织形象。

因此，公关人员应站在一种相对独立的、客观的立场，分析和评价本组织的方针、政策将会给社会带来哪些积极效果，会使公众得到哪些利益，是否有带来危害和遭到公众反对的可能，而不是一味地考虑自身的利益。这种分析评议应依据公共关系部门所获得的多种资料，做到有理有据。并在此基础上提出切实可行的改进建议，使组织的方针政策和行为与公众的利益达成一致。

（四）对于危机性事件处理意见的咨询

现代组织处在一个活动透明度日益增大的时代，其种种行为往往会受到社会公众的监督。并且随着公众对组织社会责任的期望值以及对自己权利的关注程度越来越高，组织很容易与公众发生矛盾。当组织与公众发生冲突或环境发生意料之外的事件，使得公众舆论反应强烈，组织形象被严重损害时，公共关系便处于危机状态之中。为保证组织的顺利运营，分析情况、提出意见、摆脱危机，便成为公共关系部门的主要职责。面对各种危机事件，公关人员必须把握时机，迅速分析事件发生的原因，及时向领导层提出应急处理的措施及善后处理意见，并协同实施。

三、协调沟通

现代社会中，任何组织都是一个开放的系统，都面临着各类公众及复杂多变的内部、外部环境，在与公众的频繁接触过程中难免会产生一些误解、纠纷。组织应谨慎处理各种社会关系和利益关系，尽可能避免、减少、化解组织内部公众间的摩擦和外部公众间的冲突，实现内外环境的和谐，获得组织生存和发展的最佳环境，保证组织目标的实现。

公共关系作为组织与公众沟通的桥梁，发挥着协调沟通的重要职能，因而又被称为组织运行中的“润滑剂”、“缓冲器”。公共关系的协调沟通职能可从内部关系和外部关系两个方面着手。

（一）内部关系的协调沟通

协调关系首先要协调组织内部的关系，这是组织生存和发展的基础。组织内部形成团结一致的融洽关系，就能激发员工的士气和工作热情，进而增强组织的凝聚力。因此，良好的内部关系是公共关系工作的起点，组织内部关系的协调沟通，主要有以下两类。

1. 协调组织内部领导与员工之间的关系

组织内部领导和员工关系的好坏，直接关系到员工积极性、主动性、创造性的发挥和领导者职责的实现，也关系到一个组织能否产生凝聚力、向心力，能否实现自我发展的能力。一个内耗严重的组织不仅会破坏组织的氛围，影响员工的士气，更不可能充满活力、树立良好的形象。因此，公共关系必须发挥承上启下的作用。

一方面，公共关系人员要经常向领导者如实地反映员工的情绪、意见和要求，并提出如何根据下级员工的实际情况调动他们的积极性的建议。通过下情上传，使领导者充分了解和把握员工各方面的状况，作出切实可行的改进措施，以改进和促进组织的工作，保证领导与员工关系的和谐发展。

另一方面，公共关系人员还要积极做好上情下达的工作。要应用科学方法，经常向员工宣传本组织的方针、政策，传达领导层的经营战略，并尽可能充分地对组织的方针、政策、战略意图作出相应解释和说明，使员工了解、理解，消除可能产生的误会，自觉配合管理者搞好各方面的工作，促进组织的发展。

2. 协调组织内部各部门之间的关系

一个组织总是由各个不同的职能部门组成，如生产部门、销售部门、人事部门等。组织内部各种职能部门之间只有相互配合，相互协调，才能使组织管理的各项职能得以充分发挥，取得最佳的管理效果。但是由于各个部门的工作对象和特点有所不同，以及信息沟通不及时等缘故，往往出现这样或那样的矛盾，直接影响各个职能部门作用的发挥。

因此，组织的公共关系部门应通过沟通各部门之间的信息，加强平时的联系，促进各部门的密切合作，形成一种相互支持、相互信任、相互谅解的团结合作气氛，共同实现组织目标。

（二）外部关系的协调沟通

外部关系的协调沟通主要是协调组织与外部环境的公众关系。这是公共关系最经常的工作内容。任何一个组织在其发展过程中，都不可避免地会与各种类型的外部公众发生关系。如组织与消费者、供应商、政府部门、新闻界等。公共关系人员必须要通过各种交际手段和沟通方式的运用，协调与各种外部公众的关系，尽可能扩大组织的公共关系网络，广结善缘。

在一般情况下，公众关系的外部协调沟通工作要把与组织目标直接相关的公众作为协调的重点。外部关系的协调主要体现在以下几个方面。

1. 处理好各类直接的业务往来关系

诸如顾客与用户关系，原材料与能源供应关系，产品的销售网络关系，银行信贷及投资人关系，生产经营的协作者关系，教育、科技部门关系，等等，以保证组织日常的人、财、物与技术的经营运转。

2. 处理好组织与政府各职能部门的关系

如组织的上级主管部门、工商管理局、税务局、物价局、审计局、卫生局、环保局、公安局、司法部门、海关等。这些部门与单位分别掌管一定的对组织制约的权力，争取得到这些部门的支持、合作与谅解相当重要，不容忽视。

3. 主动建立和发展各种非业务性的社会关系

如新闻媒介关系、社区关系、社会团体关系、社会名流关系，等等。通过广交朋友、联络感情，主动化解矛盾、消除敌意，尽可能扩大组织的公共关系网络。为组织发展建立一个良好的外部环境。

小思考

美国俄亥俄州一个小镇上有一家陶器工厂，一夜之间被一场大火吞没。由于某种原因，该厂没有在保险公司投保。看来，这个小镇将失去这家工厂了。

然而，就在失火的第二天清晨，人们看到了不可思议的情景：工厂的员工、镇上的太太们、茶馆和酒店的老板、商人和小摊贩以及镇上其他人，其中还有一位牧师，都不约而同地聚集到废墟上，清理残垣断壁。尔后，在短短两个月的时间里，大家出钱出力，竟在废墟上重新建起一座崭新的工厂，并很快恢复了生产。

这家工厂之所以能劫后复生，就在于这家工厂自成立伊始，就奉行友善政策，运用各种公共关系手段发展与社区的睦邻关系，为社区居民做了大量的好事，成为周围居民生活中不可或缺的一个成员和益友。“投桃报李，以德报德”，所以工厂在最困难的时候，能得到小镇各界的鼎力相助。

请思考企业应如何处理好与社区的关系？

四、传播推广

在公众面前树立一个良好的组织形象是公共关系的核心工作，而这种形象的树立既需要组织提供良好的产品和服务，更离不开组织通过公共关系活动对舆论的制造、强化和引导。公共关系的传播推广职能，即是通过各种传播媒介，将组织的有关信息及时、准确、有效地传播出去，争取公众对组织的了解和理解，提高组织及其产品、人员的知名度和美誉度，为组织赢得良好的公众舆论，树立良好的社会形象。

围绕树立组织形象这个大目标，在组织的不同发展时期，其传播推广应当有不同的内容和重点。公共关系人员要善于把握时机，针对组织不同时期的特点做好公共关系传播推广活动，以增进效益。

（一）组织创建时期的传播

组织创建时期包括组织开业创业之际、改名合并之际、推出新产品新服务之际。这个时期公共关系传播推广的主要任务是宣传组织，争取公众对本组织形成良好的第一印象，使公众对本组织的产品和服务产生消费信心。同时使组织富有吸引力，能够招揽人才，稳定员工情绪，争取投资来源。在这一时期，传播工作应注意打造声势、树立招牌，在公众中建立起组织独特的风格和形象。

为此，组织要通过新颖独特的创意和轰动的宣传效应，制造舆论，告之公众，给公众留下深刻的第一印象。例如，美国肯德基有限公司在北京建店之初，就曾展开大规模的传播活动。公司首先举行中外记者招待会大力宣传，花十万美金租用通讯卫星向全世界传播。同时，在北京前门肯德基快餐店门口树立起肯德基快餐业创始人的塑像，轰轰烈烈的公共关系宣传使肯德基快餐业在中国先声夺人，迅速发展起来。

（二）组织顺利发展时期的传播

当组织有了良好的形象和发展势头时，公共关系传播的目的是致力于保持和维护组织已有的形象和声誉，巩固既有的成就，并再接再厉，强化舆论，扩大影响，进一步提高组织的知名度和美誉度。例如，广州中国大酒店在开业一周年之际，曾组织酒店全体员工照“全家福”。近3000名员工，在体育看台上组成一个“中”字，“中”既是酒店名称的第一个字，又象征全体员工的精诚团结。这一活动不仅营造了酒店良好和谐的氛围，而且通过传媒的广泛传播，引起很大反响，扩大了组织的知名度。

同时，组织在发展时期，还应居安思危，从实际出发，着眼未来，积极制定并采取预防措施，避免今后可能出现的形象危机。

（三）组织形象受到损害时期的传播

当组织形象蒙受损失时，公共关系传播的重点是澄清事实，消除公众误解和敌意。首先应分析产生损害的原因，其次是对症下药，有针对性地沟通，达到消除误解、恢复及保护组织或企业形象的目的。

组织形象蒙受损害通常有两方面原因，一是外部原因，如由于公众的误解或他人的陷害等。面对这种情况，公关人员应当针对公众的误解进行必要的解释，澄清事实，对于他人的陷害予以揭露，并迅速将本组织采取的预防措施告之公众，以防止公众继续受骗。

二是内部原因，如组织管理不善、自身失误，造成产品质量问题、环境污染问题、重大安全事故等问题，危及了公众利益。面对这种情况，公共关系人员应当实事求是、有错就改，坦诚地检讨本组织的过失，及时地采取补救措施，进行必要的组织整顿，并及时把有关改进措施和整顿情况向社会公众通报，以求谅解，重建组织声誉。

五、教育引导

公共关系工作是需要全员、全部门参与的活动，而不仅仅是公共关系部门及专业公共关系人员的任务。组织在社会公众中的良好形象和信誉，不是自发产生和自动形成的，而是公共关系人员、管理者和全体员工长期共同努力的结果。因此，公共关系人员需要教育和引导组织内部的每一个成员，提高公共关系意识，加强公共关系能力，接受组织的各项政策，自觉维护组织的声誉。同时，还需要说服、引导组织的各级管理者接受公众的意见，完善管理行为。

具体而言，公共关系教育引导职能主要包括以下几个方面的工作。

（一）教育引导员工具有良好的公共关系意识

公共关系人员应经常教育引导本组织的广大员工认识公共关系工作的重要性，培养公共关系意识，使组织的每位成员十分重视本组织的形象和声誉，自觉用公共关系的思想观念来指导自己日常的言论和行动。例如，长城饭店是北京第一家中外合资的五星级饭店。一次，一位客房服务员在打扫房间时，发现客人的床头上放着一本翻开的书。她没有挪动书的位置，也没有信手把书合上，而是细心地在书摊开的地方夹进一张精美的书签。事后客人对服务人员细致的服务倍加称赞，并将此事告诉了同来的几十位同事。这位普通的客房服务员就是用她良好的服务，在客人心目中树立了长城饭店的美好形象。

（二）教育引导员工掌握必要的公共关系技能

员工不仅应该具有公共关系意识，懂得在工作岗位上尽心尽力做好本职工作，为树立组织形象做贡献，更应该具备实现愿望的本领。特别是一些窗口行业和服务行业，每一位员工都必须接受严格的公共关系技能培训，以确保公共关系工作能够落到实处。为此，公共关系人员应当面向员工切实开展公共关系的业务教育和业务培训，进行各种公共关系技术、公共关系实务的训练，使员工掌握从事公共关系工作的各种实际本领和技能。

（三）教育引导员工形成向心力和凝聚力

内求团结是外求发展的前提和保证，组织要通过公共关系工作的教育引导，得到员工对组织的理解、支持和认可，创造出良好的内部人事气氛，使组织的各项政策得以贯彻、推行。公共关系人员通过建立和完善组织内部的各种传播沟通渠道和协调机制，促进组织内部信息交流，上情下达、下情上达，横向联络，分享信息。从而使管理阶层与员工之间、组织内部各个职能部门之间，在充分的信息交流与共享的基础上保持和谐的状态，促进思想上的认同和行为上的一致，提高组织的向心力、凝聚力，最终使组织的力量被统一牵引到管理目标上。

（四）教育引导组织的决策者及各职能部门接受公众的建议或要求

组织利益经常会与公众利益出现矛盾，特别是一些职能部门，更容易从局部利益的角度看问题，产生一些短期行为。公共关系部门则总是从组织的长远利益、整体利益角度看问题。如果发现组织的决策或部门行为损害公众利益并危及组织形象时，便通过决策咨询服务调整组织行为，使公众的建议、要求迅速反馈回组织决策系统中，使组织与公众的利益得到协调与平衡。

第二节　公共关系的原则

公共关系是一种新兴的事业，是一门年轻的学科，正处于发展、完善和逐渐成熟的阶段。因此，需要有相应的原则来指导理论研究、规范实践活动、制约公共关系从业人员的行为。这也是实现公共关系各种职能的重要前提。

实践证明，要想健康有效地开展公共关系活动，就必须严格遵循下列原则：真实性原则、公众利益优先原则、开拓创新原则、全员 PR（公共关系）原则、科学性和艺术性相结合的原则。这五条原则是公共关系工作最基本的原则。认识并遵循这些原则，对于做好公关工作具有重要的意义。

一、真实性原则

公共关系工作的真实性原则是指组织的公共关系活动必须建立在对事实客观把握的基础上，向社会公众如实地传递有关组织的信息，并根据事实的变化来不断调整组织公共关系活动的政策与行为。真实性原则是公共关系活动最核心的原则，也是艾维·李公共关系理论的精神所在。坚持真实性原则，既是组织确立自己良好形象的客观基础，也是维系组织社会关系的前提条件。

真实性原则要求组织的公共关系活动要做到以事实为基础，以信誉为目标，尊重客观现实。其具体要求如下。

（一）实事求是地搜集信息

事实在公共关系活动中具有极其重要的意义，通过实事求是地搜集信息来全面客观地掌握有关事实，对公共关系活动的开展起着决定性的作用，是开展公共关系工作的基础。公共关系部门作为组织的“耳目”和“喉舌”，是组织决策的信息源。公共关系人员能否出色地做好信息的获取、传输与反馈工作，直接关系公共关系工作能否成功，关系到组织决策与目标能否实现。因此，公共关系人员在采集信息的过程中，不能偏听偏信，必须客观、完整地把握事实，不能袒护和推诿。

（二）实事求是地传播信息

公共关系活动的一项主要工作就是传播信息，一方面将组织的信息向其公众传播，另一方面将公众的信息向组织传递，其目的是增进了解、相互适应。信息是决策的依据，是搞好组织管理的前提，如果信息传递失真，就会造成组织对形势作出错误判断，导致组织决策失误。因此，公共关系人员必须向组织输入真实、客观、全面的信息。同时，真实是取信于民的根本，一个组织要获得好的声誉，必须如实地输出信息，向公众报告组织本身的实际情况。总之，不论是对内传递还是向外传播信息，都必须坚持实事求是，绝不能有任何虚假。

一般情况下，传播信息并不难，而实事求是地传播信息却有一定的难度。因为每一信息的功能大致有三：一是对双方都有利，二是对双方都无利，三是对一方有利而对另一方则无利。在具体传播信息时，如果是第一种情况，即该信息对双方都有利，则实事求是地传播信息比较容易做到。但如果碰到第二、第三种情况，则要求组织必须用职业道德规范自己，本着对社会、公众以及自身负责的态度，实事求是地传播信息。即使某一信息的传播会对有关方面的利益暂时有所损害，那也必须实事求是地予以传播。

值得注意的是，在传播信息的过程中，要处理好遵循真实性原则与传播技巧的关系。强调实事求是地传播信息，并不是要求人们机械地传播信息，而是应在不违背事实的前提下，采用灵活的传播方式、方法。若运用得当，则可将不利于传播者的信息转化为有利于传播者的信息，并借传播这一信息的机会，成功地塑造自己在公众中的形象，获得公众的信赖。

小案例

日本美津浓体育用品有限公司生产的运动衣口袋里，无一例外的都有一张这样的说明书：“这件运动衣在日本是用最好的染料，用最优秀的技术染色，但是我们仍觉得遗憾的是，茶色的染料还没有达到不褪色的程度，还是会稍微褪色。”

美津浓无疑是自揭其短，但是面对这样真诚的语言，认真的态度，有哪一位公众能不原谅、不动心呢？以坦诚的态度对待公众，才能赢得公众的理解和支持。如今在日本，美津浓已成为体育用品的代名词。

二、公众利益优先原则

公众利益优先原则既是公共关系人员的一项职业道德准则，也是公共关系工作的一项基本原则。

公共关系不是以血缘、地缘为基础，而是以一定的利益关系为基础的。组织为了自身的利益，争取公众的谅解和支持，才和公众发生联系。反过来，公众之所以和组织发生联系、支持组织的政策和行动，也是为了取得一定的利益。因此，组织在制订计划与确定目标、谋求利益的活动中，必须将公众利益放在特别重要的位置上，并以公众利益为出发点。在实现组织利益的同时，增进社会整体效益，才有可能得到公众的支持，赢得竞争优势。

公众利益优先原则要求组织公共关系工作首先要从满足公众的利益出发，这是由组织利益与公众利益的根本一致性所决定的，也是由组织与环境的关系所决定的。

（一）组织利益与公众利益一致时

最初的公共关系活动，以实现组织的自我利益为最终目的。随着时代发展，在市场由“卖方”转向“买方”的情况下，市场比生产显得更为重要，市场竞争已由产品和价格竞争转向信誉和形象的竞争。组织必须以各种途径表明自己的努力与公众利益的一致性，自己服务于公众利益的忠诚心，自己的社会责任感，以争取社会公众的信任与支持。特别是在我国社会主义制度下，社会组织的根本利益是与公众利益相一致的，维护公众利益，就是维护组织利益。

（二）组织利益与公众利益相矛盾时

组织利益与公众利益在根本上是一致的，但在一些具体问题上，组织的某些利益与公众的某些利益也会发生矛盾和冲突。然而这些矛盾和冲突毕竟是暂时的、局部的、非本质的，而它们在根本利益上的一致才是本质的一面。因此，当组织利益与公众利益相矛盾时，需要组织具有长远观点、战略眼光，为了满足公众的利益而牺牲组织暂时的、局部的利益，这样才能得到公众的好评，进而使自身获得长期的、整体的利益。

当然，强调公众利益优先，并不意味着组织必须放弃自身利益来满足公众利益。实际上，组织与公众根本利益的一致性决定了双方不仅应该，而且也有充分的条件和基础获得共同利益。从这一点来说，组织暂时牺牲了某些利益，正是为了维护更多的利益和根本的利益。有些组织则认识不到这一点，往往为了眼前利益、局部利益而损害公众利益。

三、开拓创新原则

所谓开拓创新的原则是指在公共关系工作中不能教条地去按照固定的模式、现成的经验去处理公共关系事务，而是要随着社会的发展、环境的变化、公众心理的变化去不断地发展和创新，只有这样，公共关系才具有强大的生命力。

公共关系是适应竞争的需要，是市场经济发展到一定阶段的产物，其本质本来就是一种创造性的活动。吸引公众和满足公众的心理需求，是公共关系成功的必要条件。随着组织间形象竞争的日趋激烈，越来越多的组织已认识到公共关系的巨大作用。人们运用公共关系从事组织活动的自觉性日益增强，公共关系的一般活动方式逐渐普及，内容相似、程序相近的公共关系活动缺乏新意，难以吸引公众，无法提高本组织的知名度。这就要求组织在始终不渝地坚持公共关系宗旨的同时，必须解放思想，大胆探索，能够根据环境、公众心理等方面的变化，不断创新公共关系工作的内容、角度和方法，给公众以清新的感觉和奇特的吸引力，满足公众的心理需要。

小资料

报纸上曾报道过广东肇庆市“常青藤道歉公司”关于开拓创新求生存的事例。当在其他地方的道歉公司先后夭折，并有社会学家断言道歉公司将很快“寿终正寝”的情况下，“常青藤”却青春常驻屹立不倒。其中一个重要原因就是该公司不断开拓创新的经营项目，除了代人道歉这一特色服务外，还不断推出七大类的 20 多种情感服务。比如，聊天热线、代人道谢、道贺、求爱、模拟朋友、商务助理、心理咨询、老少特护、礼品传递等，深受市民欢迎，业务遍布全国。

四、全员 PR（公共关系）原则

所谓全员 PR（公共关系）原则，就是指组织内的全体成员，都要树立公共关系意识，都能按照公共关系的要求，把自己的日常工作与树立组织的良好形象联系起来。全员公共关系是组织开展公共关系工作取得成功的保证。

公共关系工作是全方位的，它不能脱离组织的其他工作单独存在，而是要渗透到组织的每一项活动中去。同各类公众直接接触的除了公共关系人员以外，更多的是组织其他机构的工作人员。他们处在与各层次、各种类型公众打交道的第一线上，更了解各类公众的特点，更熟悉与各类公众沟通的有效方式。这些员工个人的言谈举止，仪表仪容和工作态度都会给公众留下印象，进而直接影响到组织的整体形象。另外，每一个成员在自己特定社交圈内与亲戚、朋友、邻居的交往中、也会给潜在公众留下某种印象，进而间接地影响到组织形象。

如果每个员工都意识到自己肩负的重任，并在各自的工作岗位上，以公关意识为指导，时刻注意利用内外沟通，调整自己的行为，那么这个组织必将是团结向上、蓬勃发展的。相反，如果组织的其他成员不注重以自己的行动维护组织的形象，无论公关人员再努力，组织的公共关系状态也不会有多大改观。

因此，公共关系人员只有借助于组织其他人员的帮助，或者说只有组织的全体人员具有公共关系意识，才能更有效地开展公共关系工作，顺利协调好组织与各类公众及社会环境的关系。

例如，新加坡东方大酒店以其“顾客至上、以人为本”的组织形象，在业界享有盛誉。一次，4 位客人来到东方大酒店咖啡厅，商讨业务。因人多嘈杂，随口说了声“吵死了，听不清”。这话让一位服务员听到了，她马上为他们联系了免费客房供他们讨论问题，并且送去了咖啡和红茶。对此，4 位客人既惊讶又感动。两天后，4 位客人给酒店送来了感谢信：“感谢贵酒店前天提供的服务，我们受宠若惊，并体会到什么是世界上最好的服务。我们 4 人是贵酒店的常客，从此，我们除了永远成为您忠实的顾客外，我们所属的公司以及海外来宾，亦将永远为您广为宣传。”

可见，组织的良好形象是通过组织全体人员的集体努力来体现的，在很大程度上是组织中每个人各自形象的总和。如果每个成员都能注重自己的形象并增强公众对组织的好感，则组织的良好形象才能得以全面树立和长久维持。反之，在与公众交往的过程中，如果不检点自己的言行，不能自觉维护组织的形象，则可能使组织形象受到严重损害。

五、科学性和艺术性相结合的原则

在公共关系的发展史中，艾维·李开创了公共关系的艺术，而伯内斯把公共关系升华为科学，为公共关系学注入了新的内容，增加了新的血液。公共关系在几十年发展过程中表现出的一个鲜明特点就是科学性和艺术性日益增强。现代组织的公共关系再也不能凭经验来进行，而必须凭借于现代科学理论，并在实践过程中讲究艺术性。所以，必须贯彻科学性和艺术性相结合的原则。

公共关系是一项专业化程度很高的工作，以社会学、心理学、传播学、新闻学、组织管理学、舆论学、广告学等众多的学科为其理论基础。因此，现代组织的公共关系活动必须遵循科学性原则，在科学理论的指导下进行工作。例如：公共关系活动的主体是各类组织，社会学、组织行为学中关于社会组织的理论，必然成为公共关系活动极有价值的理论基础。公共关系活动的手段是传播，因此传播学、新闻学、广告学关于传播的过程、效果等理论必然对公关活动具有直接的指导作用。公共关系活动的核心是策划，因此思维科学、领导科学的理论和方法对公共关系具有一定的指导作用。公共关系活动的效果最终要落在每个现实的公众身上，因此必须借助心理学、社会心理学的概念、范畴和理论方法去把握人的心理和行为形成、转变的规律，预测人的行为倾向。

同时，公共关系又是一门艺术，是化解矛盾和树立形象的艺术，是联络感情的艺术。公共关系活动的过程是传播，传播需要很强的艺术性。比如，在传播过程中，语言的运用技巧会导致截然不同的两种结果，如何选择传播媒介将极大地影响传播效果；公共关系活动的每次策划都充满了想象力和创造性；制造新闻更是艺术水准十分高超的活动。可以说，科学性是开展公共关系工作的理论前提，而艺术性则是公共关系取得成功的重要条件。只有把科学性和艺术性紧密结合起来，才能使公共关系工作步入正确的轨道，取得有效的成果。

本章小结

本章主要介绍了公共关系的职能和原则。公共关系的职能是公共关系性质、目的和任务的外在表现，突出地体现为采集信息、提供咨询、协调沟通、传播推广、教育引导这五项职能。真实性原则、公众利益优先原则、开拓创新原则、全员 PR（公共关系）原则、科学性和艺术性相结合原则是公共关系工作最基本的原则。认识并遵循这些原则，对于做好公关工作具有重要的意义。

习 题

基础知识题

1. 在组织的经营管理过程中，公共关系发挥着哪些职能？
2. 公共关系工作应遵循的原则有哪些？
3. 公共关系采集信息的内容有哪些？
4. 怎样理解公众利益优先的原则？
5. 有人认为公共关系只是公共关系部门的事情，这种看法是否正确？为什么？

技能训练题

1. 某商场为了扩大影响、招揽顾客，购置了高档音响设备，天天播放最流行的音乐，吸引了很多行人聆听、观赏。但是嘈杂的音乐声弄得周边居民无法正常生活，投诉到工商、环保部门。你作为公共关系人员应如何解决这一难题？

典型案例

2000 年 8 月，江西第一家肯德基餐厅落户南昌，开张数周，一直非常火爆。不想一月未到，即有顾客因争座被殴打而向报社投诉肯德基，造成一场不小的风波。

事件经过大致如下：一位女顾客用所携带物品占座后去排队购买套餐，后因座位被一位男顾客占座而发生争执。这两位顾客因争座发生的口角，尽管已引起其他顾客的注意，但都未太在意。此时肯德基的员工并未及时平息两人的争端。接着两人由争执上升到大声争吵，店内所有顾客都开始关注事态：邻座顾客停止用餐，离座回避；带小孩的家长担心事态危险和小孩受到粗话影响，开始带领小孩离店。最后二人由争吵上升到斗殴，男顾客大打出手，殴伤女顾客后离店，别的顾客也纷纷离座外逃和远远地看热闹。

女顾客非常气愤，当即要求肯德基餐厅对此事负责，并加以赔偿。但餐厅经理表示"这是顾客之间的事情，肯德基不应该负责"，拒绝了女顾客的要求。女顾客气愤之下，马上打电话向《南昌晚报》和《江西都市报》两报投诉。两报立即派出记者到场采访。女顾客陈述了事件经过并坚持自己的要求，而餐厅经理在接受采访时对女顾客被殴表示同情和遗憾，但认为餐厅没有责任，不能作出道歉和赔偿。两报很快对此事做了专门报道，结果引起众多市民的议论和有关法律专家的关注。

事后，根据消费者权益保护法，肯德基被认为对此事负有部分责任，向女顾客公开道歉，并赔偿了部分医药费，两报对此也都作了后续报道，在社会上引起很大反响。

思考题

(1) 本案例中，肯德基餐厅员工和经理的行为违背了哪些公共关系原则？

(2) 肯德基餐厅应发挥哪些公关职能以挽回本次事件带来的负面影响？

第七章　公共关系工作程序

学习目标

知识目标：了解公共关系四步工作法，理解公共关系调查、策划、实施及评估的涵义和意义，理解公共关系调查、策划、实施的原则及调查的过程、策划的步骤、评估的程序和实施的影响因素，掌握调查的内容及评估的内容和方法。

能力目标：具有评估公共关系计划及实施的能力。

技能目标：能够撰写出完善的公共关系计划。

重点：公共关系四步工作法。

难点：公共关系策划与公共关系实施。

在足坛，我们都知道欧洲劲旅“皇家马德里俱乐部”应该是20世纪无可争议的世界最著名、最成功的俱乐部。它因拥有当今世界上最著名的6位国际足球巨星而成为世界各国足球球迷追捧的对象。2003年，作为国内卷烟第一品牌的“红塔山”在面临理念创新关键阶段的时候，通过对实际状况的调查，巧妙地借用了这支欧洲足坛劲旅，成功地演绎了“足球＋卷烟”的神奇的宣传功效。

当皇马即将入住昆明红塔基地的消息传来，红塔的名字就开始因为皇马的到来而显得格外突出，媒体的热炒也使本来就享有极高知名度的红塔再度成为大众的关注点。红塔集团及时地抓住了这个千载难逢的机会，独家获得了这次活动的总冠名权，把这次活动一锤定音为“2003红塔皇马中国行”。

红塔集团正是在充分的信息调查的基础之上，选择了这必然与偶然成就的比赛，一步一步地进而完成了其自身的理念创新。

公共关系活动的程序就是按照一定的顺序和次序安排而进行的公共关系活动步骤。公共关系的工作程序通常分为调查、策划、实施、评估四个步骤。其中，公共关系调查是对组织的形象做分析，因此又叫做调查分析；而公共关系策划则是根据调查的结果对组织的形象进行整体设计，因此又叫做制订计划。这四个步骤就是被国内外公共关系专家普遍认可的公共关系“四步工作法”。公共关系调查是公共关系四步工作法的第一步，也是组织卓有成效的公共关系活动的前提和基础。

第一节　公共关系调查

作为一种目的性非常明确又受着“信息—传播”指导的公共关系活动，调查是必不可少的一环，而就其实质而言，调查又是一种获取信息的工作，同时，调查也是公共关系从业人员需要掌握和应用的公共关系的基本方法和专业技能。任何有目的的公共关系活动都必须在掌握信息的基础上才能进行。

一、公共关系调查的概念及意义

（一）公共关系调查的概念

公共关系调查，是指公共关系工作人员运用一定的理论、方法和技巧，以组织的内外部公众为对象，有计划、有步骤地去考察组织的公共关系状态，收集必要的资料进行综合分析，达到以掌握组织的情况、解决组织面临的公共关系方面的实际问题为目的的实践活动。它是公共关系工作程序的第一步，也是开展其他公关活动的必须前提。无论是组织形象管理、关系协调，还是危机处理或具体的公关策划与运作都离不开事先的调查研究。

（二）公共关系调查的意义

1. 公共关系调查有助于组织塑造良好的组织形象

公共关系是一种以传播为手段，为实现组织的特定的目标而进行的有计划、有组织的社会性实践活动。这一实践活动需要公共关系工作人员深入社会、深入实际和深入公众，工作人员在搜集信息的过程中也同时传播着组织注重自身形象的信息，将组织的良好形象传播给公众。因此，从这个意义上来说，公共关系调查也会起到塑造组织良好形象的作用。

2. 公共关系调查有助于组织及时获取公众关于组织的各种信息

不进行公共关系调查，公共关系工作人员就丧失了信息的来源和客观依据，只能使组织处于一种封闭的、盲目的发展状态之下。只有进行调查，才能够把握公众对组织的各种意见和建议，才能够有利于组织塑造良好的组织形象，有利于组织适时地作出相应决策。

3. 公共关系调查有助于组织能够比较准确地进行形象定位

通过进行公共关系调查，可以比较准确地了解组织在公众心目当中的形象地位，进而测量出组织的自我期望形象同其在公众心目中的实际形象的差距，然后组织就可以针对这个形象差距而筹划出有效的公共关系活动方案，提升组织在公众心目当中的实际形象，最后，提高组织在社会中的知名度和美誉度。

4. 公共关系调查有助于为组织的决策提供一定的科学依据

只有通过调查，才能使组织真正地了解公众的具体要求和愿望；只有了解公众的要求和愿望，组织才能做出符合公众要求和愿望的决策；只有做出符合公众要求和愿望的组织决策并认真实施，才能使组织在公众心目中树立起良好的组织形象。因此，只有向社会进行调查，才能保证组织的决策正确无误，同时也可以有效地预测和检验组织决策的正确性。

二、公共关系调查的原则

（一）客观性原则

坚持调查的客观性是公共关系工作人员在调查过程中所应遵循的最重要的原则。要求公共关系调查人员在调查过程中从客观实际出发，要注意区分公众的客观态度和主观臆想。只有把握了调查对象的客观态度，才能对公众的有关评价得出科学、准确的结论。另外，公共关系调查人员自己的调查过程中也要切忌主观臆断，也不可随心所欲地给客观事实加入主观猜测的成分，而要从客观事实出发，不回避，更不掩盖事实。也只有这样，才能充分保证调查结果的真实性和可靠性。

（二）全面性原则

我们都知道，客观性本身就要求全面性，对调查来说也不例外。所谓全面性就是要求调查人员在搜集对组织形象的评价时，必须要注意搜集各方面公众的意见。首先，调查对象必须有代表性，能够代表大部分公众，所以，调查人员必须用严密的科学方法收集所有有代表性的调查对象的客观态度。其次，调查所得的资料必须全面，既要有调查对象的正面意见，也要有反面意见，既要注意到这一方面公众的意见，也要注意另一方面公众的意见，不能以偏概全，一叶障目，这对组织来说是非常有害的。

（三）规范性原则

我们所说的规范性指的是要符合社会道德礼仪规范，也就是在调查的过程中既不可以对调查对象采取欺骗的手段获得调查结果，也不可以采取诱导的手段获得调查结果，更不可以在进行资料分析的时候片面地引用调查数据。同时，调查人员本身的行为也要符合社会道德规范，否则，其行为是难以取得调查对象的信任和重视的。也只有取得了调查对象的信任和重视，才能够保证调查结果的客观性和全面性。

（四）计划性原则

公共关系调查作为组织传播管理中的重要一环，是不可能期望一次调查就可以得到所有的信息，其调查的结果也不可能用作永久的策划依据。所谓“事变时便”，调查也要随着组织整体计划的改变而改变，要按照计划经常进行，使之制度化、经常化。唯有如此才能使组织及时获得有价值的重要信息，提高调查工作的质量。

此外，对于一项具体的调查工作来说，事前也必须要制定一个完整而严密的调查计划，对其需要完成的任务以及参与完成任务的人力、物力、财力等作出合理的安排；对于调查中可能遇到的各种问题以及其解决对策等也都要做好预测及计划。这样，调查工作的顺利进行才可能有所保障，调查工作的效率也才可能有所提高。

三、公共关系调查的内容

（一）组织自身情况调查

所谓“知己知彼，百战不殆”，“知己”乃第一要事。作为社会组织，它不但是公共关系工作的主体，同时也是公共关系调查的主体。社会组织要取得公共关系工作的成功，对自身情况的调查就显得尤为重要。

1. 组织形象调查

（1）组织自我期望形象调查。

组织自我期望形象是组织形象的理想状态而非真实状态。组织的公共关系活动的主要目的之一就是将组织的理想形象外化为实际形象。组织的自我期望形象调查主要包括以下几个方面。

第一，组织决策层对组织自我形象的期望。支持组织总体目标的实现是公共关系活动的根本目标。作为组织的决策者和领导者，他们对自己组织形象的期望水平如何，决定着组织目标和组织信念的形成，决定着组织形象的选择和建立。因此，详尽地研究领导者所拟定的各项目标和政策，领会领导者的决心和意图，研究他们的言行和经营管理手段，测定他们对组织形象的期望水平和具体要求是公共关系工作者首先要做的工作，并且以此作为设计组织形象的重要依据。

第二，组织员工对组织自我形象的期望。一个组织的自我期望形象必须要得到广大员工的认同和支持，才可能有效地转化为该组织的实际行动。也就是说，一个组织的自我期望形象只有得到广大员工的认同和支持，组织才有可能顺利地生存和发展，广大员工也才可能有工作的动力，而组织的自我期望形象也才可能成为鼓舞和号召广大员工奋斗拼搏的旗帜，否则，会影响到组织形象的正确定位和公关目标的顺利实现。因而，对组织员工的组织自我期望形象的调查也是不可忽视的一个方面。

第三，组织内部自我期望形象的差距。是指组织决策者和组织员工的自我期望形象的距离，目的是要确定一个比较符合实际情况的组织自我期望形象，即组织决策者和组织员工的自我期望形象基本吻合。事实上，组织决策层和组织员工对组织自我期望形象的期望值或多或少都存在着差距，完全吻合的情况几乎是不存在的。因此，公共关系工作人员要进行深入细致的调查研究，发现差距，协调关系，帮助并说服决策者选择比较符合实际情况的组织的自我期望形象。这样的组织形象才会更接近于实际，才会更容易实现。

（2）组织形象差距分析。

把组织的自我期望形象和组织在公众心目中的实际形象进行比较，找出两者之间的距离，这一距离就是我们说的组织形象差距，而组织的下一步公共关系工作就是要弥补或缩小这种差距。

这一差距我们可以运用形象要素差距图（图 7－1）来显示。以上述组织为例，图中实线部分是该组织的实际形象，虚线部分是该组织的自我期望形象，两条曲线之间的差距就是该组织目前所存在的形象差距。

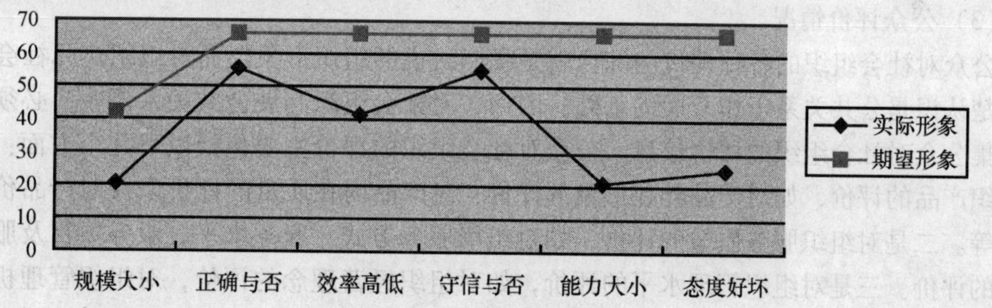

图 7－1　形象要素差距图

从图 7－1 可以看到，除了经营方针和守信度两项的形象要素实际评价与自我期望值接近以外，其他各项都存在着一定的差距，这个差距就是我们说的组织形象差距。缩小和弥补这些差距就是今后该组织公共关系工作的工作目标。

2. 组织基本情况调查

组织基本情况的调查主要包括以下几个方面：一是组织的总体情况，如组织的管理体制、机构设置、主管部门，组织的任务、性质、类型、规模，等等；二是组织的经营状况，如组织的经营目标、经营方针、服务态度、市场占有率、经营产品的种类，等等；三是组织所获得的荣誉情况，如组织的发展历史、组织发展过程中所发生的重大事件及其影响、组织获得的各种奖励与殊荣以及组织对社会的贡献度，等等；四是组织的文化情况，如组织的文化传统、组织的识别标志、组织的名称等的文化内涵以及组织的道德规范、信条、信念、精神，等等；五是组织的实力情况，如组织的物质基础（包括组织拥有的空间、设备、设施及各种附属设施等）、组织的财务实力（包括组织的固定资产、流动资产、人均利润等）、组织的技术实力（包括组织拥有的人才数量、科研器材、技术的领先程度等）及组织成员的待遇情况，等等。

3. 组织公众状况调查

公众是开展公共关系工作的对象，也是公共关系工作的客体。所谓“知己知彼，百战不殆”，要想获得公共关系工作的成功，“知己”之外，“知彼”也是必不可少的。“知彼”就是要了解、调查、掌握公众的详细情况。主要内容包括以下各方面。

（1）公众构成情况。

开展公众构成情况调查有利于确定公共关系工作的基本范围和重点对象，避免盲目开展公共关系工作。主要包括：一是内部公众构成情况，如组织成员的数量、性别、年龄、角色、能力、知识、专业、职称、职务构成及需求层次、劳动态度、思想素质构成，等等。二是外部公众构成情况，如数量、观念、需求、特征构成及对组织的重要性构成，等等。

（2）公众需求情况。

社会组织是为人的需要而存在，为人的需要而发展的。因此，社会组织必须要掌握好其公众的需求情况，才能满足其公众的需求。公众需求情况主要包括两个方面：一是公众的物质需求情况，如公众对改善物质生活环境的需求，公众对获得优质物质产品的需求，公众对产品服务质量的需求等。二是公众的精神需求情况，如公众对组织接纳的需求，公众对合法权益的需求，公众对获得重要信息的需求，公众对获得组织重视的需求等。

（3）公众评价情况。

公众对社会组织的各种评价的综合就是我们所说的组织形象。而对组织实际社会形象的清楚认识是公共关系工作开展的基础。因而，对社会组织开展公共关系调查，必须要着重收集公众对社会组织的评价信息。公众对社会组织的评价主要包括以下几个方面：一是对组织产品的评价，如对产品外在形象的评价，对产品内在质量的评价以及对产品价格的评价等。二是对组织服务质量的评价，如对组织服务方式、服务水平、服务项目及服务措施等的评价。三是对组织管理水平的评价，如对组织经营理念的评价，对组织管理机构的评价，对组织办事效率的评价及对组织管理创新水平的评价等。四是对组织外向活动的评价，如对组织社会公益活动的评价，对组织外向宣传活动的评价等。五是对组织人员素质的评价，如对组织领导人、中层管理人员、员工及特殊人物的评价等。

4. 组织社会环境调查

与社会组织生存和发展相关联的外部社会条件的总和我们称为组织的社会环境。社会环境对组织的经营和发展起着一定的制约作用，同时也对社会组织的公共关系工作产生一定的影响。因此，为做好公共关系工作，必须要对社会组织的社会环境状况进行调查。

社会组织的社会环境调查主要包括以下几个方面。

（1）基本社会环境。

基本社会环境状况调查主要包括：第一，人口环境状况，如现有人口的年龄及性别比例，增长速度情况，婚姻、教育、流动及就业状况，国家的人口控制政策等。第二，政治环境状况，如社会的政治气候，社会中的政党系统和政治组织性质，国家的方针政策等及其对本组织的生存及发展前途的影响等。第三，经济环境状况，如国家的产业、分配、消费、技术结构等及其调整变化情况，国家的金融、财政等方面的政策等。第四，文化环境状况，如民族特征、文化传统、宗教信仰、风俗习惯、伦理道德、生活方式、价值观念、社会心理及精神文明建设等。

(2) 具体市场环境。

具体市场环境状况调查主要包括两个方面：第一，市场需求状况调查，如社会的购买力、消费者的消费结构及消费水平、现有的及潜在的消费者情况以及国家是否有相关消费的鼓励政策情况等。第二，消费者状况调查，如消费者的数量、构成情况、购买动机、消费欲望、喜好及喜好原因等。

(3) 所属行业环境。

所属行业环境状况调查主要包括：第一，所属行业基本情况调查，如所属行业各种组织的数量、整体发展水平、在国民经济中的地位及作用等。第二，所属行业横向协作情况调查，如所属行业各种组织之间的协作项目、类型、意向及可能取得的效果等。第三，所属行业竞争对手情况调查，如竞争对手的历史、优劣势、发展情况、产品情况、关键人物和技术及其合作伙伴等。

四、公共关系调查的过程和方法

(一) 公共关系调查过程

公共关系调查的全过程是由四个相关的基本步骤组成的（图 7－2）。

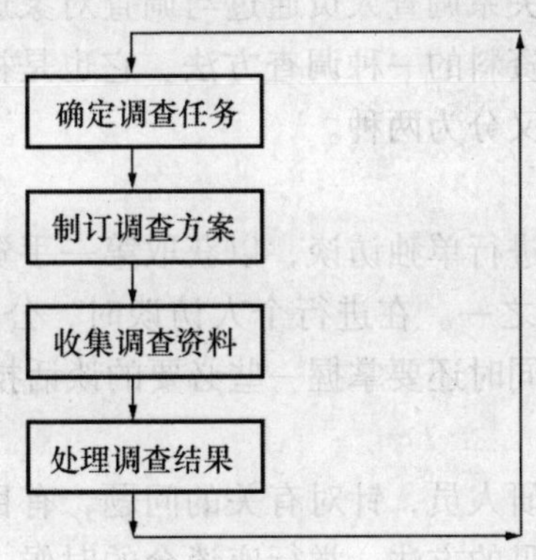

图 7－2　公共关系调查过程示意图

1. 确定调查任务

这是公共关系调查的第一步。公共关系调查的任务是由公共关系的调查内容来决定的。不同的调查内容所确定的调查任务也是不同的，同时，在调查过程中所使用的调查方法、技术手段及测量指标也是不相同的。

2. 制订调查方案

明确了调查任务以后，就要开始调查方案的制订工作。制订调查方案，首先要根据调查任务的需要来制定调查提纲，可以说，调查提纲是调查任务的具体化、指标化。其次，要确定具体的调查范围以及调查对象的选取办法。最后，还要确定具体的调查方法，并说明用哪种或哪几种方法进行调查。

3. 收集调查资料

收集调查资料的过程就是调查方案的实施过程。但是在收集资料的过程中要注意技术手段的合理、恰当运用。技术手段运用的是否合理，直接影响着所要收集资料的数量和质量。

4. 处理调查结果

这是公共关系调查的最后一步，它包括两方面内容。

(1) 整理调查资料。

就是对调查中所取得的全部资料进行分类、统计、检验等，通过检验，排除虚假的资料，补充缺失的资料。

(2) 形成调查结果。

就是通过调查分析之后，应当对组织的知名度、美誉度有一个比较清楚、明确的认识。对组织的形象差距及目前急需解决的公共关系问题形成基本的看法，并且将上述内容及成果以书面形式比较系统地反映出来，形成一份完整的调查报告。调查报告形成以后，也要对调查结果和整个调查过程进行一次总体评价，就调查的科学性和准确性给予必要的说明。

（二）公共关系调查方法

1. 访谈调查法

又称作访谈法，是指公共关系调查人员通过与调查对象进行交谈，收集有关调查对象对组织的态度、评价等的口头资料的一种调查方法。它也是社会调查中最古老、最常用的调查方法之一。访谈法按人数又分为两种。

(1) 个人访谈法。

是指调查人员与调查对象进行单独访谈，以获取第一手资料的调查方法。它是获取有关公众意见的十分有效的方法之一。在进行个人访谈时，公共关系工作人员态度要诚恳、亲切，要有礼貌、热忱大方，同时还要掌握一些必要的谈话技巧等。

(2) 集体访谈法。

是指由公共关系人员或调研人员，针对有关的问题，有目的地选择一些有代表性的公众举行座谈会，以了解有关意见的方法。举行座谈会的时候，访谈人员要向与会的公众说明座谈会的目的和要求，消除他们的疑虑。并且，访谈人员要以谦虚、诚恳的态度，运用掌握会场的一些技巧，创造出一种自由、活泼、热烈的气氛，使参与人员能够无拘无束地、尽情地畅谈。同时，代表的选择也要有典型性，符合主题的要求，必要时要进行录音、录像，以便事后进行分析研究。

2. 问卷调查法

问卷调查法也叫做民意测验法。就是用书面问答的方式直接了解公众的要求，及其对组织及其产品、服务的意见、看法等信息，从而收集到可靠资料的一种方法。这种方法是目前国内外社会调查中较为广泛使用的一种方法，也是确切掌握组织的知名度、美誉度及形象差距的主要方法之一。问卷法大多采用邮寄、个别分送或集体分发等多种方式发送问卷。

（1）问卷的分类。

问卷的类型主要有两种，即开放式问卷和封闭式问卷。

所谓开放式问卷，是指问卷中的问题的答案没有明确的限制范围，完全由被调查者按照自己的理解和自己的意愿来自由作答。例如，“您认为××彩电同其他名牌彩电相比尚有哪些不足之处?”它给回答者以较多的创造性或自我表达的机会，适用于有一定深度的探索性问题的研究。但是，它可能导致收集到无价值和不相干的材料。因为不同的人或同一人在不同时间可能会有不同的回答，也可能回答者的意见和看法与主题无关，而且回答的内容非标准化，难于进行统计分析。同时，这种问卷的回收率一般较低。

所谓封闭式问卷，也称作旋转式问卷，是指把问题及其若干个答案全部列出，调查者只需要根据自己的情况从中选择自己认为恰当的答案。例如，“您认为××彩电的质量如何？A. 很好　B. 较好　C. 中等　D. 较差　E. 很差”它使回答者的回答简单化，调查所得的材料的可信度也比较高。但是它对问题的答案进行了限定，没有给回答者留下发挥空间，不利于研究者发现新的问题。因为它提供的答案虽属范围之内，但也许不是最佳答案，调查问题的深度往往不足。但这种形式的问卷回收率比较高。

总之，开放式问卷和封闭式问卷各有长短，调查者要根据具体情况选用，必要时也可以运用两者相结合的混合式问卷进行调查。而实际工作中经常运用这种混合式问卷进行调查。

（2）问卷的内容。

第一，题目。题目是问卷调查的主题，其设计虽说不复杂，但是十分重要。在题目的设计中，单纯考虑其反映的目的和内容的确切性是不够的，还必须考虑对调查者感情方面的影响。因此在题目设计时要注意：题目本身要与调查目的相符合及题目不要给被调查者以不良的心理刺激。

第二，说明信或指导语。说明信或指导语是对调查目的、调查单位以及问卷填写方式的说明，是问卷中的第二部分，也是对被调查者回答问题的态度影响比较大的一部分。说明信的质量直接关系到问卷调查的可信度与有效度，因为被调查者是通过说明信来了解调查者的目的、意义等情况。

说明信语气要诚挚、热情、恳切，用语简练，表达明确。一般由这样几部分组成：称谓，调查的出发点和目的，调查与被调查者自身利益的关系（强调被调查者对这次调查的重要性），回答问题的原则、具体要求及双方的责任，对有关问题的解释，等等。最后注明联系人、联系地址、联系电话等。

第三，问卷的具体内容。问卷的具体内容是把研究所要收集的资料以问题的形式列出，是问卷的主体部分，主要包括各种各样的问题及其选择答案等。而调查能否达到预期目的，这一部分也是关键。同时，这一部分在设计时要注意：一张问卷上的问题不宜过多（一般30分钟左右答完）；问题的措辞应简洁准确、通俗易懂，不使用专业性语言，不带有倾向性、引导性和强迫性；问题的深浅程度适宜，避免被调查者出现理解困难；问题的顺序应由浅入深、循序渐进，且符合逻辑思维程序及调查对象的心理；开放性问题应放置在最后。

第四，问卷的编号。问卷的编号包括对所问问题的次序的编号和便于计算机等进行数据处理所设计的编号。根据实际情况设计编号，有利于问卷回收后的统计和分析。

（3）问卷的实施步骤。

问卷调查的实施过程主要包括两个步骤。

第一，问卷的发放。问卷的发放形式一般有两种，采用哪种形式要根据具体情况而定，较远者可以邮寄或发电子信件，较近者则可以当面分发。发放的对象应是已经选定的调查对象。

第二，问卷的回收与整理、分析。问卷法较之访谈法的问卷回收率要受到一定限制，其回收率达到65%就已经是理想数字了。因此，在发放问卷的时候，甚至在设计问卷的时候就应该考虑问卷的回收率问题。因为如果回收率过低，就失去了样本的代表性，直接影响到调查的效果。

问卷回收之后，应立即组织人力、物力对其进行统计整理与分析，不合标准的要挑出来，不要进行统计处理，对合乎标准的问卷，要用社会统计技术进行统计分析，以便得出对组织有价值的信息资料和有关初步结论。并在此基础上进行调查报告的撰写，从而完成问卷法的整个实施过程。

3. 抽样调查法

抽样调查法是从被调查对象的总体当中选取出部分进行调查，从而说明被调查总体情况的一种调查方法。为取得整个范围的公众对组织的意见和建议，我们就把每一个公众都找来，或座谈，或发给问卷，这是不可能的，因此引入了抽样调查法。但是抽样的时候要遵守随机性原则，也就是在抽取调查对象的时候，必须要保证总体中的每一个被抽选的对象抽中的机会均等。同时，这也是进行统计推论的前提条件。

抽样调查法种类很多，常用的主要有：简单随机抽样法、等距离抽样法、分层抽样法、整群抽样法等。

（1）简单随机抽样法。

这是一种最基本的随机抽样方法，也叫做“纯随机抽样”。就是从总体调查单位中不加任何条件，完全随机地抽取调查单位。一般采用抽签的办法，将总体中的每个单位按调查的标志分别填写一张卡片，然后从中随意抽选出必需的调查单位数目。

（2）等距离抽样法。

等距离抽样法也叫做“机械抽样法”。指把总体的所有单位按照某种规律顺序来抽取样本的方法。抽样距离 K 是以总体数 N 除以样本单位数 n。这种方法使用准确的前提是要保证总体数的排列必须处于无序状态。

（3）分层抽样法。

分层抽样法就是在调查中将总体调查单位在不同层次上进行分类，然后在各个层次上依序抽样，而不是从总体中直接抽样。分层抽样不仅能提高样本的代表性，还能给调查结果带来不致偏误的限制。分层抽样法也并不局限于对一个变数进行分层，还可以对两个或更多的变数进行分层。

（4）整群抽样法。

整群抽样法也称为“成组抽样法”。就是在总体中抽取调查单位时，不是一个一个地抽选，而是成群成组地抽选，然后对被抽选的各个群或组中的全部单位进行调查。在某些情况下，由于不适宜单个地抽取调查单位而不得不采用整群抽样法。整群抽样法虽然相比于其他方法比较简便，但其准确性往往要差一些，因为这种方法的调查单位只能集中在若干群或组中而不能均匀分布在总体中。

4. 案头资料分析法

所谓案头资料分析法，就是利用已经收集好的现成的各种统计资料、档案资料、样本资料和数据表等资料进行研究分析的一种方法。一般这种资料是在以往的调查过程中收集而来的相关资料，现在利用这些现有资料进行比较和综合分析，得出相应结论，然后依据结论作出相应的公共关系工作安排。

第二节　公共关系策划

公共关系策划是公共关系四步工作法的第二步。科学的策划思想和巧妙的策划艺术是公共关系工作成功的保证。学习和研究公共关系策划，是在日趋激烈的市场竞争条件下，组织生存和发展的客观要求。

一、公共关系策划的涵义及作用

要了解公共关系策划的涵义，得首先了解什么是策划。

（一）策划的涵义

“策划”，从词义上来讲，有“计谋”、“谋划”、“计划”、“筹划”、“打算”等含义。

应该说，策划活动源远流长，它蕴藏着丰富的知识，高超的智慧，深邃的谋略以及决策思想。

原始社会是策划思想的萌发时期，如考虑如何达到狩猎的良好效果——挖个陷阱、设个埋伏等。到了春秋战国时期，策划思想有了发展，如《论语》中的“好谋而成者也”的“谋”字，《吕氏春秋》中“引胜之一策也”的“策”字，而《战国策》则是战国时期的那些策士、谋士游说策划言论的汇编。而三国时期的赤壁之战则可以说是运用策划与谋略的典型案例。同时，诸葛亮也显示了他的足智多谋的策划才能。

策划的涵义随着社会的进步和发展也变得越来越深刻。《企业管理百科全书》（哈佛管理丛书）认为：策划“在本质上是一种运用脑力的理性行为，策划是找出事物的因果关系，衡量未来可采取之途径，以为目前决策之依据，亦即预先决策做什么、何时做、如何做、谁来做”。《中国公共关系大辞典》（张龙祥主编）中则认为：策划“是指人们为达成某种特定的目标，借助一定的科学方法和艺术手段，为完成其决策、计划而构想、设计、制作方案的过程”。应该说，策划是决策前的准备工作，是为决策提供依据，是为行动谋划方案的。

（二）公共关系策划的含义

公共关系策划是策划的一种，是策划理论在公共关系活动中的具体应用。所谓公共关系策划，就是公共关系工作人员为了实现组织形象战略目标，在充分进行调查研究的基础之上，在公共关系理论的科学指导之下，对公共关系战略及公共关系活动等计划和设计最佳行动方案的过程。

（三）公共关系策划的作用

1. 公共关系策划是市场经济发展的客观要求

随着市场经济的发展，尤其是社会大生产的到来，市场上产品的供给打破了原本的供不应求的状态，出现了供大于求的状态，由原本的卖方市场转化为了买方市场。这个时候，企业就不能再像以前那样漠视甚至无视消费者的利益、需要和感情，而必须建立并保持与消费者的良好关系，以利于本企业在激烈的市场竞争中求得生存和发展。尤其是在当今社会的信息化时代，企业之间的竞争更是由产品的质量、技术、价格等方面的竞争转向以服务、信誉为基础的形象竞争。信誉和形象已经成为企业的无形资产。而形象竞争的核心就是公共关系策划。

2. 公共关系策划是塑造组织形象的关键

我们知道，公共关系策划是在公共关系调查研究的基础之上，以组织的总目标为方向，根据公众的需求去设计、筹划方案，并运用科学的理论和方法进行决策的过程。这一过程的最终目标就是塑造良好的组织形象。经过巧妙策划的公共关系活动，可以使组织在塑造组织形象的过程中收到事半功倍的效果，同时，也可以增强组织形象管理的有效性、计划性和目的性。应该说公共关系策划对塑造组织形象起着关键性的作用。

3. 公共关系策划是公共关系活动成功的保证

公共关系活动尽管形式多样，种类繁多，层次复杂，但是，任何一项公共关系活动都离不开公共关系策划者的设计、创意，也离不开其精心的组织与实施。没有经过公共关系策划的公共关系活动是不可想象的，其结果也必然导致简单化、形式化和平庸化。可见，公共关系策划是公共关系活动科学化、健康化的重要保证。

二、公共关系策划的特征

（一）目标性

目标指的是公共关系策划所指向的对象和要解决的问题。每一次策划活动都是为了达到某一个或某几个比较明确的目标。也就是在进行公共关系策划的时候要考虑在公共关系工作中应重点解决什么问题以及解决问题的先后次序，为的是满足组织要树立的组织形象的需要。目标是策划的前提，是策划全过程的首要环节，没有目标也就没有了公共关系策划。在确定目标的时候，应尽可能地把主观愿望和客观因素有机地结合起来，以确定一个符合组织形象树立及组织发展状况的明确而具体的公共关系策划目标。反之，则会影响公共关系策划的针对性，甚至会失去公共关系策划的积极意义，更有甚者会南辕北辙。

（二）创造性

创造性是公共关系策划的生命力来源。公共关系工作人员必须遵循公共关系及公共关系策划的相关理论和基本原则，打破传统思想观念的束缚，追求标新立异、别具一格，开拓一种全新的境界，使公共关系活动不断发出与众不同的耀眼光芒，给公众留下难忘的、深刻的、美好的印象。创造性始终贯穿于公共关系策划行为过程的始终，特别是在平衡公共关系主题目标与标的对象之间的关系中始终发挥着关键性的作用。

(三) 灵活性

由于公共关系活动是一项复杂的综合性活动，它的成功与否通常要受诸多的外界条件的影响。因此，公共关系策划方案应具有一定的灵活性，以便随着环境的变化适时地进行调整，目的是使公共关系活动能够顺利、圆满地完成。这就要求策划方案不能繁琐冗杂，执行时切忌生搬硬套。否则，一旦情况有变，执行者就会感到措手不及或无所适从。具备灵活性的策划方案是公共关系活动成功的保证，不具备灵活性的策划方案则往往是导致公共关系活动失败的陷阱。

(四) 超前性

我们知道，公共关系策划要考虑的问题是很多的，同时，其环境也是瞬息万变的，所以，公共关系策划在制定的时候就必须超前。把握未来的公共关系活动过程是公共关系策划的重要特征之一。但是，所谓的超前性是对现实的一定限度的延伸，并不是脱离现实的，凭空想象的，需要立足现实，面向未来。

(五) 时机性

在瞬息万变的社会环境中，时间和速度也是影响策划实施效果的一个重要因素。正所谓“机不可失，时不再来”，策划也要讲究一个时机问题，必须快速抓准。只有时机成熟，策划才能够实现预期的目标，而“过犹不及”，不论是早还是晚，都不能够完整地实现策划的预期目标。

三、公共关系策划的原则

(一) 尊重客观事实的原则

尊重客观事实是公共关系策划的重要原则。所谓尊重客观事实，就是要以客观事实为依据，做到客观、真实、全面和公正。在现实中不存在的事物，不能作为公共关系策划的内容和依据。策划者要使自己的主观意志自觉地、能动地符合客观实际的情况，要按照客观规律进行策划，要还事物的本来面貌，不以猜测和想象来代替，不夸大也不缩小事实，不袒护也不推诿。要顺应历史潮流，合乎民意，把握社会心理的倾向性，不能逆其而策。要“说真话，讲实情”。

小资料

公共关系之父艾维·李倡导“说真话，讲实情”、“公众必须被告知”的原则，这也是公共关系活动的一条基本原则。公众作为公关活动的诉求对象，有权利知晓与其正当利益相关的组织信息。任何社会组织都不能隐瞒事实真相，更不能弄虚作假，欺骗公众。1986年，苏联切尔诺贝利核电站发生核泄漏，新闻媒介在事故发生3天后才对外发表正式消息，此前各方猜测不断，人心惶惶，西方国家也对之纷纷责难，影响极坏。苏联政府不仅因为核泄漏蒙受了重大损失，其国际形象也受到了严重损伤。1988年澳大利亚墨尔本第11届公关世界联盟大会上，一位苏联教授做了题为《切尔诺贝利核电站事故以来的两年》的报告，报告中他沉痛地总结了切尔诺贝利的教训——违背了尊重客观事实的原则，事发后公布消息过晚，致使人们产生“苏联政府是不顾公民死活的政府”的坏印象。“切尔诺贝利”已成为过去，但忽视“公众必须被告知实情”的公关行为仍屡见不鲜，有的组织甚至借公关做幌子，混淆视听，欺瞒公众，其结果是骗得了一时，骗不了一世。骗人者最终都脱不了以害己而告终的下场。

（二）组织利益和公众利益兼顾的原则

兼顾组织和公众双方的利益是公共关系的一条根本原则，也是公共关系策划的根本原则。这就要求组织不仅要圆满完成自身的任务，满足自身的利益需求，为社会作出贡献，同时还要重视其引起的公众反应，关心整个社会的进步与发展。既不能为了满足组织自己的利益而牺牲公众的利益，也不能为了满足公众的利益而牺牲组织自身的利益，而应该在满足组织自身利益的同时兼顾公众的利益。但是组织在考虑自身利益和公众利益的关系时，要坚持把公众的利益放在首位。先要考虑公众的利益，然后才是组织自身的利益。

（三）计划性与灵活性相统一的原则

经公共关系策划形成的方案，将列入组织的整体计划之中，构成整体运行的一部分。因而，公共关系策划也必然涉及组织各方面工作的协调以及人力、物力、财力的配备情况。而在通常情况下，公共关系策划方案一旦确定是不能够轻易更改的。因唯有如此才能够一定程度地保证整个公共关系策划方案得以顺利地贯彻执行。所以，公共关系策划必须有较强的计划性。

但是由于组织的主观条件与外部环境随时都可能发生变化，这种变化就会在一定程度上制约方案的顺利运行乃至影响方案的实施效果。因此，在策划行动方案的时候应该留有充分的回旋余地，针对可能发生的变化，考虑相应的补救措施，使所策划出的方案具有一定的弹性空间，即具有一定的灵活性。只有计划性和灵活性两者统一起来，才能保证公共关系策划目标的具体实现。

（四）创新性与连续性相统一的原则

所谓创新性，是指公共关系人员要根据社会条件的变化、公众心理状况的变化、组织内部的变化进行新的策划，使之不仅与自己组织过去的公共关系活动有所不同，更与组织竞争对手的策划有所不同，使组织的策划能够先声夺人、标新立异，取得更好的公共关系活动效果。千篇一律是公共关系策划的大忌。只有具备了创新性，才能使公共关系策划具有生命力。

小案例

长城托起长城饭店

长城已成为中国古代文明和中华民族的象征。许多外国朋友和国内游客都把登上长城作为一种骄傲。所谓“不到长城非好汉”。为了缓解八达岭长城游客拥挤之苦，北京市修整了保存完好的慕田峪长城。当慕田峪长城刚刚修复，准备向社会开放游览之际，长城饭店不失时机地向慕田峪长城管理处提出：举办一次招待外国记者的活动，由长城饭店负担一切费用。慕田峪长城管理处认为这是求之不得的好事，双方立即达成协议，安排好了时间。

外国记者游览长城那天，长城饭店在慕田峪长城脚下准备了一批小毛驴，毛驴是中国古代传统的代步工具，既供人骑，也能驮东西。这次他们除了准备一批毛驴供愿意骑驴的记者骑乘之外，主要是在毛驴背上驮饮料和食品。当记者们陆续来到山顶之际，主人从毛驴背上取下法国香槟酒，在长城上开香槟，太富有诗意了。长城、毛驴、香槟，记者们觉得这个对比太鲜明新颖，纷纷举起相机，照片发回编辑部，也让编辑们甚为动心。于是，第二天世界各地的报纸几乎都登出了慕田峪长城的照片。慕田峪长城预期地成了旅游热点，同时，这家以长城命名的饭店的名声也飞遍了五洲四海。

四、公共关系策划的步骤

公共关系策划的程序一般包括以下几个步骤。

（一）确定工作目标

要确定目标，需要先将公共关系调查阶段收集的相关信息进行加工和整理，从中找出有价值的信息进行汇总和分析，然后针对组织形象的现状，开展有关组织形象的研究，然后才能最终确定公共关系工作的目标。目标的确定是公共关系策划的前提。没有目标，公共关系策划就无从谈起。

公共关系目标实际上就是社会组织通过公共关系策划和实施所希望达到的状态和标准。它不但是指导和协调公共关系工作的依据，同时也是评价实施方案效果的标准。因为有了一个明确的目标，就可以指导公共关系工作人员的行为，并且为他们处理意外情况提供了依据和要求，而公共关系策划的好坏、成败，最终也只能用所确定的公共关系目标来衡量。

（二）确定活动主题

公共关系活动的主题是对公共关系活动内容的高度概括，是整个公共关系活动的“灵魂”，它对整个公共关系活动起着重要的指导作用。公共关系活动的主题设计得是否精彩、恰当，将直接关系到公共关系活动的成效问题。

公共关系活动的主题表现形式可以是多种多样的，可以是一个口号，也可以是一句表白或是一句陈述等。无论是口号，还是表白、陈述，在拟定主题的时候，都应该对公共关系目标、公众心理以及公众的审美情趣等给予充分的考虑，否则，也会在一定程度上影响公共关系活动的成效。

（三）确定活动对象

确定与组织有关的公共关系活动对象是公共关系策划的基本任务。而这个活动对象就是我们通常所说的公众。对于任何一个组织来说，都有其特定的所属公众，而任何一次公共关系活动的活动对象都是针对组织的特定公众而展开的。不同的组织所面对的公众也是不同的，因此就要对公众进行分析，确定公众对组织的重要程度以及公众对信息的接受程度和方式，这样才能有针对性地拟定活动主题，选择适当的传播媒介和方法，借以提高公共关系活动的绩效水平和实现目标的能力。

（四）确定传播媒介

为了有效地实现目标，在制订计划的时候还必须对传播媒介进行选择。各种媒介各有所长，各有所短。只有选择恰当，才可能达到事半功倍，取得良好的传播效果。

选择传播媒介的时候，要争取达到：①根据公共关系工作的目标、要求来选择传播媒介，使其特定的功能能够适合为公共关系的某一目标服务。②根据不同对象来选择传播媒介。因为不同的对象有着不同的媒体选择习惯，若要使信息能够有效地传达到目标公众，就必须要考虑到他们的经济状况、教育程度、生活方式以及接受信息的习惯，等等。③根据传播内容来选择传播媒介。任何一种传播媒介都有其鲜明的特点和一定的适用范围。选择媒介的时候要将信息内容的特点和各种传播媒介的优缺点结合起来考虑，同时也要注意传播媒介范围的选择，这样才可能选择出相对效果良好的传播媒介。④根据经济条件来选择传播媒介。所谓“看菜吃饭，量体裁衣”，我们在选择传播媒介的时候也要考虑组织的经济能力以及以较少的费用开支获取最好的传播效果。

（五）进行经费预算

进行公共关系活动经费预算，既可以从财力上保证公共关系工作的顺利开展，又可以为以后评估公共关系工作取得的效益提供科学的依据。公共关系活动的经费预算应当按照项目、时间进度和实施计划的措施、手段等因素进行，以便做到心中有数，避免出现浪费或由于经费不足而导致本来可以成功的公共关系策划半途停止。

公共关系经费预算的基本方法主要有以下五种。

（1）固定比率法。

是按照一定时期内所经营业务量的大小来确定公共关系预算经费的方法，通常这个一定时期指的是一年。这种方法只能大概计算出年度公共关系活动经费的总额。因此，这种方法也只适用于年度公共关系经费预算。

（2）项目综合法。

即先列出每项公共关系活动所需费用的细目和数额，核定单项公共关系活动预算，然后将年度内各个公共关系项目预算进行汇总，就可以得出全年公共关系活动的经费预算总额。这种方法具体而准确，既适用于年度公共关系活动经费的预算，又适用于项目公共关系活动经费的预算。但在计算时应留有一定的余地，以防意外情况的发生。

（3）预测法。

是指运用历史资料计算出以前公共关系活动经费的实际开支的平均发展速度，然后按照这一平均发展速度确定目前公共关系活动的预算经费数额的方法。采用这种方法，可以保证公共关系活动经费每年都会有所增加。这种方法对那种十分重视开展公共关系活动，并且已经积累了一定经验的社会组织比较合适。

（4）量入为出法。

是指按照组织的基本财物状况，根据财政可能支付的金额来确定公共关系活动经费预算额度的方法。

（5）目标先导法。

即先制定出公共关系活动所希望达到的目标，然后根据目标计算出完成此计划所需要的资金投入额作为经费预算额度的一种方法。当然，同时也要提出一定比率的风险基金（一般10%左右为宜），以备偶然事件发生时不至于手忙脚乱。但是这种方法存在一定的风险，如果预测不准确、不科学，则可能出现超支或者浪费的情况，操作难度比较高。

（六）形成策划书

公共关系策划人员在策划好公共关系方案之后，必须将方案的内容形成书面报告——策划书。策划书的写作应包括以下几个方面。

（1）封面。

策划书的封面不要求其设计的精美，但文字书写及排列应注意大小协调、布局合理，纸张也要比正文厚一些。其内容一般包括策划的形式与名称、策划的主体（策划者及所在公司或部门）、策划的日期以及文件编号等。

（2）序文。

指的是为策划方案所阐述的内容所做的简洁的引导或提举，即要点的提炼概括。其内容应简明扼要，让人一目了然。但并非所有的策划书都要加序文，除非内容比较多而且复杂的策划书。

（3）目录。

目录是策划的大纲。目录是标题的细化和明确化，要为内容提纲挈领，要让读者看过后便知整个方案的概貌。但要注意目录和标题的协调统一。

（4）内容。

这是策划书最重要的主体部分。具体内容要根据策划的种类不同而有所变化，但必须要让第三者能一目了然，因此应层次分明、逻辑性强，以纲目式为宜，绝对不能过分详尽地加以描述渲染，也不要给人以杂乱或干涩枯燥的感觉。

（5）附件。

附件通常有：①公共关系活动筹备工作进程表；②相关人员职责分配表；③经费开支预算表；④所需物品一览表；⑤场地使用安排表；⑥相关资料：指一些给决策者提供参考的辅助性材料，不一定每份方案都需要，视情况而定；⑦注意事项。

第三节　公共关系实施

公共关系实施过程是公共关系四步工作法中的第三个环节，也是最为复杂、最为多变的一个关键环节。所谓公共关系实施就是社会组织为了实现其既定的公共关系目标而充分依据和利用现实公共关系条件，按照公共关系策划方案进行公共关系实际操作与管理的过程。通过这个过程，把应该、必须向公众传播的信息传递给公众，影响或改变公众对社会组织的态度和行为，从而创造对社会组织有利的舆论环境，在公众中树立其良好的组织形象。

一、公共关系实施的意义和特点

（一）公共关系实施的意义

公共关系实施就是公共关系策划被采纳以后，把计划所确定的内容变为现实的一个过程，是为组织塑造良好形象、推销良好形象，影响公众舆论，优化组织环境的一个过程，公共关系活动由此进入了具体的实施阶段。这时，整个公共关系计划要借助于调查与策划的双翼，通过实施而开始腾飞。因此，从某种意义上来说，一项公共关系计划的实施远比计划的制订更为重要。

1. 解决公共关系问题的中心环节

研究问题不是公共关系工作的最终目的，解决问题才是其最终目的。公共关系计划的制订只是研究问题的过程，公共关系计划的实施才是直接地、实际地解决问题的过程。那种认为某一项公共关系计划在确定之后就会自动地、必然地成为现实的想法是一种完全不切合实际的幻想。即使是再完美的公共关系计划，如果不付诸实施都是不可能实现其解决问题的目的的，都是毫无意义的“纸上谈兵”。

2. 决定公共关系计划能否实现及其实现程度和范围

公共关系的实施既是一门科学，又是一门艺术，要求公共关系实施人员具备较高的技巧。在实施过程中，公共关系实施工作人员如果能够选择比较有效的途径和手段，采用多种切实可行的方法和技巧，再加上富有独创性的传播，可以非常圆满地完成公共关系计划的目标和任务，甚至可以锦上添花，取得意想不到的成功，在公众中树立良好的组织形象。反之，如果公共关系实施工作人员的工作能力有限，在工作方法上也缺乏创新和技巧，则不仅难以取得预期的效果，甚至反而使结果完全与计划的目标背道而驰，导致整个公共关系计划的失败。

3. 结果是后续方案制定的重要依据

制定公共关系计划必须要以社会组织所面临的公共关系现状为依据，因此特别要注意前一项公共关系计划实施后由各种渠道反馈回来的相关信息，这是公共关系现状的最前沿的信息。以前一项公共关系计划的实施结果为基础，针对新出现的问题制定新的公共关系计划，可以说是公共关系计划制定过程中的一个原则。因此，前一项公共关系计划实施的情况对后续方案的制订起着很重要的作用。

（二）公共关系实施的特点

1. 过程中的动态性

对于任何一项公共关系方案来说，不管它制定得多么具体、周密、严谨，总是避免不了与实际情况存在这样或那样的差异。另外，随着时间的推移以及环境的变化，公共关系方案在实施过程中还会遇到新的情况和问题，为了圆满地完成方案，就需要我们适时地调整公共关系实施方案、程序、方法和策略等来适应变化的公共关系环境，这在公共关系实施过程中是不可避免的一种现象。可以说，这种变动要始终贯穿于公共关系实施的整个过程。

2. 实施者的创造性

公共关系策划方案在实施过程中的动态性决定了公共关系方案的实施也绝对不是一个简单的“照葫芦画瓢”、照章办事的过程。实施者要依据整个实施方案中的原则和自己所处的环境、面临的条件，充分发挥其主观能动性和创造性，合理地选择时机，正确地分配任务，灵活地调整步调，充分地利用环境等，对公共关系策划方案进行不断地丰富和再创造。

3. 影响的广泛性

任何一项公共关系策划方案成功实施后都会涉及众多的因素和变量，它也会对各类公众产生比较广泛的影响，会使目标公众在立场、观点、态度等方面发生不同程度的变化，甚至会对社会产生比较广泛的影响。成功的实施，常常会使社会组织的逆意公众转变为顺意公众，其异己力量转变为自己的合作者和支持者。另外，公共关系策划的实施有时甚至也会对整个社会的文化、习俗产生深刻的影响。

二、公共关系实施的原则

（一）目标导向原则

目标导向原则指的是公共关系策划实施过程中要保证公共关系策划实施活动不偏离目标的原则。也就是社会组织要确保在实施公共关系策划活动时要围绕着公共关系策划的目标进行，不使其偏离既定的目标或超越特定的范围，社会组织要利用目标对整个的实施活动进行引导、制约和促进，以此来掌握公共关系实施活动的方向。

在公共关系策划实施的实践过程中，人们通常使用线性排列法和多线性排列法来将所有公共关系活动和措施按照先后顺序有机地排列起来，然后一步步加以实施。线性排列法指的是将公共关系活动和措施逐一排列起来，然后按照先后顺序一步一步地向目标迈进。（图7－3）

图7－3 线性排列法

多线性排列法是将几个公共关系活动和措施同时展开，共同向成功目标迈进的排列方法（图7－4）。这种排列方法相对于上一种方法来说可以缩短公共关系策划实施的时间，但是花费的人力、物力和财力相对要多，而且，一旦前一步工作进展不顺利或者不成功，会对下一步工作造成浪费。

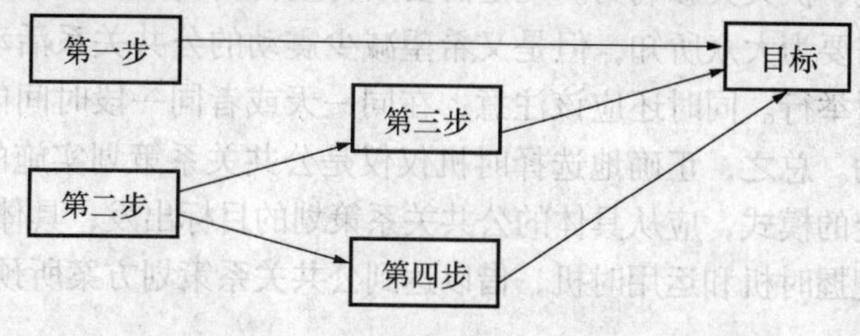

图7－4 多线性排列法

（二）控制进度原则

控制进度原则指的是社会组织要根据整个公共关系策划和目标的需要，按照一定的工作程序，掌握实施工作的进展速度，使公共关系实施中的各项工作同步进行，以避免出现超前或滞后的情况的原则。社会组织要对整个公共关系策划实施活动中的各项工作的进度情况进行经常检查，及时发现，然后进行及时协调，使公共关系策划实施活动的各方面的工作平衡发展。

（三）整体协调原则

整体协调原则指的是公共关系策划方案实施的过程中要“使工作所涉及的方方面面达到和谐、合理、配合、互补和统一的状态的原则”。整体协调强调的是在实施过程的各个环节、各个部门之间以及实施的主体和公众之间和谐统一，不发生矛盾或少发生矛盾，一旦发生矛盾，也要及时地加以调整和解决。实际工作中最普遍、最常见的协调主要有两大类：一类是指上下级之间的协调，我们称作纵向协调；一类是指同级部门或者实施人员之间的协调，我们称作横向协调。无论哪一种协调方式，往往都需要依赖信息的相互沟通，建立双向交流的信息通道，保证思想观念上的统一认识，保证行动上的一致行为，保证公共关系策划实施活动的同步与和谐。

（四）反馈调整原则

反馈调整原则指的是公共关系工作人员在实施公共关系策划方案的过程中，将从目标公众及公众环境反馈回来的信息进行分析、整理，依据反馈的信息不断地调整公共关系策划方案与实际状况之间出现的偏差的原则。对公共关系工作人员的要求是其要善于依靠各种形式的信息反馈渠道，把公共关系策划方案在实施过程中的各种相关信息及时、准确地搜集汇总上来，然后把信息的数量，特别是发送信息的数量、信息被传播媒介所采用的数量、接收到信息的目标公众数量和注意到信息的公众数量统计上来，再经过研究分析，作为采取调整公共关系策划方案实施行动的依据。这里需要说明一点的是：公共关系策划方案的实施需要经过多次循环往复的反馈、调整，这样才能使实施方案不断地得到完善，直至完成整个公共关系策划。

（五）选择时机原则

对于公共关系策划方案的实施而言，时机指的是在一定的时间、空间内所出现的所有有利于社会组织传播信息的各种客观条件的综合运用。正确选择时机是提高公共关系策划方案实施成功率的必要条件之一。善于利用时机者往往可以获得“事半功倍”的效果。正所谓“审时度势，运筹帷幄之中，可以决胜于千里之外”。一般来说，凡是同重大节日没有什么联系的公共关系活动应避开在节日举行；凡是同重大节日有联系的公共关系活动则可以考虑利用节日来烘托气氛、扩大其影响力。凡是需要广为宣传的公共关系活动都应该避开国内外的重大事件；凡是需要为大众所知，但是又希望减少震动的公共关系活动则可以选择在国内外重大事件发生之时举行。同时还应该注意，在同一天或者同一段时间内不宜同时开展两项重大的公共关系活动。总之，正确地选择时机仅仅是公共关系策划实施的一个原则，一种技巧，并没有一种固定的模式，应从具体的公共关系策划的目标出发，具体问题具体分析，从而正确地选择时机、把握时机和运用时机，借以达到公共关系策划方案所预期的效果。

三、公共关系策划实施的影响因素分析

（一）语言因素

语言与思维是人类所独有的一种特殊的社会现象，语言与思维是不可分离的，但是语言和思维并不是等同的。人们也只有借助语言才能表达情感、交流思想、协调关系。但是，语言仅仅是表达思想的工具，是思维的载体，并不是思维本身。所以，也就产生了语言表达思想和思维时是否准确和恰当的问题。

1. 使用语言方面的因素

所谓使用语言因素是指因使用语言表达的人同接受语言表达的人对所使用的语言有不同的规定而导致的沟通困难。也即因为两地人对同一个语言符号的意义有不同的规定所引起的障碍，也就是我们通常所说的方言。不同地区，对于同一语言的使用是不一样的。不仅语言，而且其他符号在沟通中也存在着这种使用障碍。

2. 语义方面的因素

语义方面的因素指的是由于表达思想信息的语言意义不确切或者不正确所引起的沟通障碍。例如，有一次，一位公安人员在调查办理案件的过程中发现一个青年有嫌疑，就立即向上级做了汇报。上级指示：“可以搞来审查一下。”于是，该公安人员立即把那个青年拘留了。审查结果是：被拘留的青年与案件毫无牵连，可是放人难了。这个公安人员只好又去请示科长该如何处理？结果科长发火了：“谁让你把他拘留的？”公安人员回答：“你不是说‘可以搞来审查一下’吗？又没有说不能拘留啊。”科长顿时也无话可说。“搞来”是可以这样理解也可以那样理解的词语，科长发出这样的指令，难怪公安人员会有误解。这也是造成沟通失误以及公安人员被动局面的直接原因。

3. 语言形式方面的因素

语言形式方面的因素指的是语言形式使用不当所引发的沟通障碍。也就是语言的表达

形式不一样所引起的结果不同。例如，有两位教士，A 教士问："主教大人，我祈祷的时候可不可以吸烟?" 答案当然是"不可以"。而 B 教士问："主教大人，我吸烟的时候可不可以祈祷?" 答案也是不言而喻——"可以"。这就是由于语言表达形式不同而导致的完全不同的结果，这也就是我们所说的语言形式方面所引起的沟通障碍。

（二）习俗因素

所谓习俗也就是风俗习惯，是一个国家（地区）、民族在一定的文化历史背景下形成的，具有一定的固定特点的，用来调整人与人之间关系的各种社会因素，如道德习惯、审美、礼节等。由于一个国家（地区）、民族的地理、历史、经济等因素各不相同，因此也就形成了各不相同的风俗习惯，因而也会在沟通的时候发生一定的困难，出现沟通障碍。例如，一般国家的习惯是点头表示同意、肯定的涵义，摇头表示不同意、否定的涵义。而在印度则正好相反，点头表示否定涵义，而摇头表示肯定涵义。如果不知道这一不同习俗，则会造成沟通误解，甚至沟通受挫。再比如，美国人社交中习惯的谈话距离是 220 ~ 240 厘米，而法国人则是 130 厘米左右。于是，当美国职业女性到法国洽谈业务的时候常常面临这一社交距离问题，也因此会感到局促不安，影响了谈话时的气氛，从而也影响了业务的正常洽谈，形成沟通障碍，以至于美国女子认为"法国男人天生喜欢追求女人"。

（三）心理因素

所谓心理因素指的是人的认识、情感、态度等心理状况对沟通过程所造成的阻碍。偏见易于歪曲事实真相，情感失控会使沟通受阻。这种情况在人际传播和组织传播中尤为突出。比如，一个衣冠不整或者精神紧张、举止唐突或言语混乱无序的求职者通常很难给他的面试经理留下良好的印象，因而也很难被录用，尽管他也许是一个真正的人才。这是由于第一印象这一心理因素而引起的沟通障碍。所以，作为传播组织形象的公共关系工作人员，一方面要注意自己的自身形象，以免损害组织形象；另一方面也要切忌凭第一印象下结论，因为对方可能是对组织的生存和发展有重大影响的人物。再比如情绪方面的心理因素，当一个人情绪恶劣的时候往往听不进不同意见，再好的沟通也是难以奏效的，而情绪好的时候则很容易采纳别人的意见和建议，沟通效果往往事半功倍。

（四）观念因素

所谓观念是指在一定条件下，人们接受、信奉并用以指导自己行为、行动的理论和观点，它是属于思想范畴的，并由一定的经验和知识积淀而成的。有的观念可以促进相互之间的沟通效果，而有的观念则是妨碍沟通的绊脚石。比如封闭观念，也就是我们通常所说的老脑筋、老观念，就常常会阻碍公共关系计划的实施。再比如极端观念，它也是阻碍沟通的一个绊脚石。日常生活中我们经常见到这种例子：争论双方都各持己见，彼此否定，谁也听不进对方的意见，常常闹得不欢而散。

（五）组织因素

所谓组织因素指的是组织的宏观、微观体制以及组织形式等方面的因素所引起的沟通方面的障碍。这种障碍主要表现在：①组织机构臃肿、人浮于事，造成组织缺少活力，信息沟通缓慢。②组织机构层次过多，信息传递环节过多，造成沟通内容失真。③组织结构条块分割，层层设卡，地方封锁，造成沟通"断路"。④组织沟通渠道单一，仅"上情下达"而不考虑"下情上达"，造成组织信息单一，信息量不足，等等。

（六）时机因素

所谓“机不可失，时不再来”，做任何事情都有一个时机问题，公共关系策划的实施也不例外，选择时机不当同样会带来沟通障碍。比如选择在晚饭前后的黄金时间播放卫生用品的广告显然“时机不当”，因为正在吃晚饭的人们看到这种广告会大倒胃口，很可能会愤然将电视机关掉。因此，在进行公共关系传播沟通的时候要考虑各种相关因素，选择恰当的传播时机，否则便会引起传播沟通障碍。

公共关系策划实施过程中的沟通障碍并不仅仅来源于以上几种，还可能来自于沟通要素的任何部分，也可能发生在沟通过程的各个环节，它是由各种各样的因素分别或共同引起的，在公共关系实施过程中要注意区分，避免由于这些因素而造成传播沟通障碍。

小思考

影响公共关系策划实施的因素还可能有哪些？

第四节　公共关系评估

公共关系评估是公共关系四步工作法的最后一个步骤，是按照一定的标准对公共关系的准备、实施及效果进行检查和评价，借以判断其优劣程度的过程。公共关系评估同时也是一个相对独立完整的过程，同时也要围绕这一过程的目标而展开相应的活动。

所谓公共关系评估，是指社会组织通过采取一定的形式和方法，对阶段性的公共关系活动进行调查研究和分析评价，从中总结出成功的经验，寻找工作中的失误或不足，发现新的公共关系问题，为下一步的公共关系工作奠定基础，以不断调整组织的公共关系的目标、决策及行为，最终使组织的公共关系工作走上健康的发展轨道。同时也为组织的最终形象的树立奠定良好的基础。

一、公共关系评估的意义

（一）公共关系评估是衡量公共关系工作成败、优劣程度的依据

公共关系目标、计划是否准确适用，实施之后目标是否实现或完成，如果离开检验是无法准确知道结果的。公共关系成果如何，除了要在实践中进行检验之外，还必须在科学的理论指导之下对其作出科学的评价，这就是我们所说的公共关系评估。任何一项公共关系计划在实施后都面临着或成功或失败的命运。而无论是哪种结果，其经验和教训都将成为下一个公共关系活动或环节改进的基础。

（二）公共关系评估可以为组织管理层的决策提供参考依据

公共关系评估其实也就是我们通常所说的总结经验，吸取教训。正因如此，我们可以提出一切借鉴性甚至修正性的意见，同时也可以使社会组织的领导看到由于开展公共关系工作所取得的明显效果，提高认识，认清公共关系与社会组织形象，与社会组织的社会效益和经济效益之间的关系，从而使他们更为理解和支持公共关系工作，进而更为重视公共关系工作。

（三）公共关系评估为后续的公共关系工作提供必要的前提和基础

从公共关系整体来看，任何一个新的公共关系工作的开展都离不开以往的工作，都与以往的工作密切相连，都不是孤立存在的。公共关系评估是上一轮公共关系的结束，也是

下一轮公共关系活动的新起点。尽管调查分析也可以发现组织的问题，但是一些情况之下，问题常常在计划的执行过程中和执行完之后才会显露出来，特别是一些实质性问题的显露需要一定条件，并经历一定的过程。公共关系评估就可以从整个过程以及各个方面进行综合的考察分析，因而也往往更为容易抓住关键性问题。而新的公共关系工作的开展不但能够发现新问题，而且能够解决新问题，形成一定的经验和教训，这就为下一轮公共关系工作的开展提供了必要的前提和基础。

（四）公共关系评估可以鼓舞士气，激励组织的内部公众，引起领导重视

当公共关系相关人员把公共关系计划的目标、措施及实施过程和效果等向内部公众解释和说明之后，能够认清自己所处组织的位置和重要性，并提高其将本组织的战略目标和自己的本职工作紧密联系在一起的自觉性，并可能转变为自觉的行动。同时，可以使本组织的领导者看到开展公共关系工作的明显效果，从而使他们更加自觉地重视公共关系工作。而这一切都必须要建立在对整个公共关系计划以及实施的评估的基础之上。

（五）公共关系评估的结果可以对外进行宣传报道，借以扩大组织的影响力

公共关系评估总结出来的成果和经验等可以及时地提供给新闻传播媒介等进行宣传报道，这样就可以进一步扩大组织在社会及外部公众中的影响。如果新闻媒体没有进行报道，组织的公共关系部门也可以通过自己制作一些情况通报、简报以及印发宣传资料等渠道进行对外宣传，借以扩大组织在社会及外部公众中的影响力。

二、公共关系评估的内容

公共关系评估主要包括以下几个方面的内容。

（一）评估原本制定的公共关系计划是否合理

这主要是从已经发生的实践过程中间，看看原本制定的公共关系计划在执行过程中是否能够与社会组织的整体工作目标保持一致，是否同组织的社会环境相互适应；另外还要看看长期计划和短期计划是否科学、合理，相互统一协调，具有一定的系统性。

（二）评估公共关系目标预期效果的实现程度

这就要从实际的公共关系计划的实施结果去看公众对本组织的态度和行为的变化情况是否与本组织的期望程度一致，公共关系活动完成后取得了多大的经济效益和社会效益，对本组织的长远发展起到了怎样的作用，等等。

（三）评估公共关系工作人员的工作状态

所谓公共关系工作人员的工作状态主要指的是公共关系工作人员的工作态度如何，相互之间的合作精神如何及工作人员的道德水平，等等，评估就是要对其这些方面进行调查，得出相应的结论。因为从一定程度上来说，公共关系工作人员的工作态度也影响着公共关系计划实施的最终效果。

（四）评估计划费用的实际开支情况

对公共关系计划费用的实际开支情况进行检查，不仅仅要检查看有无超支和节余情况，更重要的是要看其各项费用的开支是否合情合理。这也是评价公共关系策划实施结果的一个方面。

三、公共关系评估的程序

（一）设立统一的评估目标

要有效地进行评估，就应当有一个统一的评估目标作为参照物，有了参照物才能通过比较来检验公共关系计划与实施的结果到底如何。即使这一评估目标更多的是定性的而非定量的，仍需制定出一个统一的评估目标。这同时也需要评估人员就有关问题（如评估重点、提问要点等）形成书面材料，借以保证评估工作的顺利进行。除此之外，还要详细地规定调查结果如何运用。这样我们才可以确切地评估出公共关系计划及实施的结果。如果目标不统一，则会在调查过程中搜集许多无用的材料，进而影响评估的效果与效率。

（二）将评估目标进行细分

所谓评估目标细分，是指在项目评估过程中，将评估的目标分解为不同的具体的次目，目的是从各个方面来论证和说明评估目标。例如：我们的评估目标是公共关系计划实施后组织的美誉度变化情况，那么细分目标就应当从公众对组织方针政策的赞誉情况，对组织的服务态度、创新精神、产品质量、性能、价格等方面的赞誉情况来进行。这样，我们的评估结论才坚实可靠，才有说服力。同时也可以使公共关系计划的实施过程更加明确化与准确化。如果没有这样的目标细分，公共关系评估就无法进行，评估目标也将是一句空话，评估的结果也不会有太大的价值。

（三）建立一套客观适用的评估标准

不同过程的评估标准应该是不同的。比如，准备过程的评估标准应该包括：背景资料是否充分准确，检验信息的传递形式是否有效，等等；而实施过程的评估标准则应包括：检查信息资料发送的数量，信息被新闻媒介采用的数量，收到信息的目标公众的数量以及注意到这些信息的公众的数量，等等；而对公共关系工作影响效果的评估标准则应该包括：检测了解信息内容的公众数量，了解改变观点的公众数量、改变态度的公众数量、发生行为改变的公众数量以及对社会和文化发展的影响。对于公共关系部门内部人员来说，则要取得关于相关标准的一致意见，以免在评估的过程中出现意见不统一的情况而影响评估结果。

（四）调查分析，收集资料

评估标准的建立应当以调查分析、收集资料数据为前提和基础。否则，我们的评估标准本身就已经失去了标准的内涵。例如，我们如果认为这次的公共关系活动提高了组织的美誉度，那么就必须要知道上一次公共关系活动或本次公共关系计划实施前的美誉度状况如何，其他竞争对手的美誉度状况如何，有哪些资料和数据可以证明这一结果，等等。

（五）保持完整的公共关系计划实施记录

公共关系计划的实施记录能够充分地反映公共关系工作人员的工作方式和工作效果等，尤其重要的是反映公共关系计划的可行性程度如何，哪些策略是有效的，哪些策略是无力的或者是无效的，哪些环节相互衔接比较紧密，哪些环节衔接还有疏漏或者欠缺，等等。

（六）撰写评估报告

这个过程其实就是围绕着评估目标，按照规定的评估标准，从已经确定的各个方面对公共关系计划及其实施过程和结果进行分析，从而作出结论的过程。通过这个过程，应当形成一系列的判断：本次公共关系活动是成功的还是失败的，成功或失败表现在哪些方面，成功或失败的程度如何，等等，进而形成一个书面的评估报告。

（七）将评估结果向组织的有关管理者报告

在评估报告完成之后，应该由公共关系部门的负责人将其递交给组织的管理者，必要时也可以辅以口头的汇报说明。这也应该形成一项固定的制度。这样做，一方面可以使组织的管理者掌握目前组织的公共关系状况，为下一步的决策提供有利的依据；另一方面也可以使组织的管理者能够及时地了解和支持公共关系工作，也可以使各部门了解本部门的情况，协调好本部门及各部门之间的关系和管理。

小思考

将评估结果向组织有关的管理者报告的目的是什么？可以引起什么效果？

（八）评估结果的及时、有效地使用

应该说，公共关系活动的每一个周期都要比其前一个周期表现出更大的影响力和效果，其原因是后一个活动周期应用了前一个活动周期的评估结果并对其进行了调整。由于运用了前一个活动周期的评估结果，使得对组织目前存在的公共关系问题及形势的分析更为准确，从而导致后一次确立的公共关系目标更加符合组织发展方向的要求。

四、公共关系评估的方法

对公共关系效果进行评估的方法很多，按照不同的划分标准采用不同的评估方法。

（一）按照评估实施者的不同进行划分

按照评估实施者的不同划分的公共关系评估方法主要有以下几种。

1. 自我评估法

所谓自我评估法，指的是由开展公共关系活动的组织对自己所开展的公共关系活动效果进行自我评定的一种方法。具体可以通过公共关系计划和计划实施的实际成效对比进行评估，也可通过观察公众的言行举止变化进行评估，或者通过搜集对比各种统计数字进行评估。采用这种评估方法，可以提高公共关系工作人员的专业技术水平。但这种方法也存在一定的缺点：有时可能产生不真实的测量结果。尤其是向调查对象提出一些比较敏感的问题的时候更可能产生这种结果。因此，采用自我评估法要特别注意问卷或者提问的方式方法，对一些比较敏感的问题宜采用比较灵活、委婉的方式进行调查。

2. 专家评估法

所谓专家评估法，指的是邀请一些相关学科、领域的专家，汇同组织的公共关系工作人员组成评估小组，对组织开展的公共关系活动效果进行评估的一种方法。主要由专家面对面地提出质询，进行讨论，审定组织的公共关系计划，鉴定公共关系活动的成效，然后背靠背地写出各自的意见，最后对专家们的意见进行归纳、整理，形成相对统一的权威性评估结论，并撰写出评估报告。这种方法有利于组织对自己的公共关系活动效果作出比较客观、准确的评价。但是，专家评估法的价值可以说完全取决于专家，取决于专家是否具备相关的专门知识，如果他们对公共关系活动所涉及的某些领域的知识不足，那么他们也无法作出正确的评估结论。因此，采用这种方法的时候应该注意：一定要聘请那些知识丰

富、熟悉相关情况的专家，而不是那些徒有虚名的专家。

3. 实施人员评估法

所谓实施人员评估法，指的是公共关系计划的实施人员在实施过程中自行对公共关系计划及其实施情况进行评估的方法。这种评估方法能够比较及时、充分地利用实施过程中的实际情况对该项公共关系活动的影响效果进行判断。但是，实施人员评估法也是有缺点的，主要是实施人员对其实施的公共关系计划可能会尽量隐恶扬善，从而无法看出公共关系活动的真实影响效果。同时，公共关系的实施人员由于忙于实施任务，也可能没有更多的时间和精力进行评估研究，这在一定程度上也会影响评估的精确性。

4. 组织公众评估法

所谓组织公众评估法，指的是通过对组织公众意见的调查来间接推断公共关系活动效果的一种评估方法。这种方法可通过科学的舆论调查技术来展开调查研究，提出评估问题、进行问卷设计、对公众进行大规模的抽样调查，同时也可以召开组织公众代表座谈会，深度访问相关公众，还可以通过互联网搜集网上公众的观点和意见等形式进行评估。在基本调查的基础之上，还可以进行进一步的分析，取得更为充分的数据资料，从而确定公共关系活动在影响特定公众方面取得的效果。这种评估方法有利于从多方面来检测公共关系活动的效果，但也存在一定的缺点：一般耗费比较大。

（二）按照评估所需材料的来源进行划分

按照评估所需材料的来源划分的公共关系评估方法主要有以下两种。

1. 外部信息反馈法

外部信息反馈法，指的是通过外部环境对组织的信息反馈来评估公共关系的效果的一种方法。这种方法可以通过各种渠道来实现，如利用公众意见簿、采访记录、电话访问登记记录、外部公众行为变化等途径反馈对组织公共关系活动的评估效果。

2. 新闻媒介推断法

新闻媒介推断法，是通过对新闻媒介的报道和传播来间接评估组织开展公共关系活动效果的一种评估方法。主要通过统计新闻报道的数量来推测新闻媒体对本组织的重视程度，通过分析新闻媒介的级别层次来推测本组织的影响范围，通过研究新闻报道的方法来推测所产生的社会效果，通过了解新闻报道后的反响程度和方向来推测组织在各类公众中的知名度和美誉度。由于是推断，这种方法推断出的评估结论存在一定的不确定性和风险性。

无论哪种方法，在进行公共关系实施效果评估的时候应注意到：一项公共关系活动总是处于一定的社会环境之中的，它所产生的影响，可能是公共关系活动本身引起的，也可能是其他外在的社会因素引起的。因此，理想的科学的评估，最好是能够尽量排除公共关系活动以外的因素，显示出公共关系活动真正的影响力。

总而言之，公共关系评估应根据公共关系效果的评估要求，采取灵活多样的评估方法。既可以采取一种评估方法，也可以在多种方法并用的过程中有所侧重；既要注意评估结果的定性评价，又要强调其定量分析；既要肯定已经取得的成绩，又要找出存在的差距，并分析其原因；既要总结过去，又要面向未来，明确今后的努力方向和目标，使公共关系效果评估成为推进组织公共关系工作的动力，为组织开创一个公共关系工作的新局面。

小案例

“双汇”广告巧入天安门

天安门广场历来被视为神圣之地，它的一举一动时刻为世人所关注。

1994年6月28日一大早，首都天安门广场彩旗飘扬，锣鼓震天，数百人组成的锣鼓队、秧歌队、高跷队的精彩表演，引得很多人驻足观看，把天安门广场围了个水泄不通。上午9时整，当北京市和国家有关部门的领导同志宣布“逛北京、爱北京、建北京”大型旅游文化活动正式开幕时，数千只信鸽同时飞起，把人们的目光引向天空。这时，人们惊讶地看到：十多个巨大鲜艳的彩色气球下面拖着一条长长的布幅，微风吹来，布幅上红艳艳的大字格外醒目——华懋双汇集团漯河肉联厂祝逛北京活动圆满成功！

率先报道这一消息的是“双汇”所在地的《漯河内陆特区报》。之后，包括《河南日报》、河南广播电台在内的河南很多新闻媒体都争相报道了这件事。《河南日报》的评论文章把它誉为“河南省最成功、最典型的一次企业公关活动”。《河南商报》在7月15日星期刊头版头条的位置上，以硕大的标题、足够容纳3000字的版面刊登了一则仅仅800字的新闻：《双汇高扬天安门》。很快，这一消息重返北京，得知消息最早却顾虑重重的首都新闻界不再“沉默是金”了。先是《中国青年报》的《社会周刊》刊登了一幅照片，图片下面的文字说明中有这样一句耐人寻味的话：能否在天安门广场做广告，这个话题争论了好久，如今却被来自河南的一家火腿肠定论了。8月5日的《中国经营报》把《广告首入天安门广场》这条新闻放在了四版头条。

说起来您也许难以相信，双汇集团把自己的广告攻入天安门广场，仅仅破费12万元，尚不及《人民日报》半个套红广告版面的花费。当初，精明的双汇人得知“逛北京、爱北京、建北京”大型旅游文化活动将在天安门广场隆重举行开幕式时，就已经酝酿着要制造一起轰动全国的特大新闻了。于是，“双汇”派出最得力的公关人员，终于以1个气球1万元的价格，成功地赢得了北京市有关部门的审批通过。当领导同志还在为组委会人员“反正开幕式活动需要动用气球助兴，何不在气球下面挂个有企业名字的条幅而多收入12万元”的做法深为赞许时，并没有意识到新中国成立以来企业广告首次进入天安门广场将既成事实。从某种意义上说，如果没有新闻界的渲染，参加“逛北京、爱北京、建北京”活动开幕式的人们，最多只能回忆起当时有彩色气球飘扬在天安门广场上空。

本章小结

公共关系工作不仅具有较高的艺术性，而且还有较强的科学性。它使组织的形象管理具有高度的计划性、连贯性、节奏性和规范性。要想在公众心目中树立良好的组织形象，就要对公共关系工作程序的相关内容有所了解和掌握。本章主要介绍了公共关系的“四步工作法”，首先介绍了公共关系调查的概念、意义、原则、内容、过程和方法，其次介绍了公共关系策划的意义及作用、特征、原则及其程序实现步骤，然后介绍了公共关系实施的意义、特点、原则及其影响因素分析，最后介绍了公共关系评估的意义、内容、程序及方法。

习　题

基础知识题

1. 什么是公共关系调查?
2. 日常公共关系调查包括哪些内容?
3. 怎样设计一份调查问卷?
4. 什么叫公共关系策划? 它有哪些特征?
5. 公共关系策划的原则有哪些?
6. 公共关系策划主要包括哪些步骤?
7. 公共关系实施的影响因素有哪些?
8. 公共关系实施的特点有哪些?
9. 公共关系评估的内容和方法有哪些?
10. 公共关系评估的程序具体内容是什么?

技能训练题

1. 列举一个你所掌握的公共关系案例，简述其中蕴含的策划过程，并对其最终的公共关系活动进行评估。

2. 为所在学校或班级设计一份调查问卷，内容是关于学校或班级目前的组织形象调查。

案例分析

让世界一起联想——联想品牌赞助 2008 北京奥运会

一、项目背景

经过 20 多年的发展，联想在中国 PC 市场占有 30% 的市场份额，取得了市场领导地位。在这种情况下，市场份额要再提升一个百分点都需要付出很大的努力。为此，走国际化道路成了联想管理层的共识。

首先是联想品牌标识的更换，以 lenovo 替代原有的英文标识“LEGEND”。品牌标识更换之后，联想委托国际知名品牌管理顾问公司，针对品牌国际化议题进行了约一年的深入调研，共走访了 2800 名个人消费者、700 多位企业客户，并在海外 5 个国家进行了 6 场访谈。

调研结果表明，公众对于联想国际化品牌认知度普遍较高，但联想品牌在高端消费者中的美誉度较为欠缺；在国外市场，消费者对于联想品牌的认识较为有限。

同时，市场调查结果还表明，作为四年一次的体育盛会，奥运会及其奥林匹克标志已经成为世界上最有影响力的“品牌”，而 2008 年奥运会将第一次在中国举行，如果能够成为 2008 年奥运会的 TOP 赞助商，不但有助于提升联想在海外的品牌知名度和美誉度，也能进一步提升联想在国内的影响力。

二、项目策划

(一) 公关目标

通过具有重大新闻价值的事件——“联想赞助奥运会”引发媒体和公众注意力。借助奥运这一国际化的强势平台，把“联想具有国际化品质”、“联想是国际化品牌”的信息传递给国内外受众，使受众理解联想国际化品牌的内涵。

（二）关键信息

1. 事件层面：中国本土企业通过这一事件实现了零的突破；联想跻身世界顶尖品牌；中国本土IT产品全面应用于世界最大规模的体育赛事。

2. 企业层面：联想选择奥运TOP赞助商是出于业务发展的需要、品牌战略的延续和企业精神的契合。

3. 经济层面：联想成为奥运TOP赞助商是中国经济强盛的标志性事件之一。

（三）目标受众

国内市场的普通消费者、经销商、代理商、投资者、国内外媒体、有关政府机构。

（四）公关策略

1. 新闻引爆：2004年2月24日，在北京举行“联想赞助奥运会签约对外信息沟通会”，在保密工作到位的前提下，将这一具有重大新闻价值的信息预先透露部分给媒体，注重传递此次赞助的开场性意义，引爆媒体的注意力，为随后的签约仪式预热。2004年3月26日，在北京正式启动“联想赞助奥运签约仪式”，全面发动媒体资源，平面、网络、影视媒体三管齐下，形成合力，通过深入传播引起社会各界的广泛关注。

2. 产品贴合：从签约到奥运会举办的这段时间，为加强这一事件的持续影响，采取贴合产品、直接助力终端销售的办法，包括发布笔记本的奥运品质、启动奥运采购季等。同时，还围绕杨元庆担任雅典奥运会火炬手一事进行传播，将“联想”与“奥运”进一步贴合在一起。

三、项目实施

（一）政府关系

邀请包括北京市委书记刘淇、2008北京奥组委官员在内的多位政府领导出席“联想赞助奥运签约仪式”并发表演说，进一步巩固和加强联想与政府部门的关系，同时吸引各大媒体的广泛关注，为其进行深入和持续的报道提供丰富素材。

（二）媒体沟通

为确保“联想赞助奥运会”这一事件产生巨大的影响力，与全国若干家重点媒体进行深入沟通，争取头版报道、深度报道、图片冲击报道等多种报道形式，将这一事件的影响力通过多种方式传递出去。

（三）活动传播

1. 发布笔记本电脑的奥运品质：2005年5月25日，联想接连推出四款全新高品质笔记本电脑。利用这一传播契机，独辟蹊径，采用情感诉求的策略，传达“联想笔记本电脑具有国际化品质”的核心信息。

2. 启动奥运采购季：一方面向消费者和目标消费者直接诉求联想的国际化品质，另一方面通过在卖场打出“奥运选择联想，你呢?”等具有冲击力的口号，制造新闻，引发媒体报道。

3. 杨元庆担任雅典奥运火炬手：2004年6月，杨元庆作为中国高科技企业界的优秀代表入选雅典奥运火炬接力手，通过这次“总裁活动”，将联想产品具有国际化品质、联想赞助奥运会的意义再次进行深入传播。

四、项目评估

自3月26日开始的一周时间里，包括人民日报、光明日报、科技日报、北京晚报、北京青年报、文汇报（上海）、南方日报（广州）在内的15家全国最具影响力的媒体都对“联想签约奥运”进行了头版报道。截至6月底，全国主要媒体累计报道达800多篇次，其中深度报道达100多篇次，报道的深度和广度都达到了预期；联想签约奥运会入选新华社评选的2004年度中国十大体育新闻并得到了政府部门的积极鼓励和首肯。

案例思考

（1）“联想”是如何利用“2008北京奥运会”这一强势新闻事件来提升其“高科技的联想”这一品牌形象的？

（2）试分析“联想赞助奥运”是如何策划和有效实施的？

第八章　公共关系沟通技巧

学习目标

知识目标：了解公共关系语言艺术的特点，非语言沟通的表现优势，跨文化对语言沟通的制约；理解公共关系语言艺术的原则，公共关系活动中运用非语言沟通时应注意的问题，跨文化沟通的表现形式；掌握公共关系语言艺术的方法，非语言沟通的类型，实现有效跨文化沟通的方法。

能力目标：提高语言沟通及非语言沟通的能力；提高跨文化沟通的能力。

技能目标：学会运用公共关系的沟通技巧。

重点：公共关系语言艺术的原则；公共关系语言艺术的方法；非语言沟通的表现优势；非语言沟通的类型；跨文化对语言沟通的制约；实现有效跨文化沟通的方法。

难点：公共关系语言艺术的方法；非语言沟通的类型；实现有效跨文化沟通的方法。

松下公司的电器产品在世界市场上早就闻名遐迩，人们对该公司经营管理水平和社会形象予以高度评价。被海内外企业界誉为“经营之神”的公司创始人松下幸之助更是备受推崇。可以说，松下公司的成功，与其注重对员工的沟通激励密切相关。

松下幸之助经过常年观察研究发现：按时计酬的员工仅能发挥工作效能的 20% ~ 30%，而受到充分激励则可发挥至 80%~90%。于是松下先生十分强调“人情味”管理，重视对员工进行“感情投资”和“感情激励”，即拍肩膀、送红包、请吃饭。当员工在车间认真操作时，前来巡视的经理、领班们会轻拍几下员工的肩膀，并说上几句“不错”、“很好”之类的赏识话。当员工完成重大技术革新或其建议为企业带来重大效益时，老板会进行重赏。遇节庆或职工婚嫁时，厂长经理们会请员工赴宴或上门贺喜、慰问。在餐桌上，上级和下属可尽情唠家常，提建议，气氛和睦融洽，其沟通效果远比向员工发号施令好得多。

此外，为了消除内耗，减轻员工的精神压力，松下公司公共关系部还专门开辟了一间“出气室”。假如员工对某位主管不满，可以随时来这里发泄，以解心中积郁的闷气。过后，有关人员还会找员工谈心聊天，沟通思想，解惑指南。

久而久之，在松下公司就形成了上下一心、和谐相容的“家庭式”氛围。在与国内外同行的竞争中，松下公司总能保持竞争优势。

第一节　公共关系语言艺术

语言是人类特有的交流思想、传播信息的工具。语言传播，构成了公共关系传播的核心内容。在语言、人、实物三种公共关系信息传播的媒体中，语言传播是最为生动、活跃、普遍的一种形式。公共关系语言艺术就是借助公共关系传播中的语言符号，通过优化语言以提高传播效果，为社会组织树立良好形象而运用语言的能力和技巧。

一、公共关系语言艺术的特点

公共关系语言就是公共关系人员在公共关系传播活动中所运用的语言，和人们的日常生活用语之间并没有原则上的区别。然而由于公共关系是一种以传播信息、沟通情感、树立形象为目的的特殊社会交往活动，这决定了公共关系语言除具备日常用语的一般特点外，还有其自身的特点。

（一）目的性

公共关系活动本身是有计划有目的的活动，这决定了公共关系语言的表达总是带有一定的目的性。在特定的公共关系交际环境和过程之中，公共关系人员谈话时应当时刻牢记自己的活动目的，无论是语言话题的选择、语言材料的组织、语意重点的安排和语气、语调、情感的控制，都应当服务于交际任务的完成。做到话不离题、层次清楚、重点突出、语境协调，使人听得明白，接受得了，进而予以肯定并引起共鸣。这才能实现公共关系活动交流信息、联络感情、增进了解的目的。

（二）灵活性

公共关系语言的对象是公众，而在公共关系工作中，由于每次活动所处的时间、场合不同，所要完成的任务不同，所面临的对象也不同。公众有风俗习惯、民族心理、宗教信仰等社会性的差异，也有知识水准、年龄结构、职业行当等个体性的不同。因此，在公共关系活动中，应根据不同的公众对象灵活选择谈话的内容、形式、角度、风格、态度与立场，不能拘泥于一种模式，一个话题。

（三）礼貌性

在人际交往中，语言的选择和运用表现了一个人的文化知识和思想道德修养。文明礼貌用语能显示出主体诚挚的态度、谦逊的品质、宽容的度量、友好的情感。所以任何人际交往，无论是个人之间，还是团体或国家之间，都必须讲究文明礼貌。在公共关系活动中，礼貌用语是一项最基础的要求，同时也是一项最重要的要求。公共关系人员应避免使用尖刻、讽刺、嘲笑甚至谩骂的语言，也不能以“哼哼”、“哈哈”来应付，更不能三句话不到就提高嗓门或者开口伤人。

（四）规范性

交际语言的最大特点是它的社会通用性。任何一种语言都是经过使用该种语言的人约定俗成的。语言不规范，就不可能为对方所接受，也就不能很好地发挥它的功能。公共关系人员在公关活动中，要使用普通话，用词应朴素无华。不能使用令人难懂的方言，更不能生造词语，冷僻晦涩。同时还要注意语调高低、语速快慢、语音轻重、音量大小等。

二、公共关系语言艺术的原则

在公共关系传播活动中，公共关系人员运用语言与公众沟通交流，其语言要求超出了一般的语言交流，体现出公共关系语言的特色。这就需要公共关系人员必须了解并遵循公共关系语言艺术的原则。

（一）准确原则

准确是语言表达中最基本的要求。在公共关系传播中，语言媒介的作用就是真实、准确地表达公共关系组织要传播给公众的信息，并力求让公众按照组织意愿传播的本意来理解信息。具体地讲，就是语言的形式与信息内容必须高度统一，保证有效引导公众理解的信息与组织要表达的信息相一致。因此，准确原则要求公共关系人员应口齿伶俐，反应灵活敏捷，能够非常清楚地表达自己的本意。这不但包括信息输出的正确、准确，也要考虑接受信息一方的实际接受能力，既不至于被对方曲解，更不能使人感到说了半天不知所云。

（二）真诚原则

真诚，即真实可信。它要求社会组织要如实地向公众传递真实可靠的信息。凡是涉及公众利益的信息，无论好坏都要如实相告，既不能因其好而添枝加叶，也不能因其坏而遮遮掩掩。许多国家的公共关系协会都把信息传递的真实可信作为一项重要的准则。例如：英国公共关系协会要求会员“不得参加任何意在败坏传播媒介真实性的活动”。美国公共关系协会要求“各会员都应坚持社会公认准则、真实与品味高尚的标准。”

（三）切境原则

切境，就是要求公共关系语言的运用与所处的特定语言环境相切合、相适应。语言环境指语言符号表达思想时特定的背景因素和时空条件，包括社会环境、自然环境、交际场合与对象，双方的身份、地位、阅历、性格、修养、处境、心绪，等等。公共关系传播是在一定环境中向公众进行的信息传递，其语言运用与环境相适应才能取得较好的传播效果。

切境原则要求公共关系语言运用应有效规避环境中的各种不利因素，主动借助环境中的有利条件，克服因语言与环境不相切合而造成的讹误，以使公共关系语言信息传递达到最佳效果。

（四）得体原则

得体，就是公共关系语言的使用应恰当、贴切、恰到好处，即语言的运用符合语体运用的总体要求和风格特点。得体原则要求在语言表达上，陈述应实事求是，既不夸大，也不过分客气谦虚，说话要留有余地，不把话说绝；在修饰成分上，要避免带有武断意味的话语运用，适当选用一些模糊词语；在句式上，多用陈述句和一般疑问句，少用或不用祈使句或反问句；在语气上，多用委婉商量的语气，少用或不用命令的语气。

得体原则是一个涉及多个方面、多个层次的问题，与真诚原则、切境原则互相渗透、互为作用，在公共关系传播中应加以综合考虑。

（五）有效原则

有效，即公共关系语言的运用要达到预期的目的，收到预期的效果。公共关系传播的目的就是组织借助公共关系信息传递活动作用于公众心理，使其内产生心理变化，使其外产生态度和行为变化，树立长期、持久的组织良好形象。这也是公共关系语言存在和使用的意义所在。有效原则既是公共关系语言运用的原则，也是对公共关系语言效果进行检测的标准。

衡量公共关系语言的效果，可以分为信息、情感、态度、行为四个层次。信息层次，就是将组织需要让公众知道，或公众需要知道的关于组织的信息，通过语言传播让公众及时、准确、充分地获知。情感层次，就是通过语言传播，引起公众对组织的好感，建立起与公众维系感情的纽带。态度层次，就是通过语言传播，引起公众的态度朝组织期望的方向发展和转化。行为层次，这是公共关系语言效果的最高层次，即最终引起公众产生组织所期望的行为。这四个效果层次是紧密联系，逐层递进的，总得说来，行为层次是最高层次。但它是以前几个层次效果为基础的。从这一意义来讲，每一层次语言运用效果对整个公共关系目的的实现，都是有效的。

三、公共关系语言艺术的方法

公共关系语言传播追求积极、活泼、愉悦、得体的效果和氛围，能够充分体现这种思想的委婉法、模糊法、幽默法、暗示法则成为公共关系语言传播的主要方法。

（一）委婉法

委婉法就是运用婉转曲折的措辞方式把原本可能令人不悦或比较粗俗的事情比较得体、文雅、巧妙地表达出来。说话者故意说些与本意相关或相似的话语，以烘托本来要直说的意思。这是语言交际中的一种“缓冲”方法，它能够缓解矛盾、缓和气氛，使本来困难的交往变得顺利，让听者在比较舒适的氛围中领悟本意。

委婉法主要有讳饰式委婉、借用式委婉和曲语式委婉三种形式。

1. 讳饰式委婉法

讳饰式委婉法，是用委婉的词语表达不便直说或者使人感到难堪的意思的语言方法。诸如人们谈到死时常用“停止了呼吸”、“再也没有起来”等词来形容，上厕所时说“上洗手间”等等。

2. 借用式委婉法

借用式委婉法，是借此喻彼，借用某一事物或其他事物的特征来代替对事物实质问题的直接回答。比如英国有个电视台记者总是把他当屠宰工的父亲说成是“牛的外科医生”，某些清洁工把自己的职业说成是“环卫工程师”。

3. 曲语式委婉法

曲语式委婉法，是用含蓄曲折的语言和融洽的语气表达自己看法的语言方法。

（二）模糊法

模糊是语言表达的需要，也是语言的基本特征之一。语言中的词有相当部分是模糊词。例如汉语中的概数词上下、多少，左右等，副词马上、永远、曾经、最、非常、略微等，时间名词黄昏、拂晓、现在、过去，等等，都是模糊词。

模糊法就是运用不确定的或者不精确的语言进行交际的方法。适当的模糊法是公共关系语言艺术不可缺少的方法。在一定的语境下，运用较模糊的、不精确的语言来表示说话者对客观事物所持的态度，可以达到趋利避害的目的。

公共关系语言中的模糊法类型，一般可分为宽泛式、回避式、选择式三种。

1. 宽泛式模糊法

宽泛式模糊法是用含义宽泛、伸缩性大、富有弹性、不甚精确的语言传递主要信息，用较明确的词语加模糊的词语，不把话说得太实、太明。言语沟通中运用宽泛式模糊法，可为交际留下回旋余地。如许多外交辞令“我们注意到了那里事态的发展”，“因为众所周知的原因”、“采用适当的方式”、“我们共同关心的问题”等等。这样的表达宽泛灵活，有一定的宽容度。采用这些说法，可处于较客观的立场，有较大的主动性。

例如，在一次我国外交部的记者招待会上，有外国记者问外交部发言人："普京总统来贵国进行了正式访问，贵国领导人打算在什么时候回访莫斯科？"发言人说："我们的领导人将在适当的时候访问莫斯科。"这里，发言人所说的"适当的时候"，就是含义宽泛、富有弹性的模糊语言。它与"我国领导人"和"访问莫斯科"这些概念明确的语词结合在一起，传递了一个并不确切的信息，使他的话在任何情况下都显得无懈可击，从而牢牢地把握了交际的主动权。

2. 回避式模糊法

回避式模糊法是根据场合的需要，巧妙地避开确指性内容的方法。恰当的回避式模糊能够润滑人际关系，避免某些尴尬和不愉快。例如，某人的邻居问他："不久前颁布了一条新法规，你同意这些规定吗？"此人既不想表露自己的态度，又不想使邻居难堪，于是他使用回避式模糊法绕开了这个问题。他对邻居说："我的朋友当中有不少人赞成，也有不少人反对。我嘛……我同意大家的看法。"

3. 条件式模糊法

对于不便直接表态的提问，可以在对答过程中增设某一条件，把问题所指岔到与之相关但又不影响自身利益的方向。这种语言方法就是条件式模糊法。

例如，一位日本著名影视女明星30多岁尚未结婚。一次到中国访问，有记者问她什么时候结婚。她笑着回答说："如果我结婚，一定会到中国来度蜜月。"现场顿时响起了掌声和笑声。众所周知，某些娱乐性的报刊对影视明星的私人生活是十分感兴趣的，尤其是婚恋问题更为敏感。而对于文艺圈中人来说，这个问题恰恰又是他们讳莫如深的隐私。这位明星的高明之处在于，她在结婚这个实际问题前面增加了一个"如果"，使它变成了一个假设的条件。在避开了自己不愿吐露的实情的同时，又表现了她对新闻界的友好，对中国的友好。

当然，模糊法绝不是糊涂。前者是表达的需要，而后者则是思路杂乱，逻辑不清。二者有本质的不同。另外，模糊法的运用也有一定的局限性、超过这个局限就易成为"托辞"、"打官腔"等而失去积极作用。

小案例

1972年日本首相田中角荣访华。在招待宴会上致谢时，其中有一句话差点给中日两国政府的关系投下了阴影。

田中角荣："……过去几十年间，日中关系经历了不幸的过程，其间我国给中国国民添了很大麻烦，我对此再次表示深切的反省之意。"

周恩来总理："您对日本给中国造成的损失怎样理解？"

田中角荣："给您添麻烦这句话，包含的内容并不那么简单。我是诚心诚意如实地表达自己赔罪的心情，这是不加修饰的，很自然地发自日本人内心的声音……我认为，前来赔罪是理所当然的。"

田中角荣不得不再次表白的原因，是因为他运用了一个模糊词语"添了很大的麻烦"。而这个模糊词语在中国人听来是日本对其过去的侵略罪行采取了一种极为轻描淡写的态度，因为这一模糊词语在汉语中的语意太轻。

(三) 幽默法

幽默，是一种行为的特性，也是一种语言的特性。它是以一种愉悦的方式让人获得精神上的快感，是公共关系语言中的高级艺术。心理学家瑟琳说过："如果你能使一个人对你有好感，那么也就可能使你周围的每一个人甚至是全世界的人，都对你有好感。只要你不是到处与人握手，而是以你的友善、机智、幽默去传播你的信息，那么时空距离就会消失"。

在公共关系活动中，与陌生人接触时，幽默的言谈能缩短彼此的心理距离，产生亲切感；演讲、报告中适时而有分寸的几句幽默笑话，能使满场兴奋，对听众产生巨大吸引力；同事之间出现矛盾时，运用幽默能够润滑人际关系，使人际关系的齿轮正常转动起来。另外，幽默还可以作为反击轻视、无理、傲慢和挑衅等不礼貌言行的一种有力武器，有助于人们在复杂场合里摆脱困境，争取主动。

幽默的主要方法有否定式、岔道式、双关式、悬念式、借用式、对比式。

1. 否定式幽默法

否定式幽默是指在两件相互对立的事物中，通过肯定其中一件从而达到否定另一件的目的。例如：某顾客在饭店吃饭，不断把米饭中的沙子吐出来，服务员不安地、抱歉地说："尽是沙子吧！"顾客忙解释："不，也有米饭。"两人都笑了。

2. 岔道式幽默法

岔道式幽默法是通过反逻辑的方式（如偷换概念、答非所问等）造成笑料。岔道式幽默法会使许多事情不致陷人僵局。例如，一位年轻的美国记者，曾要总统里根谈谈对美国联邦政府预算赤字问题的看法。里根回答说："我并不担心，因为你已经长大，能够自己照顾自己了。"诙谐的幽默既避开了锋芒，又不失礼貌和风度。

3. 双关式幽默法

双关式幽默法是利用一个词的语音或语义同时关联两种不同的意义并进行曲解的公共关系语言方法。例如，二战初期，英国首相丘吉尔在美国游说罗斯福总统抗击德国法西斯。一天，当丘吉尔正赤身裸体、大腹便便地淋浴时，不料罗斯福总统不宣而人。当时的场面使双方都很尴尬，丘吉尔急中生智地耸耸肩说："瞧，总统先生，我这个大英帝国的首相对你可是没有丝毫的隐瞒啊！"一句双关妙语，使进退两难的罗斯福总统捧腹大笑。既幽默又及时掩饰了丘吉尔一丝不挂时的窘态，又含蓄地表明他的政治立场和态度也是毫无隐私与开诚布公的。

4. 悬念式幽默法

悬念式幽默是先提出令对方感兴趣的问题，制造悬念，然后给出与问题有联系的但又近似荒唐的答案。例如，一男人对一女人说："我发现一个使人永葆青春的秘密。"女人赶紧追向是什么，男人则不慌不忙答道："谎报年龄。"

5. 借用式幽默法

借用式幽默法是巧妙地借助别人的某一话题，引申发挥，出人意料地表达自己的某种意思。例如，美国一位亚拉巴马州的农民要到华盛顿去参加有关农村利益的抗议活动。这个农民平生第一次坐飞机，抽水马桶上的标牌触动了他的灵感。他对人们说；"那马桶上写着'在城镇上空请勿冲洗'，可见这世上的人对农村有着一种什么样的看法！"

6. 对比式幽默法

对比式幽默法是在对立的句子基础上构思一个相互关联的对比式句子的方法。例如，安徒生生活简朴，有一次戴着破旧的帽子在街上行走。有个富人看到后嘲笑他："你脑袋上的那个玩意是什么？能算是帽子吗？"安徒生回敬道："你帽子下边的那个玩意是什么？能算是脑袋吗？"

需要注意的是，运用幽默要考虑场合和对象。一般情况下，在日常社交中可多用幽默；在学术性或政治性交往活动中要慎用幽默，应防止不适当的幽默，在鼓动性言谈中一般不用幽默。

小资料

美国300多家大公司的领导参加一次有关幽默的调查，调查结果显示，90%以上的领导认为幽默在工商界具有相当大的意义，60%以上的领导认为幽默感在一定程度上决定经营事业的成功。美国佛罗里达州的一家大公司的业务主管将幽默列为职员必备条件之一，尤其是那些直接接待客人的职员，更加需要幽默的特质。

（四）暗示法

暗示法是通过语言、行为或其他符号隐蔽、含蓄、间接的把自己的意向传递给他人，并引起反应的方法。因此，暗示法可以通过人（语言形式、手势、表情）施授，也可以通过情景（视觉符号、声音符号）施授。

暗示法的形式有引发式暗示、点化式暗示和图像式暗示，其中最常用的是引发式暗示。

1. 引发式暗示

引发式暗示，是以同一事物中的一对矛盾（甲与乙），用引发甲来暗示乙，从而引起双方反应的方法。例如：某大学管理系因进修生、旁听生多而时常挤得在校生没有座位，为了能让在校生有座位坐，在校生班长灵机一动，对所有的人说道："为了尽可能让来我班听课的进修生和旁听生有座位，请本班同学坐前六排。"经过这一巧妙点拨。在校生差不多都有了座位。

2. 点化式暗示

点化式暗示，是用点化式与意向紧密相连的另外一件事来引起反应的方法。例如：王光英到香港创办实业公司，某女记者问他："请问先生此行带了多少钱？"王回答："我听说对女人不问年龄，对男士不问钱数，想必小姐知道这个简单的道理吧。"这就是用点化式暗示告诉小姐，这个问题是不能随意泄漏的。

3. 图像式暗示

图像式暗示，是以图像来暗示并引起反应的方法。这种暗示法多用于广告、消防、装卸、用电和商品包装与提示徽记，例如提示装卸搬运勿颠倒的"高脚酒杯"，防明火的"火焰"，防触电的"电波"等图像徽记等。又如，天津自来水公司的"节水徽记"：徽记左右上方的弧线代表着自来水管道及水龙头，龙头中滴下一滴水，将被一只伸出的手掌小心地接住，人们直观上看到的是用一只手接一滴水的图形，实际是利用谐音巧妙地使人由"接"水联想到"节水"，这是一种谐音图形暗示法。

第二节 非语言沟通艺术

非语言即无声语言，主要包括表情语言、动作语言和体姿语言。利用这些表情、动作、体姿可以加深语义和语感的效果。心理学家甚至认为：无声语言所显示的意义要比有声语言多得多、深刻得多。一项令人吃惊的研究结果表明，在面对面的传播过程中，那些来自语言的社交意义不超过35%，也即是说，有65%的信息是靠非语言方式来传递的。并且在某些特定的语言环境中，非语言沟通的作用是其他载体所无法替代的。在公共关系的许多活动中，如谈判、演讲、讲座、交谈、宴请等，有时有些无法或不适于以言辞表达的意思，就往往须借助于表情、动作和体姿的作用。

因此，公共关系人员在运用公共关系语言艺术时，除了掌握和熟练运用有声语言外，非语言的把握和运用也是沟通时不可缺少的辅助语言手段。

一、公共关系活动中非语言沟通的表现优势

广义地说，除了用语言传播外，其他任何事物都能够传播信息，所以说，非语言沟通具有更广泛的表现优势。

（一）非语言沟通具有真实性和可靠性

这一方面是因为一个人的行为动作是其性格、思想和人格特征的反映，另一方面是因为人体的动作是其大脑活动的外露，有时甚至是无意识的。也就是说，非语言沟通中的动作、表情等大都发自内心深处，是难以压抑和掩盖的，常常在不知不觉中反映出人们最真实的感受和需要。因此，非语言比有声语言更具有真实性和可信性。例如，胆怯、性格内向的人讲话时往往双肩紧并、下垂、腰部弯曲，一副紧张、卑屈的模样；而果敢、外向的人在讲话时往往挺胸、收腹，一副泰然自若、信心十足的样子。抬头、挺胸、紧握拳头往往表现了一个人做事的决心和自信，这些动作的含义有时比言辞表达得更真实、更准确。

（二）非语言沟通具有感染力和吸引力

在人际交往中，一个人显示给他人的第一印象是十分重要的。第一印象的好坏常常取决于一个人的风度和气质，包括他的面部表情、手势和动作等。因为当我们对一方缺乏全面了解时，往往首先会以外表取人。有的人一看上去就很洒脱，而有的人却显得呆板无趣；有的人风度高雅，有的人则形态委琐。这种风度和气质大都是由非语言沟通中个人的动作、表情、体姿等语言表达出来的，进而影响第一印象的形成。

因此，我们说非语言沟通具有感染力和吸引力。人们喜爱漂亮、英俊的人胜于喜爱相貌不好看的人，而且人们往往把一切好的特征都安在长相漂亮的人身上。也就是说，仪表美在一定程度上满足了我们爱美、求美的共同心理需要。例如，一些商店、饭店和宾馆要求工作人员注意仪表美，并要适当的修饰。这也是正确的，因为这便于与公众的沟通和对顾客的吸引。

（三）非语言沟通具有强烈的表现力

在现实生活和交往中，人的同一表情或动作，可以同时表达出几种不同的信息，甚至可以在几秒钟之内表达出有声语言千言万语难以说清的问题。例如，久别亲人重逢见面，

互相凝视、微笑、流泪、拥抱，都表达出无限的思念和喜悦。又如，男女之间的眉目传情，表达了双方彼此间“心有灵犀一点通”。再如“空中小姐”微笑着搀扶老年旅客上舷梯。这一传播过程中的“微笑语”和“动作语”（搀扶）就成为两种信息，传达给乘客或周围其他人。这种非语言沟通所发出的信息，其情感表达的迅速性和深刻性是有声语言难以比拟的。

二、公共关系活动中非语言沟通的类型

（一）表情语言

表情语言指的是人的面部表情。在形体语言中，面部表情的“词汇”是最丰富也是最富有表现力的，它能迅速、灵敏而充分地反映出人的各种感情。人们还可以从面部表情的微妙变化中看到人类各种感情之间错综复杂的形式。

面部表情语言主要是通过面部肌肉的变化及眼睛的动作来表现的。

1. 面部语

面部语是指通过面部肌肉姿态变化形成的面部表情来表达思想感情，如皱眉表示沉思，提眉表示惊喜等。面部语是人的内在思想感情的外露，可以把高兴、悲哀、痛苦、畏惧、愤怒、失望、忧虑、烦恼、报复、疑惑等迅速、敏捷、充分地反映出来。雨果说过：“脸上的神气总是心灵的反映”。罗曼·罗兰也说过：“面部的表情是多少世纪培养出来的语言，比嘴里讲得更复杂到千百倍的语言。”

在公共关系活动中，公共关系人员一方面要准确、贴切地运用自己的面部表情，自然地流露情绪，表达自己的意图。另一方面要善于“察言观色”，通过对方的面部语言，来把握其心理、情绪。

2. 目光语

目光语是通过眼睛来反映心理，表达情感。眼睛的动作一向被认为是最明确的情感表现。意大利伟大的艺术家达·芬奇就曾说过：“眼睛是心灵的窗户。”芬兰的心理学家还做过这样的实验：把表现演员不同情绪的目光照片，裁成只保留眼神部分的细条，然后让人分辨他们所表现的情感，结果正确率很高。这说明：人们都能解读目光语言。

小资料

美国的第四十任总统里根出身演员，拥有高超的表演技巧，每次演讲他都能充分运用目光语。有时像聚光灯，把目光聚集到全场的某一点上；有时则像探照灯，目光扫遍全场。因此有人评价他的目光语是一台“征服一切的戏”。

在人际交往过程中，目光语主要是由视线接触的长度、视线接触的角度以及瞳孔的变化等3个方面组成的。

（1）视线接触的长度。

通常，与人交谈时，直视与长时间的凝视可理解为对私人空间或势力圈的侵犯，所以是不礼貌的。视线接触对方脸部的时间应占全部谈话时间的30%～60%；超过这一平均值，可认为对谈话者本人比谈话内容更感兴趣；低于此平均值，则表示对谈话内容和谈话

者本人都不怎么感兴趣。

倾听对方谈话时，眼神闪烁不定反映出精神上的不温柔和性格上的不诚实；回避对方的视线，是不愿被对方注意自己的心理活动；睁大眼睛看对方是对对方感兴趣的表示。

眨眼也属于注视方式之一。眨眼一般每分钟 5 ~8 次，若眨眼时间超过一秒钟就为闭眼。时间超过一秒钟的眨眼表示厌烦，不感兴趣，或表示自己比对方优越，有轻视或蔑视的意思。在一秒钟之内连续眨眼几次，是神情活跃，对某事物感兴趣的表现；有时也可理解为由于个性怯懦或羞涩，不敢正眼直视而做出不停地眨眼动作。

（2）视线接触的角度。

视线向下，表现父母、长辈对子女的爱护、爱怜与宽容的心理状态。保持平视，是基于理性与冷静思考和评价的成人心理状态。视线向上，表现出尊敬、敬畏和撒娇等纯粹以自我为中心的儿童心理状态。

（3）瞳孔的变化。

瞳孔的放大和缩小属于微身体动作。一般说来，瞳孔的放大传达出正面的信息，缩小则传达出负面的信息。例如，产生爱、喜欢或兴奋等情绪时，瞳孔就会放大，而产生戒备、愤怒的情绪时，瞳孔就会缩小。

在公共关系活动中，公共关系人员要善于运用目光语，对于眼睛的动作语言应该以注视的时间、方式和方向以及视线接触的角度去提取信息。

（二）动作语言

1. 手势动作

在动作语言中，手是传情达意最有力的手段。手势动作是指由手指、手掌、手臂发出的能够承载交流信息的动作，是非语言中变化最快、最多的一种信息传递语言。其含义非常丰富，具有极强的表现力和吸引力。与不同的面部语配合，相同的手势可以表达完全不同的意义，因此有人曾说手势是人的第二张脸。公共关系人员对手势的使用应有常识性的了解，并注意某些手势语的禁忌。

小资料

在欧洲绝大多数国家，人们在日常交往中常常伸出右手的食指和中指，比画作“V”形表示“胜利”，“V”是英语单词 Victory（胜利）的第一个字母。传说，“V”字形手势是第二次世界大战期间由一位名叫维克多·德拉维利的比利时人发明的。他在 1940 年底的一次广播讲话中，号召同胞们奋起抵抗德国侵略军，并动员人们到处写“V”字，以表示胜利的信心。从此“V”字手势不胫而走。特别是当时英国首相丘吉尔在一次游行检阅中使用了这一“V”形手势，使这个手势迅速广泛地流传开来。

不过，做这一手势时务必记住把手心朝外、手指朝内，在英国尤其要注意这点，因为在欧洲大多数国家，做手背朝外、手心朝内的“V”形手势是表示让人“走开”，在英国则指伤风败俗的事。

在中国，“V”形手势表示数目“2”、“第二”或“剪刀”。在非洲国家，“V”形手势一般表示两件事或两个东西。

公共关系活动中常见的手势动作及它所传达的信息主要表现为以下几个方面。

（1）握拳，表示向对方挑战或增加自己的决心或自信心。

（2）在交谈或开会等场合，用手指或铅笔敲打桌面，或在纸上乱涂乱画，都是利用小幅度的手指动作表示对对方的话题不感兴趣、不同意或不耐烦的意思。

（3）两手指尖并拢置于颌下的动作是在向对方传达自己充满自信的信号。

（4）手掌意味着坦率和开放，手背意味着控制和封闭。与人谈话时，将手插入口袋，是为了隐藏“手的语言”，不让对方看出自己的内心活动，也是不信任对方的表现。

（5）手指指指点点。谈话时，伸出食指向对方指指点点是一种很不礼貌的举动，这表示对对方的轻蔑与瞧不起。西方人尤其忌讳别人的指点。

（6）挥手招呼人。如果远远地向一个人发出召唤的手势，正确而有礼貌的做法应该是，高抬手臂，手心朝下，轻挥手腕。如果手心朝上，并拢的四指向内侧摆动，这种唤人的架势容易让人想起一个颐指气使的人，无礼而蛮横。

2. 颈部动作

颈部的功能决定表情的正或负。如表示赞同、欣喜、有兴趣，颈肌肉带动头部做上下点头的动作；反之，则摇头。同时，点头与摇头的意思，由于文化背景的不同会产生相当大的差异。大多数人肯定时点头，否定时摇头，一些地区做法则相反。例如，保加利亚表示肯定是左右摇头，让对方看见耳朵，表示否定时则先将头后倒，然后向前弹回；而叙利亚表示肯定时头先向前倒，然后弹回；表示否定时头先向后倒，然后弹回。

在谈话中，点头除表示“是”、“肯定”外，有时仅是向说话者表示“应和”的意思。有节奏的点头，表示“我在认真听你说话”；机械地频频点头，实际上是对谈话内容不感兴趣。侧头的动作表示“你说的是什么意思?”，“怎么办?”，“哦，原来如此。那以后呢?”等含义。低头倾听对方谈话，是严厉地评价对方谈话内容的表现，多半倾向于否定。垂头是体力与精力不支的表现，也是苦闷情绪的反应。

3. 腿部动作

在动作语言中，除了手的动作之外，腿部的动作也常常不自觉地表露出人的潜在意识。如小幅度地抖动腿部、频繁地变换架腿姿势、用脚尖或脚腿拍打地面等动作，都是人紧张不安、焦躁不耐烦的情绪的反映。在公共关系活动中，公共关系人员要设法避开这些动作，以营造开放而亲近的气氛。

（三）体姿语言

体姿语言包括人的各种静态姿势，如站姿、坐姿、睡姿、蹲姿、俯姿等。其中与公共关系活动比较密切的是站姿和坐姿。

1. 站姿语

站姿语就是通过站立的姿态来传递信息的语言。站立是人们生活、工作及交往中最基本的举止之一。在日常交际中，从一个人的站姿就可以看出一个人的状态。如有人站立时喜欢用一只腿做支撑，有的人站立时喜欢倚靠在什么东西上，还有的人站立时全身不够端正、双脚叉开过大、无精打采、自由傲慢等。这些站姿都不是可以在正式场合运用的站姿，都会被看做是不雅或失礼，公共关系人员应尽量避免。

在公共场合，正确的站姿是站得端正、稳重、自然、亲切，上身正直，头正目平，面带微笑，肩平胸挺，直腰收腹，两臂自然下垂，两腿相靠直立，两腿靠拢，脚尖呈“V”字形。女性两脚可并拢，肌肉略有收缩感。如果站立过久，可以将左脚或右脚交替后撤一步，但上身仍须挺直。

2. 坐姿语

坐姿语就是通过各种坐的姿势来传递信息的语言，包括就座和坐定的姿势。在正式场合，入座时要轻而缓，走到座位前转身，轻稳地坐下，不应发出嘈杂的声音。坐下后，上身保持挺直，头部端正，目光平视前方或交谈对象。通常，男性伸开腿而坐，意为“自信”、“豁达”；女性并腿而坐，意为“庄重”、“矜持”。

公共关系人员要善于从对方的坐姿体会其心理。比如开会，坐在前面的人往往对会议抱有期望，而坐在后面或角落的人则对会议较消极。此外，要注意“陌生人禁区”，这个禁区以伸直手臂，指尖刚刚触到对方臂膀距离为宜。一旦进入这个禁区，对方易感到不舒服或不安全，甚至试图马上离开。

三、公共关系活动中运用非语言沟通时应注意的问题

非语言沟通在公共关系活动中具有很重要的意义，公共关系人员要准确、自如地运用非语言沟通，必须注意以下几个问题。

（一）全面、准确地理解对方的非语言

非语言不是对人的行为状态含义的精确描述，其可变性强，含义广而深。所以不能机械地把上述非语言的形式搬到实际中去。因为对方通过非语言传递的信息与真实的内心想法并不完全一致，有时甚至就是一种假象，必须谨慎机智地来对待。

全面、准确地理解对方的非语言：一是要在综合基础上进行理解，即通过对方一系列动作的观察，综合起来进行理解。因为一种心态往往是通过非语言表现的，有些是对方有意识的控制，有时则是无意识的流露。二是善于观察，在无法一时判断对方非语言的含义时，可恰当地借助于有声语言进行试探，观察对方的反应，最后做出准确的判断。

（二）恰当地运用非语言

在公共关系活动中，非语言对有声语言有着辅助和完善的作用，公共关系人员恰当地运用非语言有利于交流和沟通达到理想的效果。公共关系人员要恰当地运用非语言：一是要善于观察和练习，把握非语言表现的分寸；二是要掌握机会，在恰当的时机使用非语言；三是要把握公共关系对象、场合和背景，准确地使用非语言。

第三节　跨文化沟通

跨文化沟通，泛指不同文化背景的人之间发生的沟通行为。由于地域不同、种族不同等因素导致的文化差异，使跨文化沟通可能发生在国际或地区间，也可能发生在不同的文化群体之间。在公共关系信息传播和沟通过程中，当信息的发出者是一种文化的成员，而接受者是另一种文化的成员时，就发生跨文化的沟通。现代公共关系活动中，公共关系组织的目标公众已经突破国家、民族、文化之间的界限，需要面对更为广泛的公众开展公共

关系活动，跨文化传播和沟通就成为现代公共关系活动的新特点。因此，对于公共关系人员来讲，能否了解、掌握、运用跨文化沟通中的技巧与方法，将会直接影响到涉外公共关系活动的成效。

一、跨文化对语言沟通的制约

一个民族所使用的语言与该民族所拥有的文化之间存在着密切的联系。任何民族语言都是在其特定的社会历史、风俗习惯、文化背景下形成的，相对具有不同的特指性。同时，特定的社会环境、历史背景、文化特征，往往会赋予语言除本身意义之外的特殊附加意义和功用。在跨文化沟通中，不同文化之间的差异对于语言的交流和沟通具有十分明显的制约作用。

（一）不同的文化给语言表达烙上各自不同的独特印记

在中国文化中，汉语的某些习俗用语，如“丢车保帅”、“半斤八两”，往往体现中华民族的独特文化。对中国人来讲，这些都是可以理解的。但在跨文化沟通中，一个不了解中国文化的外国公众，对此则难以理解。同样，在外国文化中的独特语言，中国人也感到是不可思议的。

例如，一个中国青年到附近游泳池去游泳，一会儿就回来了。和他同住一室的中国人和一个外国朋友都感到奇怪。他解释说：“游泳池里人太多，水太脏，早该换了。简直像芝麻酱煮饺子。”这个比喻很别致，很生动，和他同住一室的中国朋友笑了，而那个外国人既没有吃过“芝麻酱”，也没有见过“煮饺子”，丝毫不觉得这个比喻幽默，难怪他显出一副茫然不解的神情。西方人形容某地人多、拥挤不堪，常说 It was papked like sardines（塞得像沙丁鱼罐头一样，拥挤不堪）。这种比喻有些中国人可以理解，但不一定能欣赏其妙处，因为见过打开的沙丁鱼罐头的人很少，看到过一个又小又扁的罐头盒里，紧紧塞满整整齐齐的几排手指头长的沙丁鱼的人是不多的。

（二）不同的文化背景影响对语句意义的理解

同样的话语，在不同文化背景下的人听来会有明显不同的理解。例如，中国人见面时常会问：“吃了吗?”、“上哪儿去?”，这是一种表示友好的招呼语，会使人感到亲切、友好，能起到联络感情的作用。但同样这些话，在一些外国人听来，却会引起误解和不快。

问饭是否吃过了，外国人会以为这种打招呼的意思是说：“我也没有吃。走吧，我们一起去吃点东西吧。”或者说：“没有吃的话，我正要请你到我家去呢。”总之，这样打招呼有时意味着邀请对方去吃饭。曾经有一个刚到中国不久的外国留学生结结巴巴地用汉语问中国同学说；“你们为什么老问我吃了饭没有?我有钱!”他以为人们总问他“吃饭了吗”是因为怕他没钱吃饭。他显然对这种问法感到生气。

而汉语中的“上哪儿去啊?”和“到哪儿去啦?”这样打招呼的话直译成英语就是 Where are you going? 和 Where have you been? 西方人重视个人隐私，用这两句英语来打招呼，大部分讲英语的人听了会不高兴，他们的反应很可能是：It's none of your business!（你管得着吗!）

（三）不同文化之间的差异造成语义的非对应性

语言本身是文化中最重要的部分，同文化中其他组成部分密切相关。跨文化沟通中的语言翻译，一定要顾及文化因素，应尊重人的本意，不能简单地直译，以免造成沟通阻塞。在外国文化中，相当于汉语中“爱人”这个词的英语词就是：husband（丈夫）或 wife（妻子）；frience（未婚夫）或 fiancee（未婚妻）。而有些懂一点英语的中国人介绍自己的爱人时喜欢直译为 lover 一词，外国人对此颇为惊讶（因为 lover 表示情夫或情妇的意思），他们不理解一向在这类问题上谨慎小心的中国人，为何公开声明自己有 lover。这就是文化之间的差异造成的语义误解。

由此可见，跨文化沟通中的语译，绝不能像“对号入座”一样完全对应，必须考虑这些语言能否在原语和译民接受者中间引起相同的反响。特别要注意将原语中蕴涵的各种文化因素与译语加以比较，使之在交际功能上协调一致。

（四）不同的文化价值观念会造成沟通中的误解

文化价值观念即指人们对社会行为的评价态度，是制约每个社会成员的伦理道德规范。由于价值观念在不同文化体系中的巨大差异，因此不同文化背景的人对社会的认知态度就不尽相同，这些会影响到跨文化语言的沟通。

例如，谦虚在我国被誉为一种美德，因此在听到别人赞扬时，中国人和美国人的回答不同：美国人一般表示接受赞扬，中国人则一般表示受之有愧。曾经有一位中国女孩子在美国，身上穿着一件漂亮的服装。当一位美国女孩子对她说：“这件衣服真雅致，颜色美极了”。这位女孩子很高兴，但有些不好意思，就按中国习惯回答说：“这是件普通的衣服，我在中国国内买的。”这样的回答，在美国人听来，可能会误以为中国女孩子在说对方不识货，对一件普通衣服如此大惊小怪，可见美国女孩子的鉴赏能力有问题等。这正是文化价值观念的不同，使得说话人的意图和所传达的信息之间有很大差距。

二、跨文化沟通的表现形式

跨文化沟通的表现形式主要体现为跨地域的沟通，此外还体现为包括跨时代的沟通和不同角色之间的沟通。

1. 跨地域的沟通

文化的差异性，在很大程度上表现为地域性。地理环境的差异决定了资源的状况，决定了人类的生产活动，从而进一步决定了人类的文化构成和文化背景。

就全球范围而言，无论东南西北，不同地区具有不同的文化环境，作为文化内核的文化价值观强烈地制约着语言表达的内容和形式，换句话来说，文化价值观不同，人们的言谈内容与言谈方式也随之有所不同。如中国人喜欢被动的单向沟通方式，不愿意对领导当面提出反对意见；而美国人则喜欢当面表态，如果当时没有反馈意见，他们则会认为没有问题。这种差异会给跨地域的沟通带来很多不便。再如，在中国人的思维方式深处，认为客随主便是礼貌的表现，是对主人的尊重。在宴请中，当主人问吃中餐还是西餐时，中国客人总会很客气地说道：“随便。”“客随主便。”西方人却对这样的答复难以理解，不知道要怎么操作才好。

即便是同在中国，不同省份，语言可能不同；南方北方也有气候差异、饮食差异，交流中会遇到个性差异，也会出现“水土不服”的说法，其实就是跨文化沟通中的适应问题。

2. 跨时代的沟通

时代不同，社会影响也不同，所以不同的时代有着不同的文化构成，因而也就有着不同的语言表达。

有些词语就非常明显地、深刻地反映了社会的变动，如汉语中的“洋灰”就是。假如现在街上有位年逾古稀的老太太指着某种建筑材料说：“洋灰。”一般青少年大概会莫名其妙，不知老太太指什么。原来老太太的“洋灰”就是“水泥”。要搞现代建筑，就得用水泥，而在半殖民地半封建社会的旧中国，民族产业得不到应有的发展，水泥也要从外国进口，所以，水泥在旧中国被叫做“洋灰”。

3. 不同角色之间的沟通

跨时代和跨地域的沟通是跨文化沟通的两种基本形式。但是，跨文化的沟通还有其多种特殊的表现形式。如不同行业之间的沟通、两代人之间的沟通，等等，我们把它们统称为不同角色之间的沟通。

众所周知，隔行如隔山。不同行业从业人员的行为模式、职业气质千差万别，而各个行业之间的行业规范、工作标准、价值理念又不尽相同。从而造成不同行业之间在交流或沟通上的距离或障碍。

代际的沟通，也是一种跨文化的沟通。假设有这样两代人，一代是50年代的青年，一代是80年代的青年。前一代人现约六七十岁，后一代人现约三四十岁，两者相差三十岁左右（这里所说的年龄是时间年龄，不是生理年龄、精神年龄和社会年龄，这时所说的代是就总体而言，撇开各自的例外情况）。这两代人由于有不同的经历，接受不同的家庭教育、学校教育和社会教育，从而各有其不同的文化构成，从而也造成两代人在交流或沟通上的距离或障碍。

三、实现有效跨文化沟通的方法

要实现有效的跨文化沟通，必须正确对待不同文化之间的差异，并保持积极的沟通心态，从而实现文化认同。

小思考

为了提高跨文化沟通能力，许多公司将经理人派到海外工作或者学习，让他们亲身体验不同文化的冲击，或者把他们留在自己的国家，与来自不同文化背景的人相处，外加一些跨文化知识和理论的培训。例如：

日本富士通公司为了开拓国际市场，早在1975年就在美国檀香山设立培训中心，开设跨文化沟通课程，培训国际人才。现在，该公司为期4个月的跨文化管理课程除了用于培训本公司的人员，还被用于其他公司和国家跨文化管理人才的培训。

韩国三星公司每年都会派出有潜力的年轻经理到其他国家学习，学习计划由学员自己安排。但是公司提出一些要求，例如学员不能坐飞机，不能住高级宾馆，除了提高语言能力外，还要深入了解所在国家的文化和风土人情，等等。通过这样的方法，三星公司培养了大批熟悉其他国家市场和文化的国际人才。

可口可乐公司成立“全球服务项目”，这个项目由500位中高级管理人员组成，每年约有200人调动工作岗位。这些人一方面为公司的全球发展做出贡献，另一方面可以提高自己的国际管理经验。这个项目的最终目的之一，是建设一个具有国际头脑的高层经理团，公司的高层管理人员将从这些人中进行选拔。

以上公司的做法带给你怎样的思考？

（一）正确对待文化差异

在跨文化沟通中，各种文化之间的差异是客观存在的，这是进行跨文化沟通的前提。为了有效地进行跨文化沟通，避免无谓的价值冲突、无效沟通或沟通误会，正确对待文化差异是一种基本要求。为此，公共关系人员应该做到以下几点。

在沟通实施前，充分了解沟通对方文化和自己所在文化存在的各方面文化差异，并做好相关的心理准备。对自身的文化模式，包括其优缺点有充分的认识，有助于在跨文化交往中获得识别自身文化和其他文化之间存在的类同和差异的参照。理解对方文化，则有助于在某种程度上摆脱自身的本土文化，从另一个不同的参照反观自身的文化。总之，对双方文化差异了解得越多、越详细越好。

在沟通过程中，针对较为浅层面的文化差异，应尽可能地采取灵活的沟通措施；针对较为深层面的规范体系差异和认识体系差异所导致的沟通障碍，要能够准确地找出，并且要尽可能地把原则性和灵活性统一起来。

在沟通结束后，应尽力总结沟通的经验和教训，并且经过数次沟通后，从中探讨相关的沟通规律。

（二）保持积极沟通的心态

沟通有三种心态，即“积极”、“退缩”、“侵略”。三种心态将会导致不同的沟通行为：积极心态在于保持自己文化的特色和优势，但又不侵犯对方文化；退缩心态的目的是为了避免冲突或取悦于他人，甚至以牺牲自己的文化为代价；侵略心态则在于求胜，特别是通过牺牲其他文化而获取胜利。就沟通者自身所处的文化而言，退缩心态反映文化触角效应，侵略心态反映文化光环效应，两种心态都不利于有效地进行跨文化沟通。因此，在跨文化沟通中，公共关系人员对对方文化要有一种宽容的立场和积极的沟通态度。

（三）创新跨文化沟通语言

语言会构成跨文化沟通中的很大障碍，因此，为了进行有效的跨文化沟通，必须积极训练沟通语言。

1. 熟练掌握语言技巧

在语言沟通中，要注意口语交流和书面沟通不同层面的不同作用。语言是文化的一种直接的表现形式，不同文化、不同沟通层面对沟通形式的要求不同。

在跨文化沟通中，语言交往的相同或向背，往往是由不同文化的共同性和特异性所致。在和对方进行语言沟通时，要经常停顿，给他人理解的时间，不要急于打破沉默。一开始如果不能肯定的话，要假定双方之间存在差异；在语言表达完之后，不要认定对方理解了，先假定对方不理解，再检查其理解程度。

2. 熟练掌握非语言沟通技巧

学会去细心聆听，是培养沟通技巧的第一步。一个好的聆听者，不但要留意对方的谈话内容，更应该尝试了解内容背后的含义。在聆听之余，另一个重要的沟通技巧是留意对方的身体语言。人在谈话的时候，从面部表情或身体流露出来的往往比从语言上流露出来得多。因此公共关系人员与人沟通时要留意自己的身体语言，务求要和口中所说的如出一辙。沟通可以超越语言的范畴，在非语言沟通中，公共关系人员可借助口头表达手段，如聆听、手势、示范、书面总结等。

（四）努力实现文化认同

理论上说，有效的跨文化沟通的目标是实现文化认同。文化认同是指通过跨文化沟通，实现沟通各方对他方的文化予以足够的理解、承认和尊重，从而保证组织事业在不同的文化背景中蓬勃发展。为了实现这一目标，在实际沟通过程中，沟通各方对对方文化要有一种宽容、积极的态度。

宽容、积极的心态在于保持自己的文化特色和优势，但又不侵犯对方文化。为此，要做到以下几点。

1. 文化上求同存异

即暂时搁置不同文化之间存在的差别，积极寻求两种文化的共同点。当然，要做到文化上求同存异，沟通双方文化的地位是平等的，而不是采取盛气凌人的姿态。

2. 沟通中相互适应

即在跨文化沟通中努力适应对方文化。公共关系人员应当将每一次跨文化沟通当做一次极好的学习机会，通过学习不断地提升自己的适应性。

3. 思维上消除定势

即打破跨文化沟通中的思维定势，尽可能地做到客观公正。思维定势往往并不是沟通者主观上的故意，因而在沟通中往往更容易被忽视，对此更应该引起高度重视。

本章小结

本章的主要内容为公共关系的沟通技巧。首先介绍了公共关系语言艺术的方法、原则和特点；其次分析了公共关系活动中非语言沟通的类型及其表现优势，以及公共关系活动中运用非语言沟通时应注意的几点问题；最后介绍了跨文化对语言沟通的制约和跨文化沟通的表现形式，以及实现有效跨文化沟通的方法。

习　题

基础知识题

1. 公共关系语言艺术的原则和特点有哪些？
2. 公共关系语言艺术有哪些主要方法？
3. 非语言沟通的表现优势体现在哪些方面？
4. 公共关系活动中，非语言沟通的类型有哪几种？
5. 公共关系活动中运用非语言沟通时应注意哪些问题？
6. 跨文化对语言沟通的制约体现在哪些方面？
7. 跨文化沟通有哪些主要的表现形式？

8. 实现有效跨文化沟通的方法有哪些?

技能训练题

假如你是刚进入大学的新生，并很快被同学们选举为班长。但是你上任后发现，由于同学们来自我国不同的省份，个性差异较大，加之彼此之间比较陌生，班级工作很难展开。请问，你应该采取哪些方法，以使同学们能够进行有效的交流和沟通，增进相互了解。

典型案例

英特尔是一个典型的跨国公司，在许多国家建立了分公司和工厂。公司的圣塔克拉总部就像是一个小型的联合国，聚集着来自世界各地、具有不同文化背景的员工。对于种族、文化背景不同的员工，英特尔一直强调人人平等，没有任何歧视。不过，1982 年的一次大规模人才外流事件，却意外地促使公司重视对不同文化的整合。

当时，公司的 80286 刚刚设计完成，本该是人人欢欣鼓舞的时候，却出乎意料地发生了许多工程师辞职的事件。分析他们辞职的原因，有外因，也有内因。外因在于，硅谷发展已具雏形、新公司如雨后春笋般成立，人才需求旺盛；内因在于，80286 这一大型计划完成后，许多人不知道下一步的工作目标，感到较为迷茫，因而难以抗拒新公司的诱惑。在辞职的工程师当中，华裔工程师占相当的比重。而华裔工程师在英特尔一直以头脑灵敏著称，被公司视为优秀人才，这对英特尔来说不能不说是一个重大损失。

为此，英特尔决定召开一次小型的研讨会，来探讨英特尔企业文化和中国文化的差异。1983 年春，研讨会在一家中国餐馆召开。尽管会议的前 20 分钟内大家还心存观望，但很快会场便活跃起来，大家争相发表对英特尔文化和中国文化的看法，讨论十分热烈。会议主办者还特别邀请了 3 位华裔经理现身说法，将自己在人际沟通和职业生涯规划上的经验与大家分享。

研讨会后，英特尔成立了“多重文化整合委员会”，在定期的聚会中举办各种活动，甚至为有需要的员工配备了“英特尔生涯导师”。

1984 年春节，公司第一次举办了中国新年晚会，近百名英特尔员工自费出席了这次盛会，包括董事长摩尔（Moore）、CEO 葛洛夫（Grove）等在内的公司高层领导都亲自参加了此次聚会，大家玩得十分尽兴。

以后，“多重文化整合委员会”不但帮助华裔员工适应英特尔文化，让英特尔各级管理人员了解华裔员工，而且将活动对象扩充到日本人和以色列人等。通过近 10 年的发展，多重文化整合的覆盖范围超过 4000 人。

大规模人才流失事件再也没有在英特尔发生过，英特尔公司步入了蒸蒸日上的发展时期，为其确立在全球计算机产业领域的龙头地位奠定了基础。

思考题

（1）什么是跨文化沟通?

（2）实现有效的跨文化沟通的方法有哪些?

（3）本案例中，英特尔公司的做法带给你哪些思考?

第九章　公共关系专题活动

学习目标

知识目标：了解公关专题活动的几个主要形式；掌握记者招待会的程序、展览会的注意事项；了解展览会、赞助活动、典礼与仪式的类别、联谊活动的主要形式。

能力目标：具有判断专题活动适用范围的能力。

技能目标：策划与组织各种专题活动。

重点：掌握公关常用的各种专题活动的特点与适用范围。

难点：理解各种专题活动的价值与区别。

茅台酒本来在国外没有很高的知名度。有一次，厂家代表带它去参加在印度新德里举办的世界酒类饮料展览会。该博览会汇集了世界各国著名的各种饮料，而世界著名的酒类品牌也决不肯放弃这样极好的机会。茅台酒是首次参展，光租展位，就是很大一笔开销。但厂家认为，只要能够提高知名度，还是值得的。然而，面对法国的香槟等西方传统的酒类饮料，人们对来自中国的茅台酒展位，根本不屑一顾。展览的第一天，茅台酒基本无人问津。面对这样的尴尬局面，茅台酒展览工作人员急得团团转，为此，他们决心要扭转这种受人冷落的状况。于是，第二天的展览开始之际，在人流最高峰的时候，工作人员急中生智地拿着一瓶茅台酒走到展厅中央，装着在人流中不小心将它“打翻”在地。顿时，整个展厅充满了茅台的酒香。参观展览的人们立即被这从来没有闻到过的酒香所吸引，好奇地相互打听这是什么牌子的酒香味。茅台酒展览人员抓住这一时机，向参观者介绍茅台酒。很快茅台酒展位吸引了大批参观者，随即引起整个展览会的轰动，新闻媒介也闻风而动，纷纷予以报道。结果，茅台酒在本次展览会上获得了金牌。从此，它也身价百倍。

公共关系专题活动是公共关系实务的重点，被许多社会组织广泛运用，并成为其开展公共关系活动的重要方式。公共关系专题活动的内容很多，形式亦多种多样，近几年，随着市场经济的发展，公共关系专题活动正不断以新的形式出现。这些不断出现的形式新颖、独特，令人耳目一新的专题活动，往往备受人们的关注，因而更容易获得成功。

第一节　新闻发布会

新闻发布会又称记者招待会，是政府、企业、社会团体和个人把各新闻机构的有关记者邀请来，宣布某一或某些重要消息，并让记者就此进行提问，然后由召集者回答的一种具有传播性质的特殊会议。社会组织召开新闻发布会可以达到两个目的：一是广泛传播有关本组织的重要信息，二是与新闻界保持一种密切的联系。

一、新闻发布会的特点

1. 权威性强

社会组织以记者招待会的形式发布组织信息，其形式比较正规、隆重，而且规格比较高，有极强的权威性。

2. 针对性强

新闻发布会上，答问是活动的主要形式，在活动中记者就自己感兴趣的话题进行提问，针对性强；同时，在提问中，记者们还可相互启发，能更深层地掌握信息。

3. 价值性高

举办新闻发布会一般在组织急需情况下进行，要求紧迫，这样导致召开新闻发布会的信息，必然具有较高的新闻价值，值得新闻媒介和广大公众的重视和报道。

4. 难度大、要求高

召开新闻发布会不仅成本高，而且占用组织者和与会记者的时间也较长，对组织发言人和主持人的要求较高，如发言人和主持人要求头脑清晰、思维敏捷、逻辑性和应变能力强，因此举办新闻发布会与其他专题活动相比，难度较大。

5. 有利于感情交流

在新闻发布会上，主持人或主要发言人与记者进行面对面的交流，可就一些问题达成共识，加强了组织与新闻记者的相互沟通。

二、制订新闻发布计划的程序

1. 事由

“无风不起浪”，制订计划总要有它的缘由：近期发生的大事或计划做的大事，这个“大事”应当是与组织机构的发展有直接的重大关系的；或者发生在组织机构内，已经或将要波及社会；或者发生在社会，必然会影响到组织机构内部来。

2. 动议

制订新闻发布计划的依据是有这方面的提议。要宣传“大事”可以通过新闻发布会，也可以直接给报社写稿，还可以做广告。只有有了开新闻发布会的提议，计划程序才能开始。提议者可以是最高决策层，也可以是一个部门。普通的公关员也可以发出召开新闻发布会的“动议”。

3. 分析

是否进计划程序要过分析关。召开新闻发布会的“动议”是否合理？召开新闻发布会是否有必要？会产生什么影响？在当前形势下召开新闻发布会是否与整体传播规划相适应？有没有比新闻发布会更合适的形式？

4. 建议

公关人员对是否举行新闻发布会和会议的格调向最高管理层提出建议。建议举行，理由是什么？确定什么样的主题？何时可以拿出具体的计划？反对举行新闻发布会理由是什么？是否需要替代的措施？

5. 核定

组织机构领导审阅上述建议，对是否举行、如何举行新闻发布会做最后审核。

6. 启动

如果领导批准举行新闻发布会，则启动计划程序，开始拟订计划。

三、新闻发布计划的内容

1. 确定举行新闻发布会的必要性

在举行新闻发布会之前，必须对所要发布的信息进行认真的研究分析，分析一下这些信息是否重要、发布这些信息的紧迫性与最佳时机以及这些信息是否具有广泛传播的新闻价值等。在企业中通常有必要举行新闻发布会的事件一般有：新开张；新产品的开发、生产与投放市场；企业重组上市；发生重大（或紧急）事件；受到公众和新闻界的公开批评；开展重大的社会公益活动；重要的人事变动；企业的重要庆典或纪念活动等。

2. 确定新闻发布会的主题

主题是新闻发布会的核心内容，整个活动都要围绕主题开展。在召开新闻发布会之前，必须确定会议的中心议题。

3. 确定举行新闻发布会的时机与地点

举行新闻发布会需要选择最佳时机，以便有关本组织的重要新闻能在最合适的时间里向社会公众进行传播。这一时间的选择应遵循两个原则：一是要在所要传播的信息最具有新闻价值的时候，二是被邀请的记者都能到会。

在地点的选择上主要考虑要给记者创造各种方便采访的条件，如录像、灯光、视听辅助工具等。还要考虑交通是否方便，会议地点环境要求安静不受干扰。同时，会场的桌椅要尽量适合于记者记录、拍摄用等。

4. 选择发布会的主持人和发言人

记者的职业要求和思维习惯会使他们在新闻发布会上提出一些深刻、尖锐而且可能棘手的问题，这就对新闻发布会的主持人与发言人提出了较高的要求。主持人的作用在于把握主题范围，掌握会议进程，控制会场气氛，促成会议的顺利进行。此外在必要时还承担着消除过分紧张的气氛，化解对立情绪、打破僵局等特殊任务，因此应由有较高公共关系专业技巧的人担任。新闻发言人要透彻地掌握本组织的总体状况及各项方针政策，面对新闻记者的各种提问，需要头脑冷静、思维清晰、反应灵敏，具有很强的语言表达能力，措辞精确，语言精练、流畅，发表的意见具有权威性，新闻发言人一般由组织主要负责人或部门负责人担任。

5. 确定要邀请记者的范围

邀请哪些记者出席新闻发布会要根据所要发布的信息的重要性和影响程度来确定一个邀请的范围。从地域范围看，如果新闻内容仅限于本地，则以邀请当地新闻单位的记者出席为主；如果新闻内容涉及较为专门的业务，则以邀请专业性新闻单位记者出席为主；如果新闻内容涉及全国，则以邀请全国性的新闻单位记者为主。从传媒范围看，应该邀请各种传播媒介的记者出席，既要有电台、电视台的记者，也要有报纸杂志的记者，既要有文字记者，也要有摄影记者，以便使本组织发布的重要新闻在社会上形成立体传播的态势。

6. 准备发言提纲和辅导材料

要组织熟悉情况的人成立专门的发言起草小组，全面收集有关资料、信息，写出准确、生动的发言稿供发言人参考。还可以写出报道提纲，在会上发给记者作为采访报道的参考。要特别注意发言稿和报道提纲的内容是否统一，防止会上口径不统一。如有必要，还应提前向与会记者提供与本次新闻发布会有关的背景材料，以便让记者对会议有比较多的了解。

7. 组织记者参观的准备

新闻发布会前后，可以配合会议主题组织记者进行参观活动，给记者创造实地考察、采访、摄影、录像等机会，增加记者对会议主题的感性认识。为使参观活动达到预期目的，应该在会前安排好将要参观的地点，并派专人接待、陪同及介绍情况。

8. 布置会场

布置会场是召开新闻发布会之前的重要准备工作之一。要为新闻发布会创造一个良好的会议环境，即：安静、无干扰，室内座椅舒适，灯光适宜。

9. 制定经费预算

经费预算可按记者招待会不同的规格和规模去制定，预算时应留有余地，以备急需，其经费预算一般包括：场租费、会场布置费用、印刷费、饮食费、礼品费、文书用具费、音响器材费、邮费、交通费、电话费、传真费、上网费等。

小资料

新闻发言人制度

组织机构的新闻发布制度是从国家的新闻发言人制度中衍生出来的。新闻发言人制度是当今世界大多数国家推行的一种基本的信息发布制度。这项制度的首创者是美国总统富兰克林·罗斯福。1933 年，罗斯福执政后为挽救严重的经济危机而采取了被称为“新政”的施政纲领。此后罗斯福为了推动“新政”的顺利实施，就“新政”的推行情况定期约请广播电台的记者到自己的办公室或寓所，以“炉边谈话”的形式向社会发布新闻，从而开创了新闻发言人制度的先河。

我国政府 1983 年 4 月开始设立新闻发言人制度，国务院设新闻办公室和新闻发言人。此后每年的全国人大会议和全国政协会议期间以及举行其他重大活动时都要举行大规模的中外记者招待会。这一体现公开性和透明度的行之有效的政治制度也在工商企业界和其他社会服务领域得到了普遍的推广。

与国家的新闻发言人制度一样，组织机构新闻发布制度的实施，不仅为组织的信息传播开辟了一个更具有权威性的途径，而且对促使工商企业和其他社会组织由传统的封闭型经营方式向现代开放式经营方式的转变具有特别重要的意义。

四、新闻发布会的注意事项

（1）所发布的信息必须是准确无误的。

（2）发布会的主持人与新闻发言人代表组织出现在记者面前，应维护好组织的形象。

（3）发布会的主持人应充分发挥主持和组织作用。既要调动记者提问的积极性，又要控制好会场。使发布会的整个过程不偏离主题，掌握好发布会的节奏。

（4）发言人发布的信息和回答的问题必须准确无误，并且主要发言人和其他发言人的口径要统一，防止因口径不统一而引起记者猜疑和会场秩序的混乱。

（5）对于不愿发表的意见和不便透露的信息，应婉转地向记者作解释，希望记者理解，不要吞吞吐吐，否则便会使记者追根究底，造成难堪的局面。

小思考

2005 年 8 月 6 日，第四届哈尔滨啤酒节开幕，当地啤酒生产企业向哈尔滨市中心休闲广场注入大量啤酒，据称此举目的在于打造全国第一个“啤酒喷泉”，让人们从中感受啤酒文化。你对此有何看法？

五、新闻发布会的程序

1. 签到

在接待处设签到处，接待最好有组织的一个主要人物出面迎宾，一方面表示出主人的礼貌和会议的郑重，另一方面也可以通过问候寒暄加强接触了解，建立感情。

2. 发资料

在会议正式开始前，要将准备好的资料有礼貌地分发下去，让记者对会议有一个粗略的了解，以便在发言人发布信息时对会议主题有更进一步的认识和理解。

3. 会议开始

由主持人说明召开会议的目的，所要发布的信息和有关情况的介绍、说明。

4. 发言人讲话

发言人就事件的内容做详细、准确的讲述。

5. 答问

6. 会议结束

六、新闻发布会的会后工作

（1）尽快整理出新闻发布会的记录材料，对发布会的组织、布置、实施、主持和回答问题等方面的工作进行评估，总结经验，吸取教训，并将总结材料归档备查。

（2）对照会议签到簿，看与会记者是否发了与本次新闻发布会有关的稿件。搜集已经发表的新闻稿，进行分类登记，并对记者所发稿件的内容及倾向做一分析，检查是否达到了举办新闻发布会的预定目标。

（3）若出现不利于本组织的报道，应作出良好的应对策略。若出现不正确或歪曲事实的报道，应采取行动，说明真相，向新闻机构提出更正要求；若报道的虽然是正确事实，但不利于本组织，则应通过该报道的媒体向公众表示歉意，并续以改进的措施，以挽回企业声誉。

（4）搜集与会记者及其他来宾对新闻发布会的反应，看看他们对本次会议的意见，以便今后改进工作。

第二节　典礼与仪式

典礼与仪式，是组织自身重大事件的仪式活动和组织所处社会环境中相关的节日庆典和大事庆典活动的总称，是组织经常开展的专题公关活动之一。由于此项活动的特殊性和隆重性，可以使组织利用举办此项活动的契机，广交朋友，提高组织的知名度和美誉度。公共关系人员是这类活动的组织者，应当研究和掌握组织这类活动的规律。

一、典礼与仪式的类别

典礼与仪式的类别很多，形式各异。如果意义重大、形式新颖，它能够牵动千百万人。它是组织向社会和公众第一次展现自身，以引起社会与公众关注的公关专题活动。它可以使组织第一次或在原有的基础上以崭新的姿态与公众接触，帮助公众正确认识组织形象以及它所反映的经营管理水平、领导能力与员工素质。它往往会成为社会公众衡量对其取舍和亲疏的重要标准。它不同于组织平常的活动，鉴于其特殊性和隆重性，往往会引起社会公众较多的关注，因此是扩大组织社会影响的极好机会。

常见的典礼与仪式主要有节日庆典、奠基、竣工典礼和开幕式、签字仪式、发奖、授勋仪式等。

小案例

美国 IBM 公司的“金环庆典”

美国 IBM 公司每年都要举行一次规模隆重的庆功会，对那些在一年中作出突出贡献的销售人员进行表彰，这被称作“金环庆典”。在被邀请参加庆典的人员中，不仅有股东代表、工人代表、社会名流，还有那些作出了突出贡献的销售人员的家属和亲友。IBM 公司每年一度的“金环庆典”活动，一方面是为了表彰有功人员，另一方面也是同企业员工联络感情、增进友情的一种手段。在这种庆典活动中，公司的主管同那些常年忙碌、难得一见的销售人员聚集在一起，彼此毫无拘束地谈天说地，无形地加深了心灵的沟通。尤其是公司主管们表示关心的语言，常常使那些在第一线工作的销售人员“受宠若惊”。正是在这个过程中，销售人员更增强了对企业的“亲密感”和责任感。

二、举行典礼与仪式时应注意的事项

在组织举行盛大的庆典活动或仪式时，公共关系人员应该是幕后的主持者，许多事情要由他们周密策划，以使活动圆满成功。

（1）拟订典礼仪式的程序最好能事先印刷好，在宾客到来之前发到每个座位上，也可以在签到时一同分发。

（2）拟订出席典礼仪式的主宾名单，其中应有党政部门负责人、本社区的头面人物、各界社会名流、新闻记者、协作单位代表等。请柬应设计得庄重、正规化，最好在活动日前 3 天送达，以便安排好各项工作。

（3）组织接待小组负责引导与招待来宾，最好能安排一个专门的接待室，备有茶水、饮料、水果、香烟等。

（4）重要客人的安排，确定主席台或坐（站）在第一排的宾客，并有明显醒目的标识牌。站立的会议，在主要宾客的地方应铺上地毯，以示庄严。公关人员在活动开始前 5 分钟引导主、宾进入预定区城。主席台座位顺序以正中间为大，分左右两边依次类推，左大右小。对一般宾客也应热情周到地安排座次。

（5）确定剪彩人员或发奖人员。一般以地位比较高的负责人为宜，也可由宾客们推选代表。

（6）为演讲者起草讲稿。正式外交场合要提前印发给各位与会者。要求宾客致词时，应提前通知他们，以便充分准备，并在活动开始前逐一落实。

（7）布置和检查音响设备。在主席台上至少装两个话筒，有些特殊的活动应在群众和宾客席位安放话筒。

（8）设置签到簿，并在活动开始前提供一份准确无误的主宾名单给会议主持人，以便向与会者介绍。

（9）摆好签字者的桌、椅。筹办签字仪式应摆好签字者的桌、椅，并标明哪一方是哪一位签字者。国际间协议签字以国旗或团体旗帜为标志。

（10）安排专人接待新闻记者，大规模活动最好设立新闻中心。其组织方法与记者招待会相似。

三、典礼的准备工作

1. 发出告示

为了造成一定的影响，引起人们的注意，需要在典礼活动之前发布告示。告示的内容较为简单，只需写明典礼的时间、地点及被邀请参加的人士。有的告示可以作为广告，通过报纸、电台、电视台发布。一般人受思维定式影响，将开幕典礼的视点局限在“典礼”两个字上，只对典礼本身下工夫。可是有经验的公关人员往往在开幕典礼之前就着手大做文章了。

2. 发送请柬

邀请有关人士（包括主管领导、知名及其他有关人士）参加典礼。告示、请柬一般在庆典活动日的 3 天前发出。

3. 布置环境

举行仪式的现场要张灯结彩，悬挂庆典的会标。如属开张或开业庆典，会场可设在开张公司或商店的门口，会场的两边可布置来宾或祝贺单位的花篮。总之，庆典仪式现场要布置得热烈、大方、得体、有喜庆感。

四、剪彩仪式的程序及做法

一般大型的建筑物落成、开幕式以及商店、企业开张等的庆典活动都举行剪彩仪式。剪彩仪式一般程序有如下。

（1）邀请参加剪彩的嘉宾就位。

（2）主持人介绍参加剪彩的来宾，并向他们表示谢意。

（3）安排简短的发言。（剪彩：剪彩的彩带通常用红绸制作，事先应准备好剪刀、托盘和彩带。剪彩时，由协助剪彩的工作人员拉好彩带，再由另外一名协助剪彩的工作人员端好托盘，剪彩者用剪刀将彩带上的花朵剪下，放在托盘内。这时，场内应以掌声表示祝贺。）

（4）参观。对剪彩的项目如开业的企业、商店的新设施或商品进行参观。

（5）举行酒会。

五、签字仪式的筹备及程序

签字是一件非常严肃的事件，需要精心筹备，按照一定的程序进行。

1. 签字仪式适应的范围

国家之间或团体、各级组织间通过谈判，就政治、经济、军事、技术、文化等各领域内相互关系达成协议，缔结条约、协定或公约时，一般都举行签字仪式。签字人视文件的性质，由缔约各方确定，有由国家领导人签署的，也有由各级政府部门负责签署的；有由企业负责人签署的，也有由企业部门负责人签署的。签字时双方签字人的身份应大体相当。如一个国家领导人出访他国时，双方商定发表联合声明或联合公布，通常也举行签字仪式。各国的业务部门之间签订的专业性协议，一般不举行签字仪式，但要讲究签字的程序和礼节礼貌。

2. 签字仪式的准备工作

安排签字仪式，首先应做好文件的准备工作，有关单位应及早做好文件的定稿、翻译、校对、印刷装订、漆印等项工作。同时准备好签字的文具、国旗等物品，双方商定助签人员，并安排双方助签人员洽谈有关细节。参加签字仪式的，基本上是双方参加会谈的全体人员，如一方要求让某些未参加会谈的人员出席，另一方应予同意，但双方人数最好大体相等。不少国家或组织为了对签字仪式重视，往往由更高层、更多的领导出席签字仪式。

3. 签字仪式程序、场地布置及座位安排

我国举行的签字仪式，一般在签字厅内设长方桌一张作为签字桌。桌上覆盖着深绿色台呢，桌后放两把椅子为双方签字人员的座位，主左、客右。座位前摆的是各自保存的文本，上端分别放置签字文具。如果是两国间的签字仪式，中间还要摆放一旗架，悬挂签字双方的国旗。双方人员步入签字厅后，签字人入座，其他人员分宾、主各一方按身份高低顺序排列于各签字人座位后，双方身份最高者站立中央。双方的助签人分别站在各自签字人的外侧，协助翻揭文本，指明签字处。在本国或本组织保存的文本上签毕后，由助签人员互相传递文本，再在对方保存的文本上签字，然后由双方签字人交换文本，互相握手。有时签字后备有香槟酒，共同举杯庆贺。

在不同的国家，签字仪式的安排不尽相同。有的国家安排的仪式设两张方桌为签字桌，双方签字人员各坐一桌前，小国旗挂在各自签字桌的旗架上，参加仪式的人员坐在签字桌的外面。而有的国家则安排一张桌为签字桌，但双方参加仪式的人员坐在签字桌前方两旁，双方国旗在签字桌后面。如果有三四个国家缔结条约，其签字仪式大体如上所述，只是相应增添签字人员座位、签字用具和国旗等物。如果签订多边条约，则一般只设一个座位，由公约保存国代表首先签字，然后由各国代表依次轮流在公约上签字。

第三节 开放参观活动

这里的开放参观活动，指的是社会组织邀请内外公众（主要是外部公众）参观本组织的工作条件、环境设施、成就展览等。这是公关实务中经常使用的一种团体性专项公关活动。其目的是增进组织与某类重要公众之间的双向了解；消除某些公众对组织的一些偏见和误解；亲善社区或邻里关系，增强组织与公众的联系。

一、开放参观活动的作用

1. 提高社会组织的透明度

社会组织对外开放参观，无疑是主动把自己暴露在公众的视线下，让公众直接了解组织各方面的情况，大大提高组织的透明度。

2. 增加社会组织的“人情味”

组织对外界开放，通过对来宾的礼貌接待，可博取公众对自己的好感，缩短组织与公众之间的距离，促使感情互动，增添组织的人情味。

3. 为组织与公众直接沟通提供机会

开放参观的过程就是组织领导人与工作人员同各界参观者直接接触的过程。通过演讲与座谈，介绍组织的情况，回答和解释参观者提出的问题和疑虑，倾听参观者的意见和建议。

4. 形成一种压力，促使组织总体素质的提高

组织要对外开放参观，就必须注意自己的环境形象，人员素质形象，以便给观众留下一个好的印象。所以，无形中会对组织产生一种压力，促使管理者努力提高管理水平，促使全体员工注意自身的言行，使组织的总体素质得以提高。

5. 消除公众对组织的误解或疑虑

一个组织难免会由于某些客观或主观因素的影响，让某些公众产生误解或疑虑。在这种情况下，对外开放参观就是一剂消除误解，排除疑虑的良药。

小案例

杭州电子科技大学第五届“后勤开放日”之参观食堂活动

2008 年 5 月 16 日，由后勤服务总公司饮食服务中心、校膳食管理委员会主办的第五届“后勤开放日”之参观食堂活动在杭州电子科技大学下沙校区各大食堂举行。

食堂开放活动为同学贴近食堂、了解膳管工作提供了机会。当天，来自各学院的学生代表和现场报名的同学，在各食堂经理的带领下，分批参观了食堂的操作间，详细了解了食堂的管理、工作流程及食品安全卫生等各方面的情况。各食堂经理热心为同学解答疑问，并表示随时欢迎同学们来监督、交流。

后勤开放日活动作为该校传统活动之一，充分发挥了联系学生与后勤的桥梁作用，增进了学生对学校饮食服务的了解，受到学生的一致好评。

二、开放参观活动的对象

参观活动的对象既要考虑参观者的代表性，又要重视特定的目标公众，同时也要考虑组织的承受能力。如果参观者像潮水般涌来，组织就可能疲于奔命和应付，因此参观对象要仔细选择和确定。参观活动的对象主要包括以下几类。

(1) 目标公众：包括客户、经销商、消费者、原材料供应者、生产协作者、运输部门等。

(2) 一般公众：包括社会团体、学校、文化单位、研究机构、社会各界代表、职工家属、社区居民等。

(3) 股东公众：包括股东、证券商、证券专家和从业人员，证券主管部门等。

(4) 党政部门：包括各级党政部门、主管部门、上级部门等。

(5) 其他相关部门：包括银行、金融机构、保险公司、新闻媒介、司法部门、环保部门等。

(6) 社会名流：包括专家学者、各类明星、新闻人物等。

(7) 国外投资者、外国客商、观光者、新闻人物等。

(8) 各类慈善组织和社会福利团体等。

三、开放参观的组织工作

要使开放参观活动取得良好的公关效果，必须做好周密的组织工作。

1. 开放参观前的准备工作

(1) 确定开放参观的时间，注意开放参观时间的合理性。

(2) 准备好宣传资料。主要是供参观用的小册子及说明书，内容应简明扼要，可介绍参观的一般过程及本单位的基本情况，小册子要带有纪念意义。还须准备好介绍组织情况的幻灯片、录像片和电影资料等。

(3) 准备好展览用的实物和模型。展示一些实物可以起到引导参观的作用。

(4) 准备好辅助设施和纪念品。如停车场地，休息场所，会议厅等。

(5) 挑选和训练工作人员。主要是挑选和训练接待人员、陪同人员和讲解员。

2. 参观过程中的接待工作

(1) 先给参观者放映介绍组织情况的幻灯片、录像片和电影资料等，分发说明书、宣传小册子，并请组织负责人讲话，帮助观众了解组织的概况。

(2) 引导并陪同参观者沿预定路线参观，同时做必要的介绍、解说，回答提问。

(3) 时间较长的参观，中间要安排适当的休息。

(4) 参观结束后，可与参观者座谈，最后分发纪念品。

(5) 在参观过程中，如果参观者提出特殊要求，工作人员要先与有关管理人员或负责人商讨后再作答复，以免妨碍正常工作或发生意外问题。

第四节　赞助活动

迄今为止，几乎所有著名的社会大机构都与成功的赞助分不开，如日本电气公司通过赞助世界戴维斯杯网球赛、广东健力宝集团有限公司通过赞助中国体育代表团、广州花园酒店通过赞助中国第一个“母亲节”而知名，这样的例子不胜枚举。赞助成了社会组织机构（甚至个人）提高社会知名度和美誉度的主要途径。每当您在观赏各类紧张刺激的比赛时，一定也注意到场内张挂着五颜六色的产品广告牌，这些广告就是赞助企业的标志。如果没有这些企业对体育事业的热情倾注，许多重大国际性赛事都将难以顺利举办。体育运动历来被认为是无国界、无政治性的大众活动，世界上任何一个国家的人民，无须语言的沟通，均能看懂一场足球赛或方程式赛车比赛，而且定会为赛况的高潮迭起而激动雀跃。于是，许多精明的日本企业家便青睐于此，并在绿茵场上演出了无数动人心弦的竞争故事。

一、赞助活动的作用

赞助活动是指社会组织通过对某一社会事业、事件无偿地给予资金或物质上的捐赠或赞助，以扩大组织的知名度和美誉度，使组织获得一定的形象传播效益的社会活动。公关赞助活动是举办专题活动最常见、最重要的形式之一，自从进入二十世纪八十年代以来，社会公益事业和企业界之间的关系正经历着一场迅猛的革命，世界各地的企业纷纷意识到，企业形象的确立除产品质量、信誉和新鲜度外，还应在更大程度上倾向于一种社会参与性：为丰富社会生活、赞助公益事业出力，不仅能搞好公共关系，塑造企业形象，而且对促进社会文化繁荣、创造企业发展环境均具有不可低估的深远意义。通过对公益事业的参与赞助，企业发现自己正进入一个崭新的世界。

1. 证明企业的经济实力

通过赞助社会公益事业，能够证明组织的经济实力，赢得社会公众的信任。公共赞助是一种无偿付出，因此要求组织必须具备一定的经济实力；当有些企业所赞助的对象是一些长期的纯公益性的事业，就更需要其具有相应的经济实力。例如，李宁公司赞助中国奥运军团，飞利浦赞助中国足球联赛等，在充分显示其强大的经济实力的同时，也赢得了社会公众的信任，可谓是一箭双雕，名利双收。

2. 提升企业的社会知名度

通过赞助社会公益事业，能够大大提高组织的社会知名度和提升组织的整体社会地位。如果社会组织率先发起某种赞助活动，还会在一定程度上给组织提供“创意广告”的机会，使人们感到该组织具有一定的感召力。大型赞助常常是新闻媒介和社会公众关注的热点，这无疑会使人们将社会组织与社会公益活动相互联系并永远铭记在心。

3. 提高企业的可信度

通过赞助社会公益事业，能够增强社会组织宣传的可信度和影响力。因为社会组织所赞助的社会活动都是公众比较关心的，借助赞助能使公众在关注这些活动的过程中非常容易、自然地接受提供赞助的企业，从而使社会组织在扩大知名度的同时提高企业宣传的可信度。

4. 增加产品的销量

赞助有助于产品的销售。通过赞助活动可以提高社会组织的知名度和影响力，可以加深与各类公众之间的感情，从而大大有利于推销组织的产品或服务。例如日本电器公司在1983 年赞助世界“戴维斯杯”网球赛之前其电子产品年销售率仅为 10% 左右，赞助后的1985 年就上升为 30%，可见，赞助对促销有极大的作用。赞助既可以为组织赢得社会形象，又能带来巨大的经济利益，因此，颇为企业所重视。

5. 创造良好的发展环境

通过赞助社会公益事业，充分表明社会组织作为社会成员愿意为社会的发展作出相应的贡献，即除自身营利之外，还愿意承担一定的社会责任和社会义务。从而在公众心目中树立起关心社会公益事业和社会整体进步的良好形象，并赢得政府、社区及相关公众的支持，为组织的生存和发展创造良好的社会环境。

二、赞助活动的类型

（一）赞助教育事业

有远见的企业家，应该注重企业精神，培养企业的爱心，有长远眼光，关心中国教育事业的发展，这既有利于自身发展和对未来人才的选择，又能为社会带来效益。企业可以出资投入希望工程，也可以资助某些中小学或大学。

小资料

宝洁基金

1952 年，宝洁建立了“宝洁基金”。今天，宝洁公司和宝洁基金会每年在全世界范围内的捐款都超过了 5000 万美元，不断向有需要的人、向有需要的地方伸出援助之手。依靠着这种积极、主动、持续的公益赞助，宝洁在全世界建立起了良好的品牌美誉度与强大的影响力。在中国，宝洁是知名度最高、大学毕业生最向往工作的跨国企业。在中国的公益赞助项目中，宝洁尤其支持教育事业——从学前教育到研究生院，宝洁公司都给予高度的重视。

宝洁在教育上的公益赞助，大抵遵循以下三项思维逻辑：一是通过赞助，影响中国最高端的知识人才：宝洁相当多的教育赞助项目，集中于中国科学院、北大、清华等中国最优秀的研究机构、大学，那里聚集中国最顶尖的知识人才，他们是宝洁公司最希望吸引的发展人才。二是跟随政府关注的焦点，赢得政府认同：“希望小学”建设是中国政府所积极推进的宏大工程，宝洁不断投入资金支持中国希望工程，赢得了中国政府的高度赞许。三是关注中国下一代，将品牌影响力对准未来消费者：宝洁投入巨资启动“春蕾计划”，支持中国少年儿童的教育工程，从营销的角度上，宝洁已经将品牌影响力对准了其未来的消费者——中国的少年儿童。

（二）赞助体育运动

企业通过对体育运动的赞助，不但可以带动人民体质的提高，而且可以最大限度地提高企业的知名度，广泛深刻地影响公众对企业的态度。

在国际体坛上，麒麟啤酒是最先独家赞助国际足球赛的日本企业。它每年五六月间还在国内邀请著名足球队进行“麒麟杯”足球赛事，并向全国做实况转播。

在四年一度的奥林匹克运动会激烈竞技的舞台上，商业竞争亦是空前白热化。日本企业在通过参与体育事业能有效地将企业形象及产品随着运动场内外的狂热躁动而传遍社会、根植人心的认识引导下，更是不遗余力的积极投入，执著追求。在奥运史上，第 23 届奥运会之前的历次主办者均因庞大开支而负债累累，但自第 23 届奥运会始，这个“亏本买卖”变成了“淘金场”。当年 42 岁的旅游业经营者尤伯罗斯被遴选为洛杉矶奥委会主席后，他通过利用民间企业的赞助，首开“奥林匹克商业”之先河，使奥运赛场摆脱了五环旗下的赤字，成为世界各名牌商品和企业形象的另一竞技场，引得数百家著名企业为争夺奥运产品“指定权”而展开鏖战。当年只占美国胶卷市场5%份额的日本富士胶卷，为强攻美国及世界市场，奋力投下巨额资金与柯达胶卷争夺胶卷“指定权”，终于在柯达公司的根据地洛杉矶市一举粉碎其“世界柯达”的美梦而夺得“指定权”。其后，柯达公司虽全力反扑，在奥运会期间买下美各大电视网黄金节目时间播放广告，但富士公司仍快速地在美增加了5%的市场占有率，为其日后赢得世界市场上的优势起到了无法估量的奠基作用。

（三）赞助文化生活

文化生活是公众社会生活的主要内容之一。社会组织积极赞助文化生活、丰富公众的生活内容，不仅可以增进社会组织与公众的深厚感情，而且可以提高社会组织的文化品位和知名度。赞助文化生活的方式主要有：赞助拍摄与社会组织有关的影视片，资助文艺演出队伍，赞助文化演出活动等。

（四）赞助社会福利事业

为各种需要社会照料与温暖的人，如孤寡老人、残疾病人、福利院儿童等提供物质、经费帮助，开展服务活动，既是社会组织向社会表明履行社会义务的重要手段，也是社会组织改善社区公众关系、政府公众关系的重要途径。

（五）赞助社会公益事业

社会组织出资参加市政公共建设，如修建马路、天桥、公园、候车棚、路标等，一方面可以为政府减轻建设压力，赢得政府公众的信赖；另一方面又能为广大市民公众带来方便，赢得市民公众的称赞。

（六）赞助学术理论活动

社会组织赞助学术理论活动，如提供开会地点、资助会议的经费，设立学术研究基金等，既可以利用学术理论活动在公众中的影响提高社会组织的知名度，又能直接得到理论工作者的科学诊断和积极建议，从而改进社会组织的生产与管理工作。

（七）赞助公共节日庆典活动

社会组织利用自己的产品或服务项目赞助公共节日庆典活动，增加节日气氛，让公众在心情舒畅的气氛中享受社会组织的祝贺与便利，也能收到良好的公共关系效果。

（八）赞助建立职业性奖励基金

有经济实力的企业组织，可资助或者组办某种职业奖励基金，通过冠名或者参与能获得很好的社会效益。如国内一些地区有一些名目不同的奖励基金，如某某教育基金等，用于奖励在相应领域的有成绩者。

现代企业可以参与和举办的社会公益活动还有很多，在此，我们只列出这几大类，只要企业富有爱心，能够关心社会，服务社会，勿以善小而不为，那么，企业终究会“善有善报”的。

三、赞助活动应遵循的原则

（一）商业运作化原则

公益赞助必须策略先行。对于企业而言，公益赞助可能视为一项企业营销行为，所以在执行公益赞助时必须视同为企业其他营销行为，策略先行。预先将整个过程的每个步骤考虑周到，包括何时赞助、赞助多少、何时举行新闻发布会、是否邀请政府官员见证、媒体宣传计划如何执行，等等。只有考虑充分，把握得当，才能使企业避免成为“无名英雄”，从而使结果朝着企业所希望的方向发展。

（二）长期性原则

将公益赞助视为企业的一种商业战略。对于跨国企业而言，公益赞助是一项长期的商业策略行为，持续的投入与持续的回报使他们有动力不断进行公益赞助，也是在这种前提下，跨国企业积累起深厚的品牌美誉度，也获得媒体持续的报道与关注。在企业实力允许的情况下，中国企业可以将公益赞助纳入企业战略的一部分，通过对某一公益项目持续性的赞助，最终获得政府、媒体的高度认可与持续关注。

（三）实力原则

社会组织开展赞助活动应当量力而行，根据社会组织的经济实力和利润额，支出合理的赞助经费。赞助经费的数额，必须在社会组织能够承受的范围之内。

（四）相关原则

一般地说，社会组织赞助的活动对象应当与公众生活或社会组织的经营内容相关联，以获得直接的公共关系宣传效果。

（五）时机性原则

恰当的时机进行恰当的赞助。当社会出现重大事件或重大事故时，社会、媒体、民众对事件的关注度最高，如果企业能够在第一时间主动表态，必然可以引来更多的注意力，也最能吸引媒体的报道。

小案例

“杜邦”公司失败的捐助

几年前，“杜邦”公司宣布拿出100万美元捐助多所大学和学院，此事并没引起新闻媒介和舆论的关注，为什么呢？因“杜邦”公司在宣布这一消息的当天，“福特”公司也宣布向教育和医疗卫生界捐助300万美元。当“福特”公司的消息公布之后，新闻媒介和公众舆论都立即倒向了“福特”公司一边。“杜邦”公司真可谓拿出100万美元买了个时机选择不当的教训。

四、赞助活动的步骤

赞助活动是一种技术性很强的公共关系专题活动，一次完整的、成功的赞助活动，需要做好以下工作。

（一）做好赞助研究

组织要开展赞助活动，进行赞助研究是非常重要的一步。组织应从经营活动政策入手，分析组织公共关系目标，确定赞助目的，并据此考核需要赞助的项目是否对社会、对公众有益，是否能对本组织产生有利影响，还应进行成本核算和效益分析，保证社会和组织都能获益。

（二）制订赞助计划

组织要在赞助研究基础上制订赞助计划。赞助计划的内容应该具体、翔实，对赞助的目的、赞助的对象、赞助的形式、赞助的费用预算、赞助的具体实施方案等都有所计划，并控制范围，防止赞助规模超过组织的承受能力，节制浪费现象，做到有的放矢。

（三）审核评定赞助项目

组织每进行一次具体的赞助活动，都应由组织的高层领导或赞助委员会对其提案和计划进行逐项的审核评定，确定其可行性、具体赞助方式、款额和时机。

（四）实施赞助方案

组织要派出专门的公共关系人员实施赞助方案。在实施过程中，公关人员要充分利用有效的公共关系技巧，尽可能扩大赞助活动的社会影响；同时，应采用广告和新闻传播等手段，辅助赞助活动，使赞助活动的效益达到最佳峰值。此外，公关人员的形象应与组织形象保持一体化、谋求公众的好感，以争取赞助的成功。

（五）测定赞助效果

赞助活动结束后，组织应该对照计划，测定实际效果。检测过程包括检查、收集各个方面（如公众、新闻媒介、受赞助组织）对此次赞助的看法、评论，看是否达到预定目的，还有哪些差距，原因是什么，并把这些写成总结报告，归档储存，为以后的赞助活动提供参考。

自从中国大门敞开之后，跨国企业大举进入中国，许多跨国企业之所以在中国能够迅速获得如此广泛的社会认知与品牌知名度，这与他们在公益赞助上的成功运作有密切关系。对于中国企业而言，在新的商业环境下，必须摒弃旧的观念、旧的意识，从战略的高度去看待商业赞助，通过多种手段的配合，使公益赞助项目真正成为一种“对社会有益，对企业有利”的双赢行动。

第五节　联谊活动

随着组织之间交往的日益频繁，组织之间的联谊活动日趋增多，这种活动对于增进组织间的感情，加强组织间的信息沟通，起到了积极的促进作用。其主要形式有文艺演出、参观活动、联欢活动、宴请和舞会等。

一、文艺演出

邀请客人观看文艺演出、体育表演等活动可增进双方的了解和感情，同时是一种艺术享受和娱乐、休息方式。

（一）组织活动的程序

（1）选定节目。选定节目时要考虑多种因素，如客人来访的目的、性质；客人的兴趣与爱好，应注意选择那些具有客人本地区、本民族风格的节目，并要对节目内容有所了解，以免因政治内容或宗教信仰、风俗习惯等问题引起不愉快；选节目时还应注意量力而行。

(2) 发出邀请。这项工作与下面将要谈到的宴请活动的邀请大致相同。

(3) 座位安排。观看节目的座位，一般视客人的身份事先安排。观看文艺节目，一般以七、八排为宜；观看电影，则以十五、十六排为宜；专场演出，应把贵宾席留给主人和主要客人，其他客人可以排座位，也可以自由入座。如对号入座，座号应与请柬一同发出。

(4) 入席与退席。专场演出，可安排普通观众先入座。主宾席客人在开幕前由主人陪同入场；演出进行中，观众不得退场；演出结束，一般要待贵宾退场后方可离席。

(5) 献花。许多国家或地方习惯于在演出结束时献花，但此种安排主随客便。主人一般不提示客人献花，更不应要求客人上台与演员握手。

(6) 摄影。许多国家或地方禁止在演出中摄影。我国招待国宾的专场文艺演出，可以拍成新闻或电影。

(7) 说明书。各种文艺演出，应备有说明书。说明书应用主客双方使用的文字印成，并提前提供给客人。

二、宴请

在社会生活中，宴请是最常见的交际活动之一，懂得如何组织宴请是非常必要的。

(一) 宴请的形式

根据宴请的目的、出席人员的身份和人数的多少，常见的宴请形式有以下几种。

1. 正式宴会

指正规的宴席，一般以晚宴为主，有固定的菜式。开宴前双方有正式致词，有座次安排，席间可作交谈，联络感情。一般用以表示隆重的迎送、欢庆等礼节交往。

2. 便宴

这是一种非正式宴会，常见的有午宴、晚宴，有时也有早餐。这类宴会形式比较随意、亲切，可以不排座次，不作正式讲话，菜肴道数也可酌减。

3. 酒会又称鸡尾酒会

这是以招待酒水为主，略备小吃；不设座椅，仅设小桌，可以随便走动。举行的时间亦较灵活，中午、下午、晚上均可。请柬上往往注明整个活动的持续时间，客人可以在其间任何时候入席、退席。这种方式比较灵活，便于广泛接触交谈。

4. 冷餐会即自助餐

以冷菜为主，配有淡酒、饮料、点心，由宾客自由挑选取食。时间一般在中午 12 时至下午 2 时，下午 5 时至 7 时左右。宾客也可不排座椅，可以较随便地活动、交谈。

5. 茶会

这是一种更为简便的宴请形式，是请客人品茶交谈。一般设在大厅，也可以在茶馆进行，可不排座次。举行时间一般在下午 4 时左右或晚上。

6. 工作进餐

这是现代交际中经常采用的一种非正式宴请形式。这种宴请只请工作人员，不请配偶等与工作无关的人员。工作进餐按时间分为早餐、中餐和晚餐。双边工作进餐往往排席位，为便于谈话，常用长桌。

（二）宴会的组织

1. 确定对象，及时邀请

宴请是一种有目的的活动。可以为某件事，也可以为某个人，比如喜庆节日、老人祝寿、欢迎宾朋。因此，拟定被邀请者的名单，要围绕宴请的主题来决定取舍，并充分考虑到邀请所有与事务有关的代表参加，既不遗漏又不能乱凑人数。参加宴会的主、宾身份要相当，人数大致相宜，以有利于宴会产生良好的气氛。宴请一般用请柬正式发出邀请。其目的一方面出于礼节，另一方面可对客人起到提醒、备忘的作用。请柬一般应提前3~7天发出，并写明时间、地点。正式宴会，最好在请柬的信封下角注明席位号。

2. 明确时间，选择地点

确定宴请时间，最好先征求被邀主宾的意见，选择主、宾双方都适宜的时候，以示尊重。有两种情况例外：一是特定的节日、纪念日的宴请，只能在节日、纪念日之前或当日举行。二是临时的宴请，事前不可能有准备，如客人突然造访等。在时间上还应注意不要选择对方工作繁忙的时间，还要注意回避禁忌日，如西方国家忌讳13，如恰逢星期五，更应回避。宴请地点恰当与否，体现着主人对宴请的重视程度。宴请地点，可依据宴请目的、规模、形式和经费能力来确定，通常应选择环境优雅、卫生方便、服务优良、管理规范的饭店、宾馆。

3. 确定规格，拟订菜单

宴请的规格是指宴请的形式与档次，如正式宴会、工作餐、便宴等，可根据宴请的目的、主宾身份地位、邀请对象习俗及企业的经济状况确定。对于宴请内容较正式的活动，一般应选择宴会的形式；对于庆祝性、纪念性的活动，为使气氛轻松、活泼，则可选择酒会；如果宴请规格不高，或虽规格较高，但出席人员身份复杂，人员众多，则可选择冷餐会；如果是以商谈某件具体事宜为目的，而时间又比较紧张，则可选择工作餐。总之，确定宴请，没有教条式的界限形式，公关人员在工作中可根据实际情况灵活掌握。拟定菜单要结合宴请的形式和档次、时间和季节，以及宴请对象的喜好和禁忌来进行。当然，还应考虑开支的标准，做到丰俭得当。既要注意通行的常规，又要照顾到地方特色。一桌宴席的菜单，应安排有冷有热，有荤有素，有主有次。主菜显示宴请的档次高低，还要略备些家常菜，以调剂客人口味。菜单以营养丰富、味道多样为原则。

4. 布置宴厅，安排桌席

设计布置宴会厅主要根据宴请的目的、宴会厅的形状和使用面积，以及传统的礼仪习俗进行布置和装饰，其目的是为与会者创造一个优美和谐的就餐环境。

（1）环境布置。

主办者应根据宴请活动的目的和性质，在宴会厅的正面上方拉一横幅。横幅一般用红布做底，红布上面印上或用白纸剪出体现宴会目的的字样，如“庆祝某公司成立”，“欢迎某代表团”等。在宴会厅堂的一侧，应摆放花草盆景。为了突出宴会的气氛和效果，可摆放大型吊式花篮，用花草或花篮装饰成一个重点，再加上指向性很强的照明灯光，以吸引来宾的注意力。在装饰面前方右侧还应设置临时致词台，安装宾主致词用的麦克风。在宴会厅堂的四周，可适当摆放一些绿草花卉，以烘托整体气氛。

（2）桌次安排。

宴请活动中的桌次及每一桌的席位安排有严格的礼仪规范，正式宴会的桌次安排颇为讲究。视参加人数多少可设一桌或多桌。一桌可使用圆桌或长桌；多桌时，中餐宴会应采用圆桌，西餐宴会应采用长桌，并分为主桌和辅桌。

中餐宴会桌次为不论有多少桌，其排列原则大致相同，即主桌排定后，其余桌次的高低以离主桌的远近而定：离主桌越近的桌次越高，离主桌越远的桌次越低，平行桌以右为高，左为低；桌数较多时，应摆设桌次牌，以便客人辨认入座。

西餐宴会一般采用长桌，餐桌的大小和台型的设计，应根据参加宴会的人数、宴会厅的形状和大小来布置。一般有一字形、T 字形、口字形和 U 字形等。总的要求是左右对称，出入方便。

（3）席位安排。

桌次排定以后，紧接着就是安排每一桌出席人员的席位。这项工作十分复杂，礼仪要求又很严格，安排时一定要非常细心。

中餐宴会席位安排。席位的高低与桌次的高低原理基本相同，即右高左低，先右后左。按国际惯例，座席安排应男女穿插，以女主人为准，主宾在女主人右方，主宾夫人在男主人右方。我国习惯按个人职务高低安排席位，以便于交谈。如果夫人出席，通常把女方安排在一起，即主宾坐在男主人右方，主宾夫人坐在女主人右方。两桌以上的宴会，其他各桌中第一主宾的位置可以与主桌主人位置同向，也可以面向主桌的位置为主位。如遇特殊情况，可灵活掌握。

西餐宴会席位安排。在一字形的长台席位安排上，一种是把主人和主宾安排在餐台的横向中间、主人坐在正中上方，第一主宾坐在主人的右侧，第三主宾坐在主人的左侧，副主人坐在主人对面，第二主宾坐在副主人的右侧，第四主宾坐在副主人的左侧。另一种坐法是主人和副主人在长台纵向的两端就座，主人坐在长台的上方，第一主宾坐在主人的右侧，第三主宾坐在主人的左侧，副主人坐在长台对应主人的下方，第二主宾坐在副主人的右侧。

三、舞会

舞会又称交际舞会，亦称交谊舞会，当今已成为一种被广泛采用的社交活动形式。在举办前要精心地做好组织准备工作。

（1）选择适当的时间。

舞会一般在周末、节假日或开幕式、闭幕式的晚上举行。这些时间气氛活跃，便于大家尽情地娱乐而不至于影响第二天的工作。这个时间也容易邀请到客人。

（2）发出邀请。

对被邀请的男女要发出请柬，对已婚者一般邀请夫妇两人参加。请柬上应注明舞会地点、开始时间及延续的时间。

（3）布置场地。

舞会的场地要考虑人数的多少，大小适中，过小拥挤不堪，空气不好，难以使人尽兴；过大则显得空空荡荡，气氛不够热烈，情绪会受影响。舞会场地布置应雅致、美观，可用花卉、彩带和各种彩色灯装饰。舞会场地地面要清洁平整，可以事先打蜡使之光滑。

舞场灯光要稍暗，光线要柔和。

（4）选好舞曲。

较正式的舞会可以请乐队伴奏，营造隆重、热烈的气氛。一般的舞会可播放唱片、磁带伴奏，并指定专人负责。在选定舞曲时应注意舞曲的节奏、速度、众人熟悉的程度以及乐曲的演奏次序。舞曲长短一般以4~5分钟一曲为宜，迪斯科曲可稍长一些。舞曲的选择要适合舞者的年龄，尤其是主宾的年龄，如年轻人多喜欢跳快节奏的舞曲，而中老年人则偏爱舒缓的舞曲。所以应该备有快、中、慢三种不同节奏的舞曲，并且穿插播放，以满足不同的需要。

（5）安排舞伴。

邀请的客人应男女人数相当。尽量避免同性共舞，若人员不足或比例不当，主办人可从本单位或兄弟单位邀请部分人员前来助兴。

（6）做好安全工作。

舞会进行中，要有专人把门，闲散人员不得入内，专人保管舞客的衣物，防止失窃等不愉快的事情发生。

（7）准备适量茶点。

举办舞会时要在舞池边准备休息用的椅子，必要时可准备些茶水、饮料、水果及小食品，以便客人休息时食用。

四、联欢活动

为了联络与内部公众、外部公众的感情，公关部门经常会有计划地举办一些特定公众对象的联欢活动。内部公众参加的有职工联欢会、股东年会、离退休职工联欢会、青年联欢会、妇女联欢会等；外部公众参加的有顾客联欢会、读者联欢会、观众联欢会等。这些联欢会对于组织与其各类公众之间的关系沟通，加强他们之间的联系，改善双方的关系，有十分重要的作用。

联欢活动一般分为感情型、信息型和合作型。感情型以联络感情为主；信息型以沟通信息为主；合作型以促进合作为主。一般联欢活动进行的时间为1~3天，此间可穿插电影招待会、舞会、聚餐会、文艺节目、知识竞赛、游艺活动等。

为举办好联欢活动，首先要做好充分的准备工作，确定明确的主题，确定邀请哪些公众，安排好活动的时间、场所及程度；其次要安排专人负责接待工作，自始至终让公众感到主人的热情周到；应邀请记者参加，以扩大声势，增强活动的宣传效果。

第六节　展览会

当今社会，展示文化已经成为十分重要的社会生活内容。如果不善于利用这一活动形式，无疑会错过许多公关契机。展览会既是一种宣传形式，又是一种传播媒介，属于群体传播的一种。它是通过实物、文字和图表来固定或巡回地公开展示出组织的产品或其他方面的情况，供公众参观和了解，其目的在于扩大组织的知名度和增强影响力。展览会最正规、最庄重的形式是博览会。在现代社会，展览会变得日益重要。当今最著名的大型国际博览会有意大利米兰博览会、德国莱比锡博览会、巴黎国际博览会等。据估算，现在每年全球要举行近千次综合性商品博览会，近千次专业性商品博览会。

一、展览会的特点

（一）展览会是一种十分直观、形象和生动的传播方式

一个展览会通常同时使用多种媒介进行交叉混合传播，包括：文字注解、印刷宣传材料、介绍材料等的文字媒介；讲解、交谈和现场广播等的声音媒介；照片、幻灯机和录像等的图像媒介。由于展览会采取的复合性传播方式综合了多种传播媒介的优点，展览会通常会达到令人满意的沟通效果。

小案例

中国出版成就展

1996年的中国出版成就展，在陕西新闻出版局展位前，一尊代表古都文化的兵马俑，手捧一摞厚厚的书籍，仿佛在向参观者讲解陕西悠久的历史、灿烂的文化、丰富的人文资源和得天独厚的地理条件。展台上方，各种书籍、期刊封面的大幅彩照与展台上排列的上千种图书、画册交相辉映，既给人一种走进“历史博物馆”的古朴与凝重之感，又让人领略到现代文化氛围的雅致和宽松。

（二）展览会可以为某一组织或企业提供与公众直接进行双向沟通的机会

企业等社会组织在让公众了解自身的同时，也在及时地了解公众对自身形象、展品等的意见反馈，可根据公众的反馈信息进一步改进各项工作。这种直接双向沟通针对性很强，能对个别公众或某一特殊情况进行交流，从而收到较好的效果。

（三）展览会是一种复合性的传播方式

展览会一般以展出实物为主，并以专人讲演和示范产品的使用方法等进行现场示范表演，利用这种形象记忆法能起到强化效果的作用。展览会作为具有这种作用的媒介，可以使观众对展览会所示展品有较深刻的印象。

（四）展览会是一种高度集中和高效率的沟通方式。

一个展览会可以集中许多行业的不同展品，也可以集中同一行业中多种品牌的同类展品，这就为参观者提供了更多的机会，并节省了大量时间和费用，方便了参观者。许多参展者也正是通过展览会建立了自己的良好形象并打开了展品销路。例如我国一年两次的广州出口商品交易会，规模宏大，国内外各界客商云集，并且效率高，成交额在我国贸易出口额中占有很大比例，它也是我国与其他国家的人民相互了解的重要方式。

（五）展览会是一种综合性的大型活动

新闻媒介对展览会及展品的报道，会对公众产生很大的影响，参展单位可以利用展览会的机会广选新闻，扩大影响，并可以利用与新闻记者广泛接触的机会，搞好与新闻界的关系。

由于展览会具有上述这些特点，使它经常成为专题性公共关系活动的首选节目。在企业创新产品开发阶段，展览会尤其有用武之地，对于非盈利性社会组织也同样适用。但是展览会要举办成功，并非易事，它的技术性和技巧性要求很高。公关人员不可能像专门展

览机构那样出色而万无一失地使展览会成功，但为了利用这种传播媒介为组织的公关目标服务，就必须掌握最基本的举办展览会的常识，并努力在实践中提高自己的展览技术与技巧。如果没有把握获得成功，应委托专门性展览机构或公关服务公司进行设计或代办。

二、展览会的类型

（一）从展览的性质区分，有贸易展览会和宣传展览会

贸易展览会的目的是做实物广告，促进商品销售，这种展览会展出的主要是实物产品；宣传展览会的目的是为了宣传某一观点、思想和信仰，或者是让人们了解某一段史实，这种展览会通常展出照片资料、图表和有关实物，以达到宣传的效果。

（二）从展览的商品种类区分，有单一商品展览会和混合商品展览会

单一商品展览会又称纵向展览会，是指展出商品品种的单一性，由于展览会展出的商品品种单一，型号和牌子相对较多，并出自同一行业的各个不同的厂家，因此这种展览会竞争较激烈；混合商品展览会又称横向展览会，这种展览会展出的商品种类多，参加展出的厂家来自不同行业。

（三）从展览的规模区分，有大型的综合性展览会、小型展览会和微型展览

大型综合性展览会通常由专门的单位主办，参展企业则通过报名加入，这种展览会的规模一般很大，参展项目多，搞好展览需要很高的展览会举办技术；小型展览会的规模较小，一般是由企业自办，展出的商品也是本企业所生产，这类展览会经常选择图书馆门厅、车站候车室、酒店房间等地作为展出地点；微型展览是橱窗展览和流动车展览等，这类展览看似简单，但技巧性要求较高，要求更具吸引力。

（四）从展览举办场地区分，有室内展览会和露天展览会

室内展览会较为隆重，不受天气影响，举办时间也较灵活，长短皆宜，大多数展览会都在室内举办，但室内展览会的设计布置较为复杂，所需费用也较多；露天展览会的最大特点是设计布置比较简便，场地较大，可以放置大宗展品，所需费用不多，但受天气的影响较大，往往由于天气原因而影响展览效果。农产品展览、大型机器展览、花展等通常露天举办，而较为精致、价值高的商品展览等则宜在室内举办。

（五）以展览时间区分，有长期性、定期性和一次性展览

长期设置的展览有比较固定和稳定的内容，如北京的故宫博物院、军事博物馆等。定期性展览展出的内容定期进行部分更换，如北京和上海的工业展览会等。一次性展览在一定的时间内举行，结束后即行拆除，如“全国糖酒交易会”等。

三、举办展览会应注意的问题

（1）制定展览会的主题和目的。每次展览会都应有一个明确的主题和目的，并以此决定展览会中将使用的沟通方法、展览形式和接待形式。

（2）确定参展单位、参展项目和展览会的类型。可以采取广告和给有可能参展的单位发邀请信的方法吸引单位参展。广告和邀请信要写清楚展览会的宗旨、展出项目类型、对

参观者人数和类型的预测、展览会的要求和费用等，给参展单位提供决策所需的资料。

（3）明确参观者类型。参观者的类型将影响到信息传播手段的复杂性和多样性。如果参展者对展出项目有较深的了解和研究，展览会讲解人就需要是这方面的专家，介绍的资料要较为专业化和详细深入；如果是一般观众，则应采用通俗易懂的语言，进行直观普及性的宣传。在展览会的策划阶段，就应该对展览会针对的公众及其所包括的范围有较精确的估测。

（4）选择展览地点。在地点的选择上，首先要考虑的是方便参观者因素，如交通要方便、易寻找等；其次要考虑展览会地点的周围环境是否与展览主题相得益彰；第三要考虑辅助设施是否容易配备和安置等。

（5）培训工作人员。展览会工作人员的素质和对展览技能的掌握对整个展览效果有着重要影响。必须对展览会工作人员，如讲解员、接待员、服务员等进行良好的公共关系训练，并对每次展出的项目进行起码的专业知识培训，以满足展览会的要求，同时尽力令参观者满意。

（6）成立专门对外发布新闻的机构。展览会中会产生很多具有新闻价值的信息，需要展览会负责公共关系事务的人员挖掘，写成新闻稿发表，扩大展览会的影响范围和效果。专门的机构要负责制定新闻发布的计划和组织实施计划，并负责与新闻界进行联系的一切事务。

（7）准备展览会的辅助设备和相关服务。在筹备展览会的主体时，还应考虑到相关的辅助内容，如处理对外贸易业务的部门附设产品订购接洽室、文书业务、邮政、检验、海关、交通运输、停车场等。

（8）准备展览会所需的各种辅助宣传材料。如拍摄幻灯片和录像、各种小册子、目录表等，这些都要在展前准备好。

（9）制订展览会经费预算。具体列出展览会各项费用，加以核算，有计划地分配展览会的各项资金，防止超支和浪费。

（10）布置展厅时，要考虑在入口处设置咨询台和签到处，并贴出展览会平面图，作为参观者的指南。

（11）设计制作展览会徽志，备好展览会纪念品，为宣传提供方便用具，以强化参观者的印象。

（12）注意采用展览技巧，使展览会办的生动活泼，新颖别致。

以上是举办展览的一般程序和注意事项。为了达到理想的效果，必须每一步都计划周密，考虑细致，以防出现任何哪怕极小的差错。其中尤为重要的是要善于使用各种展览技巧，以将展览会办得生动活泼，别具一格。

本章小结

专题活动是公共关系中提高知名度、美誉度的重要手段。如果说日常活动是为组织形象打基础的，那么专题活动就是组织的闪亮登场，因此十分重要。本章介绍了几种最常用的专题活动。这些活动虽然步骤不同、工作内容不同，但都应注意处理好人流、物流、信息流的关系。

习　题

基础知识题

1. 如何做好新闻发布会的筹备工作？
2. 赞助活动有哪些类型？分别举出实例说明。
3. 举办展览会应注意什么问题？
4. 结合所学知识，谈谈怎样才能组织好开放参观活动。

技能训练题

1. 请你为某商场策划一次儿童节专题活动方案。
2. 如你是某企业公关部长，请你为本企业策划一次联欢活动方案。
3. 成立一个学生用品商店，举行开业典礼时应注意什么问题？
4. 联想斥资几千万赞助奥运到底值不值？结合所学知识，谈谈赞助活动需要注意哪些问题。

典型案例

深圳亚洲大酒店开始筹建时，酒店的经营者们就在寻找开展公共关系活动的机会。他们利用的第一个机会便是奠基礼。当天，他们邀请了社会各界公众数百人参加典礼，客人入场时，受到了热情的接待，并且每人得到了一个印有“亚洲大酒店开工纪念”字样的小手包。奠基礼上，宾客们欢声笑语，主持人在介绍了大酒店的建设规模、未来发展和酒店经营的目标后，由筹建大酒店的负责人宣布：“两年后，亚洲大酒店建成之时，凡持有纪念小手包的客人住店，均享受八折优待。”语音刚落，便立即赢得满堂喝彩。

思考题

（1）该酒店的庆典为何赢得满堂喝彩？

（2）你还有什么更好的建议？

第十章　公共关系危机管理

学习目标

知识目标：掌握危机的含义、特点及公关危机的类型；把握公关危机管理的含义和原则；理解公关危机预警与处理；掌握公关危机处理的程序。

能力目标：具有判断公关危机类型的能力。

技能目标：能够制定公关危机处理方案。

重点：公关危机处理的程序。

难点：建立公共关系危机预警机制。

我们生活在一个危机四伏的年代，不管对于企业来说，还是对于政府来说，目前都可能面临不同的公关危机。“SARS”、“苏丹红”、“多宝鱼”、“禽流感” 等事件，与其说是考验政府的行政能力，不如说是考验政府和企业危机公关的能力，尤其在近几年，关于一些企业危机的事件更是层出不穷，博士伦的润明护理液、罗氏制药蓄意制造谣言以促进其药品销售的事件，欧典地板事件、丰田召回事件，国内企业与跨国公司接二连三地陷入危机之中。而这些企业面对危机，要么茫然不知所措，要么被动应付，乏善可陈。

当今时代，信息的透明化与经济的全球化，更使危机的个性得到了前所未有的张扬，在危机面前稍有不慎，不管是百年老店还是时代先驱，统统都是在劫难逃。雷曼兄弟的倒闭、通用汽车的破产已经一再提醒世人：危机管理已经影响到一个组织的生死存亡！怎样使企业能成功地“转危为安”，化危机为商机？公共关系危机管理是现代管理领域的一个新的课题。现代组织的公共关系人员必须了解公共关系危机产生的原因，确立公共关系危机意识，做好公共关系危机的预防工作，并能根据公共关系管理的原则、程序、策略，妥善处理各种危机事件，使组织转危为安。

第一节　公共关系危机的类型

一、公共关系危机的基本概念

危机时常发生在我们身边，由危机延展出来的与公关相关的词汇便无时无刻不环绕着公共关系行业和公关从业人员。“危机”、“危机管理”、“公关危机”、“危机公关” 也是我们公关人员必须要分清的基本概念。

（一）危机

上海辞书出版社 1979 年版《辞海》的解释是：危机“指潜伏的祸机，指生死成败的紧要关头”。就社会组织而言，危机则是指由于组织自身或公众的某种行为而导致组织环境恶化的突发性事件。危机这个词是由危险和机会组成的，它本身是一个中性词。危机中虽然孕育着机会，但危机毕竟不是人们愿意发生的事，而且要在危机中把握机会的难度很大。

（二）公关危机和危机公关

公关危机是指由于主观或客观的原因，企业与公众的关系处于极度紧张的状态，企业面临十分困难的处境。危机公关则是指组织对危机事件进行预测与预防、发现与处理，以及修复与完善组织形象的一系列活动过程。公关危机是一种状态，是对所出现的问题的描述，而危机公关则强调的是一种行动过程。

（三）公关危机管理与公关危机处理

公关危机管理是指公关从业人员在危机意识或危机观念的指导下，依据管理计划，对可能发生或已经发生的公关危机事件进行预测、监督、控制、协调处理的全过程。公关危机处理是指公关从业人员在公关理论和原则的指导下，运用公关的策略、措施与技巧，来改变因突发事件而造成的公关主体所面临的危机局面的过程。公关危机管理有狭义和广义之分。其中狭义的公关危机管理就是指公关危机处理，指对已经发生的公关危机事件的处理过程。

二、公关危机的特点

凡是危机事件都有共同的特点，即重大损失的突发性、导致困难的难以预测性、影响甚大、危害严重的灾难性和涉及面广、引起不良后果的严重性。它既有重大的财产损失，也有严重的人员伤亡，还包括利润的急剧下滑，甚至严重亏损，也可能是以上几方面的全面爆发。无论是哪种情况，都会使公关组织在社会公众面前的形象受到严重的伤害。诸如重大伤亡事故，严重的意外灾难，大规模的事件纠纷，组织由于某些因素造成的信誉危机，等等。

（一）普遍性

“组织发生危机如同死亡和税收一样，是不可避免的。”世界上许多跨国公司，如雀巢、可口可乐、三星等在其发展过程中都遇到过性质不同、表现形式各异的危机。

（二）突发性

“千里之堤，毁于蚁穴”，由于企业内部或者外部因素所导致的危机在其爆发前都会有一些或明显或不明显的征兆，有一个由弱到强、由隐蔽到外显的逐步积累和发展的过程，这是危机的潜伏性。但由于人为疏忽，对这些事件习以为常，充耳不闻，视而不见，没能引起组织和相关人员的足够重视，因此危机的爆发经常出于人们的意料之外，危机爆发的具体时间、态势和影响深度，往往显得始料未及。2008 年的汶川大地震，关于地震的具体时间以及振幅大小和波及的区域是无法预料的。

（三）破坏性

“好事不出门，坏事传千里。”一个小地方的传统媒体的报道，只要经新浪、搜狐等网站转载后会立即成为全国性的新闻，在高度信息化的今天，危机传播更具有二次传播效应，也就是说，一篇报道上网以后，往往会引发传统媒体的跟进。这是因为上网频率最高的人是记者，他们要找新闻线索。一个记者看见一篇文章以后，他会接着写，第二篇会带来第三篇、第四篇，最后变成一个专题。由于危机常具有“出其不意，攻其不备”的特点，不论什么性质和规模的危机，都必然不同程度地给企业造成破坏，甚至造成混乱和恐慌，而且由于决策的时间以及信息有限，往往会导致决策失误，从而带来无可估量的损失。而且危机往往具有连带效应，引发一系列的冲击，从而扩大事态。对于企业来说，危机不仅会破坏正常的经营秩序，更严重的是会破坏企业持续发展的基础，威胁企业的未来发展。汶川地震前，几乎没有什么预测性的警示，都是出其不意的发生的，破坏性极强，本身的规模又很大，给中国带来了无法估量的损失。

（四）聚焦性

即造成危机的突发事件具有高度的关注性。进入信息时代后，出现了一个有趣的现象，那就是有关危机的信息的传播比危机本身的发展要快得多。媒体对危机来说，就像大火借了东风一样。信息传播渠道的多样化、时效的高速化、范围的全球化，使企业危机情境迅速公开化，成为公众聚集的中心，成为各种媒体热炒的素材。同时作为危机的利益相关者，他们不仅仅关注危机本身的发展，而更关注企业对危机的处理态度和所采取的行动。而社会公众有关危机的信息来源是各种形式的媒体，而媒体对危机报道的内容和对危机报道的态度影响着公众对危机的看法和态度。有时，危机事件不仅引起国内各界公众的普遍关注，而且还会引起世界各国公众的关切。地震后，电话线路中断、网络中断、交通中断，信息几乎是传播不出去，但是地震后很短的时间内，中国各地乃至世界各地全知道了汶川大地震，地震本身的影响很大，随着媒体的发展，对信息的传播速度大大地加快了。

（五）紧迫性

对企业来说，危机一旦爆发，就像核弹一样，其破坏性的能量就会被迅速释放，并呈快速蔓延之势，如果不能及时控制，危机会急剧恶化，使企业遭受更大损失。而且由于危机的连锁反应以及新闻的快速传播。如果给公众留下反应迟缓，漠视公众利益的形象。势必会失去公众的同情、理解和支持，损害品牌的美誉度和忠诚度。因此对于危机的处理，可供做出正确决策的时间是极其有限的，而这也正是对决策者最严峻的考验。汶川地震发生后，对中国各方面都带来了非常劣势的形势，不管是政府，还是企业，还是旅游产业等，地震造成了大幅度的人员伤亡，造成了无法估量的经济损失，很多大型企业由此不再存在等，破坏性的能量快速的释放，并蔓延到全国。所以，为了避免更大的损失，必须对地震的危机进行有效的控制和救援，以免造成更大的损失。

三、公共关系危机的主要类型

（一）组织的产品与服务缺陷所造成的公共关系危机

随着人们生活水平的提高，对卫生、环保、绿色的要求越来越强烈，一旦赢利性组织提供给大众的产品存在缺陷，对人体的健康、人类的生存发展带来危害，就会成为公共关系危机事件。如南京老字号“冠生园”的月饼事件，就是典型的此类公共关系危机。“冠生园”将往年没有销售出去的月饼回收后，用陈馅重新制作新的月饼，这一行为被中央电视台记者曝光后，在社会上引起了轩然大波，南京“冠生园”在各方面的压力下被迫停产整顿。

处理此类公共关系危机的首要任务是尽快赔礼道歉以防止敌意的产生和漫延，宣传已采取的（或将采取的）回收和其他补救措施，以消除消费者的不信任感，尽快挽回商誉，减少业务上的损失。美国的可口可乐公司曾由于消费者在可乐瓶中发现玻璃碎片而遭投诉。可口可乐公司公共关系部门面对这一事实，及时采取措施回收该批饮料，并刊登广告，及时向公众公开承认了错误，同时也宣布了今后的预防措施。由于处理及时得体，成功地控制了事态的发展，避免了一场危机。

小案例

索尼“特丽珑”电视机召回事件

索尼（中国）公司曾发布了一则《致索尼彩电用户的通知》，函称：由于索尼有10款“特丽珑”电视机的零件有瑕疵，它们将在日本召回34万台“特丽珑”电视机。这是继索尼7月早些时候宣布在全球召回1.8万台Vaio笔记本电脑后又一因质量问题而大批量提供产品免费维修的事件。在中国市场，索尼公司并没有销售以上10个型号的彩电，但是在1998年1月至1999年6月间，索尼在中国生产的少量21英寸彩电有6种型号也使用了该类电容器件。如有中国用户发现以上型号的索尼彩电出现类似情况，索尼在华顾客服务机构将会负责提供“恰当的检查及维修服务”，“如因此为您带来任何不便，我们表示真诚的歉意”。

（二）环境污染问题而引起的公共关系危机

1984年美国联合碳化合物公司的印度博帕尔邦毒气渗漏事件，同年的苏联切尔诺贝利核反应堆泄漏事件，及近年我国一些地方化工厂、造纸厂违规排污，造成周边区域水污染等事件。此类危机事件的发生同样会使企业形象受到很大的影响。作为企业应该尽量事前能利用现代科学所提供的一切可能的手段，以减少和避免对环境的损害，事后要着重考虑如何设法补偿社会的损失，挽回组织的声誉，维护与社会公众的良好关系。

小资料

埃克森公司危机处理

埃克森公司是一家规模宏大的公司，美国《幸福》杂志所列出的全美500家最大公司中，它曾名列第三位，仅次于通用汽车和福特汽车公司。它的业务范围曾遍布全世界。然而，一次突发事件却使该公司在企业形象和经济上遭受了巨大的损失，对“埃克森”人来说，其教训是惨痛的。事情的全过程是这样的：某日，埃克森公司的一艘名为“瓦尔代兹号”的巨型油轮在阿拉斯加州威廉太子湾附近触礁，800多万加仑原油泄出，形成一条宽1千米、长8千米的漂油带。这里是美国和加拿大的交界处，曾是个风景如画的地方，原油的泄漏使附近海域的水产业受到很大损失，生态环境遭到了严重的破坏。

事故发生后，加拿大和美国当地的政府官员敦促埃克森公司尽快采取有效措施，但埃克森公司方面却无动于衷，它既不调查事故的原因，也不采取及时有效的清理泄漏原油的措施，更不向加拿大和美国当地政府致歉。加拿大和美国地方政府、环保组织及新闻界对埃克森公司这种不负责任、企图蒙混过关的恶劣态度极为不满，发起了一场“反埃克森运动”。经调查，这起恶性事故的原因是船长饮酒过量，擅离职守，让缺乏经验的三副代为指挥造成的。消息一经传出，舆论为之哗然。

埃克森公司一下子陷入极其被动的境地，公司业务大受损失。仅清理泄油一项就花费了几百万美元，加上其他索赔、罚款，损失达几亿美元。另外，由于公司形象受到破坏，西欧和美国的一些老客户都纷纷抵制该公司的产品。埃克森公司曾为社会公益事业作过许多贡献，但此时都被公众抛在脑后，人们对“埃克森”的新印象是“破坏环境，傲慢无理”。

危机专家蒂姆·华勒斯认为，埃克森公司应该采取果断措施处理当时的危机。

(1) 公司的立场应该明确、直接。危机中，公司不能在公众面前闪烁其词，同时还要保持一定的灵活性来应付事态的发展。但是，公司的基本立场必须严格遵守。在这一点上，埃克森公司表现得很犹豫。

(2) 高级管理层的参与。管理层不仅必须参与危机的应对，而且还要让人们看到他们的参与。在埃克森公司的事件中，所有的报道显示，该公司总裁劳伦斯·罗尔的确参与了解决整个事件的每一个环节。但是公众看到的并非如此，人们从一开始就感觉身为总裁的罗尔先生似乎对此次危机“保持距离”。为此，埃克森公司深受其害。

(3) 调动第三方的支持。这种支持可以来自华尔街的分析师、独立的工程师、技术专家或法律权威等。任何具有高度公众可信度的客观组织，都能为此时的公司提供必要的支持。

(4) 确立亲临现场的印象。当联合碳化物公司的工厂在 1984 年发生爆炸并造成上千人死亡时，该公司的总裁立即飞往位于印度博帕尔地区的出事地点。他的行动最起码表达了公司的诚意和关切。所以，当埃克森公司的总裁罗尔先生公然推托说：“他有比飞去伐耳迪兹港更为重要的事情要做”时，很显然，埃克森公司已经在这场公共关系大战中失败了。

(5) 集中协调地沟通。危机一旦发生，组织应立即任命一位专门负责沟通的官员，并组建一支沟通团队。这位负责人的工作就是对外阐述组织的立场。

(6) 与媒体合作。在危机中，记者们是十分令人讨厌、甚至是可憎的。他们会不择手段地搞到想要的故事。但是，千万记住：这种“厌恶”绝对是对事不对人的。总得来说，组织应该把媒体当成友善的对手，尽力向他们解释公司在危机中的处境，如果将媒体当成敌人，只会令气氛更加紧张。

(7) 不要忽略公司的员工。让员工随时获知消息，有利于确保本组织的正常运转。员工是组织的最佳盟友，不要将他们蒙在鼓里。

(8) 在危机中要充满希望。很多公司的管理层在危机发生之初反应过于低调。而在危机已经形成之后，又反应过度。

(9) 调整组织的立场，准备结束危机。组织在应对危机时所进行的危机沟通，每一步都需要缜密的规划。如果组织确实有错，就要勇于承认错误。然后迅速将注意力转移到接下来要开展的工作上，不要没完没了地强调和重复做错了的事情。

(10) 持续观察和评估整个危机应对过程。调查、调查、再调查。通过随时掌握员工、顾客、供货商、分销商、投资人以及公众的反应，判定组织希望传达的信息是否传达到位了。定期对危机应对方案的各项目标进行监控，了解哪些已见成效，哪些尚未达成，并适时做出相应的调整。

(三) 意外灾难性事件引起的公共关系危机

一般来讲，这类事故属于天灾人祸，组织主体的直接责任不大，关键在于处理是否及时、得当。如 1990 年厦航飞机在广州白云机场发生的撞机事故，杭州著名购物中心天工艺苑火灾事故，2008 年我国四川汶川地区大地震等。意外灾难性事件引起的危机的处理，一是采取公共关系补救手段，尽可能做好善后处理工作，使受损害的公众及社会有关方面感到满意，让人们对组织留下高度认真、负责的印象。灾难事件处理好会使组织在公众心中留下美好的形象，会大大提升组织的美誉度。二是做好舆论宣传工作，制止各种谣言流传，确保危机处理有一个较公正、有利的舆论环境。

（四）舆论的负面报道引起的公共关系危机

这种负面报道有两种情况：一种是对组织损害社会利益行为的真实报道，如违章排污、生产的产品有质量问题或不符合卫生标准、内部员工有伤害消费者的言行等；另一种则是对组织情况的一种失真报道，它往往是由部分公众向媒体的投诉而引起的，也有部分是因为组织与传媒界的个别记者有过节，而受到恶意中伤。传媒的舆论导向作用是非常显著的，在某种程度上讲，传媒宣传还起到树立某种社会评价标准的作用，往往直接影响着民众对某种社会现象的评价态度与关注程度。在美国，人们将舆论视为司法、立法、行政三权之外的“第四权力”，因此对任何一种舆论负面报道，都必须引起足够的重视。对前一种负面报道，组织的行为是，首先以负责的态度向公众表明对此类事件的改正决心，并主动采取行动，解决引起负面报道的有关问题，并对因此类事件而受到伤害的目标公众给予某种补偿，再进一步告诉公众，组织本身将以此为鉴。对后一种负面报道，则应以严正的态度，用最有说服力的证据，如专家鉴定、权威部门评议、各类证明等，通过舆论告诉公众，进行公开驳斥，并利用包括新闻发布会、公开声明等手段进行正当的商誉防卫，抑制谣言误导，还组织及相关产品以清白。

（五）洋品牌广告伤害国内用户民族尊严引起的公共关系危机

洋品牌在做广告宣传时不慎伤害到国内用户民族尊严，此类危机处理不当，后果将很严重。不管是有意还是无意，组织都应该正确认真对待，不能掉以轻心。

小案例

CECT 手机“中国种的狗”事件

2003 年 2 月，南京的个别消费者发现自己购买的中电通信 CECT928 手机屏幕上竟出现一句问候语“Hello　Chow”，翻译意思是“你好，中国种的狗”，消费者随即向新闻媒体反映。此事经媒体曝光后，立刻掀起轩然大波。许多人认为这是对民族尊严的伤害，是对中国人的侮辱，众多此手机的用户欲向厂家讨说法。事件发生当日，中电通信市场总监飞赴南京，并与首先发现问题的用户取得联系。随即，中电通信公司发表公开声明：

（1）中电通信作为国内重要的手机供应商之一，一直以发展民族企业为己任，本着“用户至上的原则”，绝无伤害国内用户民族尊严的想法与行为。

（2）CECT928 是 2002 年 8 月推出的产品，以性能卓越和价格合理而赢得消费者喜爱。“Hello Chow”是手机问候语，意为“你好，可爱的宠物狗”，是该手机人性化的开机界面。

（3）本着对国内购买者负责的原则，购机用户如不喜欢该界面，CECT 可提供免费软件升级，并公布售后服务中心的地址和电话。

（六）竞争对手或个别敌对公众的故意破坏而引起的公共关系危机

由于社会的复杂和人们道德水平的差异，一些社会组织可能会遭遇由于人为的恶意破坏所造成的公共关系危机事件。比如，在竞争对手的产品中，投放有害物质，散布竞争对手不良财务信息，散播不利于竞争对手的社会谣言等，都可能对某些社会组织造成重大伤害，形成公共关系危机事件。作为当事的组织，第一反应不是为自己如何辩护，而应迅速采取举措，抢救受害公众，最大限度地降低人生危害程度，同时完善、强化组织内部管理和相关产品的安全保护措施，争取以真诚的态度求得公众的辩解与支持。

讨论一下

我们知道对企业、社会公益性机构等社会组织而言，危机是不可避免的，这里也包括政府职能管理部门吗？

第二节　公共关系危机预防

美国著名管理学家彼得·圣吉在其名著《第五项修炼——学习型组织的艺术与实务》中介绍了一个著名的“温水煮蛙”的实验，这个实验的内容是：如果你把一只青蛙放进沸水中，它会立即试着跳出，但是如果你把青蛙放进温水中，不去惊吓它，它将待着不动。现在，如果你慢慢加温，当温度从华氏 70 度升到 80 度，青蛙仍显得若无其事，甚至自得其乐。可悲的是，当温度慢慢上升时，青蛙将变得越来越虚弱，最后无法动弹。虽然没有什么限制它脱离困境，青蛙仍留在那里直到被煮熟，为什么会这样？因为青蛙内部感应生存的器官，只能感应出环境中激烈的变化，而不是针对缓慢、渐进的变化。

从这个“温水煮蛙”的实验中我们能够得到什么启示呢？如果从公共关系危机管理的角度来看，这个实验给我们的重要启示就是：组织必须树立公共关系的危机意识。因为，造成危机的许多因素早已潜藏于组织的日常管理之中，只是由于组织管理者缺乏危机意识，对引发危机的因素没有引起足够的重视，没有对可能产生的危机进行有效的防范。

一、树立公共关系危机意识

伊索寓言里有这样一则故事：森林里有一只野猪不停地对着树干磨它的獠牙，一只狐狸见了不解地问：“现在没看到猎人，你为什么不躺下来休息享乐呢?”野猪回答说：“等到猎人出现时再来磨牙就来不及啦”。野猪抗拒被捕猎的利器，不是靠它那锋利的獠牙而是靠它那超前的“危机意识”。同理，对于企业组织来说，没有危机意识，单纯的“硬性危机防预体系”是无力的。超前的、无形的、全面的危机意识才是企业危机防范中最坚固的防线。中美史克医药公司在 PPA 事件中危机公关的成功与奔驰汽车公司在“砸大奔”事件中危机公关的失败以及大量的企业案例证明，企业之间在危机应对方面的差异，很大程度上取决于企业危机意识的差异。

所谓公共关系危机意识，就是在危机发生前，组织能够对危机的普遍性有足够的认识，面对危机临危不惧，积极主动地迎战危机，充分发挥人的主动性和创造性的一种思维意识。从主观上来说，没有人希望危机出现，俗话说“天有不测风云，人有旦夕祸福”。无论是天灾还是人祸，危机都有可能发生。尽管天灾无法避免，但如有应急措施，可将损失降到最低限度或限制在最小范围；而人祸是可以避免的，关键取决于企业管理者是否重视对人祸的预防，是否有较强的危机意识。比尔·盖茨的“微软离破产永远只有 18 个月”

与张瑞敏的“我每天的心情都是如履薄冰，如临深渊”，任正非的“华为总会有冬天，准备好棉衣，比不准备好”及所有国内优秀企业领袖的危机观点，都是各成功企业危机意识的精髓。

树立公共关系危机意识对于组织来说具有以下好处：第一，可以使企业员工时刻提防危机的危害性，在工作中尽量避免不当行为，以消除引发企业危机的各种诱因；第二，使企业员工善于发现危机发生的征兆，将危机消灭于无形；第三，即使危机发生，也可以避免企业不必要的慌乱，以便及时采取措施，防止危机进一步恶化和扩散。

二、建立公共关系危机的预警机制

英国危机管理专家迈克尔·里杰斯特有句名言：“预防是解决危机的最好方法”。危机预警是指组织根据外部环境与内部条件的变化，对企业未来的风险进行预测和报警的一种管理活动。

（一）建立危机预警机制的意义

组织进行危机预警是通过危机预警，增强组织的免疫力、应变力和竞争力，保证组织处变不惊，做到防患于未然。建立危机预警机制的关键是健全危机防范制度，保障危机信息传递的顺畅，从而建立应对危机的措施。目前市场竞争日趋激烈，企业更需要建立危机预警机制。

（二）危机预警系统

所谓危机预警系统是指根据系统外部环境及内部条件的变化，建立一套能感应危机来临的信号，通过对危机风险源、危机征兆进行不断地监测，从而在各种信号显示危机来临时及时地向组织发出警报，提醒组织对危机采取行动，以实现对系统未来可能出现的危机事件进行预测和报警功能的系统。危机预警系统包括电子预警系统和指标性预警系统两种类型。但是无论是建立电子预警系统还是指标性预警系统，都必须首先进行危机风险分析与评估，确定危机预警系统的信号，然后才能建立危机预警系统和危机管理系统。

1. 危机风险分析及风险评估

企业进行危机预警，最佳的切入点就是进行危机风险分析与危机风险评估。

（1）进行危机风险分析。进行危机风险分析一般应遵循以下步骤：首先辨别并确认风险，确认威胁、危险以及可能会出现的问题，其次确认如何才能最好地管理这些风险，再开始行动。进行风险分析，首先必须清楚风险的来源，风险的来源不外乎以下几种：①内部来源：企业内部、企业结构及企业所处的场地；②附近来源：邻近企业周围的企业；③外部来源：周围社区的企业。企业危机管理者通过风险分析，在企业内部制定相应的措施和计划，把风险从企业的内部向外部转移。

（2）危机风险评估。危机风险评估在优先注意权的确定方面产生有用的权重。开出以优先权重为基础的清单，管理者根据清单再系统检查薄弱环节，迅速地确定危机影响造成的破坏之处。通过对风险影响，生存风险，注视面临的风险及其所需重视程度的评估，确定区域、建筑、过程、设备和人员配备的等级顺序，从而可以迅速做到：检查什么受到了破坏；提供损失的初步估计及因此做出反应所需用资源的估计；确认但是不需要考虑的或很少需要考虑的区域或集团。

2. 企业危机预警信号的确定

绝大多数企业危机的爆发都有一定的征兆，企业的管理层如能事先确立危机预警的信号并能够及时捕捉到这些信号，就能使企业的运行避开危机。企业的危机预警信号有：销售额与利润；财务指标，包括现金流量、资产负债率等；人才流失率；危险客户数量、媒体曝光次数、顾客投诉率等。

3. 危机预警范式

企业危机预警的范式有：行业危机预警企业危机、重大事件预警企业危机和企业危机预警行业危机等。

范式之一：根据行业危机预警企业危机。当整个行业发生危机时，企业就很难避免危机，可以说行业危机一般都会引发企业危机，每一个行业的危机都可能成为该行业中的企业的危机预警信号。若不关注行业危机，企业则很难就危机进行预警。

范式之二：根据重大事件预警企业危机。重大事件，既可以使经济的发展陷入停滞的状态，也同样会使企业受到打击。此外，重大事件会打击消费者和投资人的信心，则企业不仅要面对销售额的下降，还要面临企业筹资和融资的难题。当重大事件发生后，企业所能做的就是启动危机预警和处理系统，尽量将危机的损害降到最低。

范式之三：根据企业危机预警行业危机。当行业中的某一企业陷入危机，就可能使整个行业出现危机的征兆，从而也可能引发同行业其他企业发生危机，从而给同行业其他企业发出信号，使它们及时调整公司战略，将危机的损害降至最低或避免危机的发生。

4. 危机预警系统的建立

建立危机预警系统应遵循以下步骤：①确定需要发出危机警报的对象，并按重要性进行排序；②根据预警对象，确定危机监测的内容和指标，以及危机预警的临界点；③确定危机预警系统所需要的技术、资源等；④评估危机预警系统的性能，包括系统的准确性、误差、可信度、稳定性等；⑤安排专人负责实施并维护预警系统；⑥向企业的所有员工讲解该危机预警系统的功能及作用，指导员工如何根据危机警报做出必要的反应。

5. 建立危机管理系统

无数经验教训表明，仅仅建立危机预警系统是远远不够的，要想及时的处理危机还必须建立高度灵敏的危机管理系统。企业要善于搜集危机的信息，定期进行企业运营危机风险分析与分级管理，把隐患消灭在萌芽状态。随时收集公众对产品的反馈信息，一旦出现生产、制造、服务、品牌、销售、投融资等方面的问题立即跟踪调查加以解决；了解企业产品和服务在消费者心目中的形象信息，包括质量、价格、服务、建议改进等；随时注意分析公众对企业管理水平、人员素质和服务的评价；掌握政策决策信息，如有关法规、条令的颁布，研究和调整企业的发展战略和经营方针；研究竞争对手的现状、实力、潜力及策略发展趋势，经常进行优劣对比，做到知己知彼；搜集和分析企业内部的信息，进行自我诊断和评价，找出薄弱环节，将风险进行分级分类，制订问题解决方案，明确责任人、责任完成时间与评价指标。

（1）设置危机管理机构。英国著名危机管理专家迈克尔·里杰斯特说过："任何公司都需要有危机管理的措施，唯一不同的是根据企业性质和大小，其实施情况将有所变化。无论怎样，我们都要抓住问题的关键，那就是组建危机管理小组来制订或审核危机处理方案及其方针和工作程序。”借鉴国外企业的实践与经验，企业可以根据实际情况灵活、具体地设置包括企业领导、公关专业人员、生产、销售与售后服务人员、律师、新闻发言人等组成的危机管理小组，可以隶属公共关系部，也可以独立以影子内阁（没有明确的机构与设置，但是在企业形式、人员配备、经费保障方面都有明确规定与日常运作）的形式出现，但必须拥有足够的权力和相对的独立性，在企业内部有相应的发言权，专职负责未来可能发生的危机事件，成为企业重要的常设机构，不仅只是承担危机的日常检测、诊断、评价和预警工作，还可以不断地向公众表明企业“认真负责的理念与态度”。

（2）建立健全的危机管理计划。为了有效地实现危机的预防和处理，企业必须建立健全危机管理计划，规定危机中各个危机管理小组成员和企业各部门之间的分工与职责，以便约束员工的公关行为，保证危机管理方针、政策、措施的有效实施。当然，光有计划还不够，关键还在于执行，因而还需要关注计划的具体执行和执行情况的检查，否则，危机管理计划便成为一纸空文，起不到任何作用。

（3）举行危机模拟训练。加强对危机处理应急队伍的模拟训练是十分必要的，教会员工如何面对危机，如何化解危机，是很多企业战胜危机的基本经验，毕竟依靠员工的力量是企业危机管理最便捷的途径。每次危机模拟训练结束后，应对演习情况进行全面的总结汇报，判断企业是否完成了计划规定的技能和知识的培训，获得了多少有关危机处理的新技能和新知识，以便能知道企业的优势在哪里，弱点是什么，哪些方面还有待提高。

6. 我国企业危机预警管理模式

在危机的冲击下，企业是否能够从容不迫地面对危机并顺利解决危机，良好的危机管理计划与处理机制是绝对必要的。然而由于企业所面临的危机会因人、时、地而有所不同，加上每个企业都有不同的组织特性，因此企业危机管理模式或多或少会有所差异。我国的很多企业都相继建立了各自不同的危机预警管理模式。

小资料

海尔的 OEC 管理模式，小天鹅“末日管理”模式与荣事达的“零缺陷管理”模式

海尔的 OEC 管理模式，“日事日毕，日清日高”。这是每一个海尔人都挂在嘴上，记在心里，落实在行动上的处世哲学。这种处世哲学，源于海尔集团独特的“OEC 管理模式”。OEC 管理模式中的“O”代表“overall”，意为“全面的”；“E”代表“everyone，everything，every day”（简称 3E），意为“每个人、每件事、每一天”；“C”代表“control and clear”，意为“控制和清理”。OEC 即全方位地对每个人每天所做的事进行控制与管理。OEC 管理模式意味着企业每天所做的事都有人管，所有的人均有管理、控制内容，并依据工作标准对各自控制的事项按规定执行，每日把实施结果与计划指标对照，总结与纠偏，从而达到进行日日控制、事事控制的目的。

海尔的 OEC 管理模式的重点在于企业的日常管理，在于企业员工的一种危机意识，而树立员工的危机意识正是防范企业危机的最佳途径。

小天鹅的“末日管理”模式。小天鹅成功的法宝就是“末日管理”。小天鹅人认为，今天的成功不等于明天的成功，产品有末日，企业也有末日，而市场没有末日。小天鹅经常与国内外同行做比较，找出差距，制订措施，不断改进产品，使其适应市场的需求。小天鹅公司和员工的危机意识来源于管理层对危机的深刻认识和对全体员工的危机教育。全公司把危机消灭在萌芽状态，员工们确保自己的岗位不出问题，从而避免引起全公司的危机。实践证明危机预警管理是企业经营管理的有效手段。

荣事达的“零缺陷管理”模式。荣事达的“零缺陷管理”的内涵和原则是基于目标和宗旨。该模式是通过对经营各环节、各层面的全过程、全方位的管理，以保证各环节、各层面、各要素的缺陷趋向于“零”。他们认为，一个健康发展的企业必须有一个健全的管理系统，企业要想有长远发展，必须在初期就打好企业管理这个基础，而不能等到危机关头才去应急补救。

第三节　公共关系危机的处理

危机处理是针对危机事件而开展的一系列旨在减少损害程度、挽回影响、恢复形象的行为过程。通常，危机处理包括两方面的内容：一是技术处理，主要进行事务性的善后工作，如技术分析、科学鉴定等；二是公共关系处理，主要进行传播性和沟通性的协调活动，如向外界公布事实真相、稳定民心、恢复信誉等。技术处理是“硬”处理，公共关系处理是“软”处理，只有两种手段并用，才会有效地解决危机事件所引发的一系列问题。

一、公共关系危机处理的原则

由于没有正确的危机应对原则，事态愈演愈烈，一直叱咤风云的商界豪杰，也会受困于危机。那么在处理危机时，应该遵从哪些原则呢？这里总结提炼了“5S”原则，即速度第一原则（speed）、系统运行原则（system）、承担责任原则（shoulder）、真诚沟通原则（sincerity）、权威证实原则（standerd）。

小案例

丰田“召回”危机违背的“5S”原则

自1970年代以来，日本汽车业一向以高技术含量和高品质在全世界享有盛誉，其品牌号召力这一最大财富目前正在因丰田“召回门”（2010年年初）而遭受重创，如果处理不当，丰田甚至整个日本汽车业有可能会就此失去优势。就这次丰田所面对的“召回”危机而言，其危机应对措施违背了危机管理中的“5S”原则：①速度第一原则，即产品质量问题浮出水面之后反应迟缓，特别是公司高层在迫不得已的情况下才被迫面对而坐失危机之初的应对良机；②系统运行原则，就产品投诉问题而言，包括丰田汽车在内的许多公司都有一整套看似非常完善的处理流程，但这种流程如果停留在机制层面而不能让每一个员工用心投入，或者头痛医头脚痛医脚而不能调动设计、生产、营销等相关部门的共同参与，其中任何一个环节的失误均有可能导致危机扩散和集中爆发以至于陷整个组织于垂危之境；③承担责任原则，危机之初的丰田公司漠视消费者的安全考虑而一味推卸责任，在美国听证会和丰田章男来华道歉之前，消费者没有感受到丰田方面的诚意，使其历经数十年积累的信誉度一落千丈，几乎毁于一旦；④真诚沟通原则，丰田公司在发现问题后企图隐瞒事实，态度前倨后恭，顾左右而言他，妄图通过狡辩以推卸责任，其表现出的社会责任感和伦理的缺失严重毒化了危机处理的氛围和环境，使得危机处理过程失控；⑤权威证实原则，就丰田公司目前的“召回”危机而言，丰田章男的眼泪和鞠躬根本解决不了问题，由于丰田公司对这次危机处理不当，而导致危机本身的升级和转化：从产品质量危机转变为品牌危机，从丰田公司的危机转变为殃及日本汽车业甚至整个日本制造业的信誉危机。

（一）速度第一原则

“好事不出门，坏事传千里。”进入信息时代后，出现一个有趣的现象，那就是有关危机的信息的传播比危机本身发展要快得多。媒体对危机来说，就像大火借了东风一样，信息传播渠道的多样化、时效的高速化、范围的全球化，使企业危机情境迅速公开化，成为公众聚集的中心，也成为各种媒体热炒的素材。同时作为危机的利益相关者，他们不仅仅关注危机本身的发展，而更关注企业对危机的处理态度和所采取的行动。而社会公众有关危机的信息来源是各种形式的媒体，而媒体对危机报道的内容和对危机报道的态度影响着公众对危机的看法和态度。有些企业在危机爆发后，由于不善于与媒体沟通，导致危机不断升级。

第一时间做出迅速恰当的反应是防止危机事件继续恶变的“第一法宝”。一位加拿大企业危机管理专家唐纳德·斯蒂芬森曾说过：“危机发生的第一个 24 小时至关重要。如果你未能很快地行动起来并已准备好把事态告知公众，你就可能被认为有罪，直到你能证明自己是清白的为止。”在危机管理理论中，著名的“危机曲线”包括突发期、扩散期、爆发期、衰退期四个时期，如图 10－1 所示。如果在危机开始的突发期和扩散期积极反应，扼制危机，往往成本较低，效果也较理想。一旦到了爆发期，处理和平息危机的成本将呈几何倍数地增长，情形就难以收拾了。

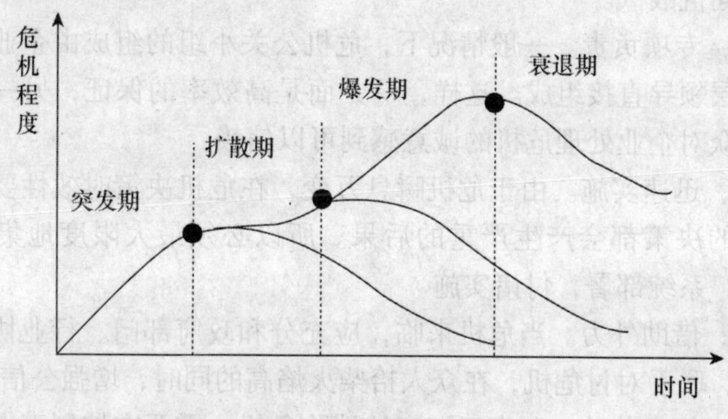

图 10－1　危机曲线

小资料

肯德基“涉红”事件

“苏丹红”是一种红色工业用系列色素。实验表明，可导致老鼠患某些癌症，可能造成人类肝脏细胞的 DNA 突变。1995 年英国和欧盟已经将“苏丹红”列为严禁用于食品中的添加剂。肯德基第一次“涉红”后的第二天，也即 2005 年 3 月 17 日又发现了另外 3 种产品“涉红”。随后，他们采取紧急措施，用现存经过验证不含苏丹红的调料取代原来的调料。恰恰在这时，3 月 18 日，北京有关部门抽查到了这批问题调料。3 月 19 日向媒体公布，责令停售。在媒体已经大肆报道肯德基两款食品“涉红”后，有些肯德基店甚至连公开声明都姗姗来迟，羞羞答答。这不免让人心生疑问，肯德基既然在 2005 年 3 月 17 日就发现另 3 种产品“涉红”，为什么没在第一时间公布，而是用新调料替换？如果没有 18 日北京有关部门的抽检，肯德基是否就能轻易掩盖事实蒙混过关呢？作为一个国际知名企业，在收到此类问题警示时，首先要做的是展开全面调查，在基于事实的基础上第一时间把相关信息向消费者发布。即使真的查出了有问题的产品，也应该及时向公众发布而不是刻意隐瞒，否则一旦失信于消费者，将会失去在市场中生存的根基。

（二）系统运行原则

俗话说，祸不单行。对于企业危机来说，它并非是孤立存在的，而是与企业内部管理和外部经营环境相关联的。

“千里之堤，溃于蚁穴。”企业中存在的大大小小的各类问题与缺陷，都可能导致企业危机的发生。因此我们要摒弃西医“头痛医头，脚痛医脚”的管理方法，而要运用中医系统调理的理念，对企业的方方面面进行系统管理，这样才能堵住危机的源头，或者在危机来临时，最大限度地避免或降低危机的损害。危机系统运作的具体措施主要是做好以下几点。

（1）以冷对热、以静制动。危机会使人处于焦躁或恐惧之中。所以企业高层应以“冷”对“热”、以“静”制“动”，镇定自若，以减轻企业员工的心理压力。不要过度反应，过犹不及。在危机发生后，要告诉自己，镇定，镇定，再镇定！让自己在对事实了解后，做出适当的反应。在与公众或媒体沟通的过程中，一定要确定自己的“反应度”，而不要过度反应。否则可能会人为地把事情闹大。

（2）统一口径，稳住阵脚。在企业内部迅速统一观点，对危机有清醒认识，从而稳住阵脚，万众一心，同仇敌忾。

（3）组建班子，专项负责。一般情况下，危机公关小组的组成由企业的公关部成员和企业涉及危机的高层领导直接组成。这样，一方面是高效率的保证，另一方面是对外口径一致的保证，使公众对企业处理危机的诚意感到可以信赖。

（4）果断决策，迅速实施。由于危机瞬息万变，在危机决策时效性要求和信息匮乏的条件下，任何模糊的决策都会产生严重的后果。所以必须最大限度地集中决策，使用资源，迅速做出决策，系统部署，付诸实施。

（5）合纵连横，借助外力。当危机来临，应充分和政府部门、行业协会、同行企业及新闻媒体充分配合，联手对付危机，在众人拾柴火焰高的同时，增强公信力、影响力。

（6）循序渐进，标本兼治。要真正彻底地消除危机，需要在控制事态后，及时准确地找到危机的症结，对症下药，谋求治“本”，如果仅仅停留在治标阶段，就会前功尽弃，甚至引发新的危机。

（三）承担责任原则

危机发生后，公众会关心两方面的问题，一方面是利益的问题，利益是公众关注的焦点，因此无论谁是谁非，企业都应该承担责任。即使受害者在事故发生中有一定责任，企业也不应首先追究其责任，否则会各执己见，加深矛盾，引起公众的反感，不利于问题的解决。另一方面是感情问题，公众很在意企业是否在意自己的感受，因此企业应该站在受害者的立场上表示同情和安慰，并通过新闻媒介向公众致歉，解决深层次的心理、情感关系问题，从而赢得公众的理解和信任。

实际上，公众和媒体往往在心目中已经有了一杆秤，对企业有了心理上的预期，即企业应该怎样处理我才会感到满意。因此企业绝对不能选择对抗，态度至关重要。

小案例

麦当劳“消毒水”事件

2003年7月，广州两消费者到麦当劳用餐，发现所点的红茶有极浓的消毒水味道。现场副经理解释，原因可能是由于店员前一天对店里烧开水的大壶进行消毒清洗后，未把残余的消毒水排清所致。两消费者与麦当劳相关人员就赔偿等问题理论和争执长达两个多小时之后店长和督导才到达现场。甚至在工商局工作人员赶到现场调停近一个小时后最终仍以破裂收场，消费者愤然报警。一周后，麦当劳发表简短声明，用主要文字描述事件过程并一再强调两位消费者是媒体记者，同时声明麦当劳一向严格遵守政府有关部门对食品安全的所有规定和要求，并保证麦当劳提供的每一项产品都是高质量的、安全的、有益健康的。整个声明没有提及自己的任何过失、该如何加强管理或向消费者表示歉意，更没有具体的解决事情的办法。经媒体多方报道，历经半个月麦当劳和消费者达成和解，但双方对和解内容保密。此前的5月麦当劳某北京分店已发生过把消毒水当饮料提供给消费者的事情。当时受害者得到的回复是“没想到他们的态度特别不好，连最起码的医药费他们都不愿意出。店长还跟我说什么，现在是特殊时期，他们的压力特别大，希望我能体谅她”。麦当劳的此次事件使它的公众形象大大受损，那么麦当劳应该如何处理呢？真诚的公众公共关系——取得谅解，诚恳的公众公共关系——赢得信誉，开诚布公的媒体公共关系——赢得口碑。

（四）真诚沟通原则

企业处于危机漩涡中时，是公众和媒介的焦点。你的一举一动都将接受质疑，因此千万不要有侥幸心理，企图蒙混过关。而应该主动与新闻媒介联系，尽快与公众沟通，说明事实真相，促使双方互相理解，消除疑虑与不安。真诚沟通是处理危机的基本原则之一。这里的真诚指“三诚”，即诚意、诚恳、诚实。如果做到了这“三诚”，一切问题都可迎刃而解。

诚意。在事件发生后的第一时间，公司的高层应向公众说明情况，并致以歉意，从而体现企业勇于承担责任、对消费者负责的企业文化，赢得消费者的同情和理解。

诚恳。一切以消费者的利益为重，不回避问题和错误，及时与媒体和公众沟通，向消费者说明事件的进展情况，重拾消费者的信任和尊重。

诚实。诚实是危机处理最关键也最有效的解决办法。我们会原谅一个人的错误，但不会原谅一个人说谎。

（五）权威证实原则

在危机发生后，企业不要自己整天拿着高音喇叭叫冤，而要曲线救国，请重量级的第三者在前台说话，使消费者解除对自己的警戒心理，重获他们的信任。

小案例

上海倒楼事件

2009年6月27日凌晨5点35分，上海市闵行区一处在建楼盘“莲花河畔景苑”靠近淀浦河一侧的7号楼忽然向南侧整体倾倒，建筑物如此倒下实属罕见，连专家也称“见所未见，闻所未闻”。

九成业主选定赔付方案，多数不退房；7 名相关责任人被批捕，涉重大责任事故罪被捕；住建部通知要全国立即清查在建住宅质量；设计结构建筑用料符合要求，其余楼房安全；附近 135 户居民疏散，确保群众生活不受影响；上海倒楼赔偿全部结束每平方米补偿 20289 元；上海倒楼赔付协议全部签署 23 户换房，18 户退房；……

“楼歪歪”、“楼脆脆”成了网络中的流行词，住宅房“做俯卧撑”，用冷幽默似的话语来嘲笑当下的不合格建筑。面对伤害倒楼事件，这样重大的一个危机，要怎样解决才能将损失最小化？住房和城乡建设部下发紧急通知，要求全国各省、自治区、直辖市房屋建设主管部门，对在建住宅工程质量进行检查。涉及结构安全重大隐患的，要立即停工整改，隐患消除前不得复工。借助权威机构对其他楼盘进行检查，专家称敢与业主“做邻居”，肯定了其他房子的安全性，最大限度地缓解了所有楼盘被社会质疑的情况。

二、公共关系危机处理对策

公关人员在危机发生之后，必须立即着手开展危机的调查了解工作，并在全面掌握情况以后，针对不同对象尽快制订出危机处理的不同对策。

（一）与组织内部公众沟通协调的对策

（1）在危机初期，及时向内部员工宣布危机处理小组成员、宣布本组织对待危机的态度，并且对员工提出一些应对危机的要求。

（2）在危机稳定期，及时向内部公众通报危机事件的发生时间、地点、有无伤亡，以及本组织处理危机事件的基本原则、方针、具体的程序与对策。将制定的危机处理方案通告各部门及全体员工，以便统一口径、统一思想、协同行动，共同参加急救。

（3）在危机抢救期，及时向内部员工通报造成危机的原因、给直接受害者造成的损失，以及受到波及的公众范围有多大、影响有多深、事态发展趋势、事态是否得到有效控制等情况。

（4）在危机处理末期，一方面对危机处理工作进行评估，总结经验、找出不足，奖励在处理危机事件中表现突出的有功人员，处罚危机事件的责任者，并通告有关方面；另一方面通过危机事件教育员工，齐心协力共渡难关。

小知识

与组织内部公众沟通协调的注意事项

内部沟通要强调统一指挥、有条不紊，要做到及时、顺畅、有效，要起到稳定人心、增强信心的作用，从而充分发挥团队的作用。

（二）与受害者沟通协调的对策

（1）企业和组织要全面了解危机，以及危机所造成的有关损失情况，并主动承担相应的责任，给公众留下一个责任感强的企业和组织形象。同时，要全面提供善后服务，以维护此时可能已经岌岌可危的公众形象。

（2）危机事件若造成伤亡，一方面要立即进行救护工作或进行善后处理；另一方面应立即通知其家属，并尽可能提供一切条件，满足家属的探视要求。

（3）要积极倾听各方面公众的意见，并合理赔偿损失。对于受害者家属的过分要求，公关人员应宽宏大量，坚决避免在事故现场与受害者发生争辩与冲突。另外，在合适场合与相关公众研究并处理问题时，也要做到有分寸地让步，应该注意拒绝的方法与技巧。

小知识

与受害者沟通协调的注意事项

（1）一般来说，公众在危机事件受害后，所关心的都是与其切身利益直接相关的东西，特别是经济方面的利益。所以，企业和组织应该尽量满足公众的这些“低层次”的要求，实现其物质补偿，这样做有利于避免危机无形损失的进一步扩大。

（2）要委派固定的公关人员去处理危机事件。具体人数可多可少，这些人应具备的主要条件是：一要了解有关赔偿损失的文件规定与处理原则；二要善于沟通。在处理危机事件的整个过程中，企业和组织要尽量保持工作人员的相对稳定性，不要无故换人，以免引起受害者的疑虑与不安。

（三）与新闻媒介沟通协调的对策

（1）在危机发生时，企业或组织内部一定要就如何向新闻媒介公布事故，以及公布时如何措辞等有关事项先在内部统一认识和统一口径，以免口径不一，造成不必要的疑虑与误解。

（2）由权威人士发言提供准确信息。一般来说，公布本企业或组织事故的时候，最好是由总负责人，如经理、CEO 等，以示企业或组织对危机的重视程度，这样也会给公众和媒介留下较好的印象。另外，在发布信息时，一定要保证企业或组织向新闻媒介提供的信息是准确和正式的，以消除新闻媒介的无端猜疑。对于重要的事项还应该用书面材料的形式发给记者，以避免报道失实，进一步导致危机的发生。

（3）对于企业或组织自身来说，在事实还没有完全弄清楚之前，不要轻易对事件作出评论，也不要对危机发生的原因、损失，以及一些其他方面的任何可能性进行揣测。

（4）危机发生后，企业和组织要主动向新闻媒介提供真实、准确的消息，公开表明组织的立场和态度，帮助新闻媒介做出正确的报道。对新闻媒介不可采取隐瞒、搪塞、对抗的态度，不可像“挤牙膏”一样地吐露信息，对确实不便发表的信息，也不要简单地说“无可奉告”，而应说明理由，求得记者的同情与理解。

小知识

与新闻媒介沟通协调的注意事项

当记者发表了不符合事实真相的报道后，应尽快向该媒体提出更正要求，并指明失实的地方。还要向该媒体提供与事实有关的资料，派发言人接受采访、表明立场，要求公平报道，当然要注意避免产生敌意。

（四）与上级领导部门沟通协调的对策

危机发生之后，应及时、主动地向上级组织进行实事求是的报告，不要文过饰非，更不要歪曲事实真相、混淆视听。在处理危机的过程中，应该定期汇报事态发展的状况，求得上级领导部门的指导、援助和支持。

小知识

与上级领导部门沟通协调的注意事项

危机事件处理完毕，应向上级领导部门详细报告处理的经过、解决的方法、事情发生的原因等情况，并提出今后的预防计划和措施。

（五）与业务往来单位沟通协调的对策

危机发生后，应尽快如实地向有业务往来的单位通报事故发生的消息，表明组织对该事件的坦诚态度，并以书面的形式通报正在或将要采取的对策和措施。如有必要，还可派人直接去各个单位面对面地进行沟通与解释。

小知识

与业务往来单位沟通协调的注意事项

在事故处理的过程中，应定期向有业务往来的单位传达处理经过。一旦处理完毕，应用书面形式表示歉意，并向给予理解、援助的单位表示诚挚的谢意。

（六）与消费者沟通协调的对策

（1）设立专线电话，以应付危机期间消费者打来的大量电话，要让训练有素的人员接听专线电话。

（2）以尊重消费者权益为前提，制订所有处理危机事件的对策和措施。

（3）迅速查明和判断受到危机事件影响的消费者类型、特征、数量、分布区域等情况，并通过不同的传播渠道，向消费者颁发说明事故梗概的书面材料，公布事故处理意见。

小知识

与消费者沟通协调的注意事项

认真听取受到不同程度影响的消费者对事故处理的意见和愿望，尤其要热情接待消费者团体的代表，如实回答他们的询问、质询。另外，还要主动及时地与消费者团体中的领导及意见领袖进行沟通、磋商；通过新闻媒体向消费者公布事故的经过、处理方法、与消费者团体达成的一致意见，以及今后的预防措施。

（七）与社区居民沟通协调的对策

社区是社会组织赖以生存与发展的基地，社区居民也是社会组织形象的传播者，如果危机事件给社区居民带来了损失，社会组织应努力做好与社区居民的共同协调工作。

（1）道歉。根据危机事件的性质，以及给社区居民带来的损失程度，可选择不同的道歉方式，如委派专人到社区道歉、派人到每一户居民家庭分别道歉、通过地方报纸致歉、通过全国性的报纸刊登道歉广告等。

（2）补偿。如果危机事件给社区居民造成的损失不大，可以适当地给社区一些补偿，如修桥补路、种花植树、美化环境、赞助教育、修建老年公寓等。通过这些补偿，得到社区居民的谅解，使社会组织保持社区好公民的形象。

（3）赔偿。如果危机给社区居民造成了严重损失，社会组织应该明确表示，并尽快落实经济赔偿问题。

小知识

与社区居民沟通协调的注意事项

（1）不管用哪种方式道歉，一要态度诚恳；二要鲜明地表示敢于承担责任；三要表明知错就改。

（2）经济补偿、赔偿问题处理起来难度较大，应委派有相关经验的人员。代表社会组织与社区居民沟通，尽量达到社区居民的满意，使社会组织的形象损失控制在最低限度。

三、公共关系危机处理的步骤

企业危机的突发性、破坏性、急迫性表明，企业公关危机处理必须以及时的反应、最大的努力严格控制局势，迅速查清原因，积极采取措施，尽力挽回影响。因此，必须首先制定出一个反应迅速、正确有效的企业公共关系危机处理程序，以避免急迫过程中的盲目性和随意性，使企业公关危机处理有序进行。企业公关危机处理的通用程序包括以下三个方面。

（一）采取紧急行动

企业公关危机一旦出现，企业就应对其做出反应。具体的工作内容如下。

1. 成立临时专门机构

企业公关危机爆发后，企业应立即成立临时的公关危机处理专门机构。临时的专门机构是危机处理的领导部门和办事机构，一般由企业的主要领导负责，公关人员和有关部门负责人参加。成立这样一个机构，对于保证能够顺利和有效地处理危机事态是十分必要的。危机处理的专门机构 PREH（The Public Relations Emergency Headquarters）主要有三方面作用：一是内外联络；二是为媒介准备材料；三是加强对外界公众的传播沟通。

2. 迅速隔离危机险境

当出现严重的恶性事件和重大事故时，为了确保企业及其公众的生命财产不受损失或少受损失，要采取各种果断措施，迅速隔离险境，为使各种恶性事件和重大事故所造成的损失降低到最低程度，为恢复企业的良好公共关系状态提供保证。在公共关系工作中，危机险境的隔离应重点做好公众的隔离和财产的隔离，对于伤员更是要进行无条件的隔离救治，这也是危机过后有可能迅速恢复组织形象的基础。

3. 控制危机蔓延态势

在严重的恶性事件爆发后的一段时间内，危机不会自行消失，相反，它还可能进一步恶化，并迅速蔓延开来，甚至还要引起其他危机的出现。因此，必须采取措施，控制危机范围的扩大，使其不致影响别的事物。

（二）积极处理危机

经过第一阶段采取紧急行动，控制了危机损失，尽力做到危机损失最小化之后，企业要从危机反应状态进入积极处理状态。在这一阶段关键是要遵循正确的工作程序，融积极性与规范性于一体，确保有效地处理危机。

1. 调查情况，收集信息

企业出现危机事件后，应及时组织人员深入公众，了解危机事件的各个方面，收集关于危机事件的综合信息，并形成基本的调查报告，为处理危机提供基本依据。公关危机调查在方法上强调灵活性和快速性。一般主要运用公众座谈法、观察法、访谈法等方法进行调查。在内容上，公关危机调查强调针对性和相关性，一般侧重调查下列内容：①迅速收集现场信息，以便准确分析事故的原因。②详细收集危机事件的信息，包括危机发生的时间、地点、原因、人员伤亡情况、财产损失情况、事态发展情况、控制措施以及公众在事件中的反应情况。③根据危机事件提供的线索，了解危机事件出现的企业组织背景情况、公众背景情况，找出企业、公众与危机事件的关联点。④调查受害公众、政府公众、新闻媒介公众及其他相关公众在危机事件中的要求。要注意从事件本身、亲历者、目击者和有关方面人士那里广泛、全面地搜集本次企业公关危机的信息，无论是现场观察还是事后调查，都应详细地做好记录，除一般文字记录外，最好利用录音、录像、拍照等进行更为客观的记录，为进行危机处理提供充分的信息基础。危机事件的专案人员在全面收集危机各方面资料的基础上，应认真分析，形成危机事件调查报告，提交企业的相关部门。

2. 分析研究，确定对策

企业危机处理人员提交危机事件的专题调查报告之后，应及时会同有关职能部门，进行分析、决策，针对公众确立相应的对策，制定消除危机事件影响的公关方案。在这个环节中，最重要的工作就是对危机影响到的各方面公众采取相应的对策，这将直接影响到公关方案的运作和效果。

3. 分工协作，实施方案

企业制定出危机处理的对策后，就要积极组织力量，实施初步确定的消除危机的方案，这是工作的中心环节，在实施过程中应注意调整心态，以友善的精神风貌赢得公众的好感；工作中应力求果断、精炼，以高效率的工作风格赢得公众的信任；认真领会公关活动方案的精神，做到既忠于方案，又能及时调整，使原则性与灵活性均得到充分的体现，在接触公众的过程中，注意观察、了解公众的反应和新的要求，并做好说服工作。

4. 评估总结，改进工作

企业在平息危机事件后，一方面，要注意从社会效应、经济效应、心理效应和形象效应诸方面，评估消除危机的有关措施的合理性和有效性，并实事求是地写出详尽的公关危机处理报告，为以后处理类似的危机提供参照性文献依据。另一方面，要认真分析危机事件发生的深刻原因，切实改进工作，从根本上杜绝公关危机事件的发生。

（三）重塑组织形象

即使企业采取积极有效的措施处理危机，企业的形象和销售额都不可能完全恢复到危机发生前的水平。公共关系危机对组织形象造成了损害，其不利影响会在今后企业的生产经营中日益显露出来。因此，企业公关危机得到处置，并不等于企业公关危机处理结束，企业公关危机处理还要进入重建企业良好形象的阶段，只有当组织形象重新建立，才谈得上转“危”为“安”。

1. 树立重建企业良好形象的强烈意识

在危机处理过程中，企业除了平时要有强烈的公关意识外，还必须树立强烈的重建良好公关形象的意识，要有重整旗鼓的勇气，要有再造辉煌的决心，而不能破罐破摔。须知，只有当企业的形象得到重建，才谈得上良好的公共关系状态，企业公关危机处理才谈得上真正完结。

2. 确立重建企业良好形象的目标

在重建良好组织形象的过程中，确立重建良好形象的目标是必不可少的一个步骤。总得来说，重建良好形象的目标是消除危机带来的形象后果，恢复或重建企业的良好声誉，再度赢得社会公众的理解、支持与合作。具体来讲，大致可以分为四个方面：①使企业公关危机事件的受害者或其家属得到最大的安慰。②使利益受损者重新获得作为支持者的信心。③使观望怀疑者重新成为真诚的合作者。④更多地获得新的支持者。只有达到上述目标，公关危机的处理才算是全面和完善的。

3. 采取重建良好组织形象的有效措施

企业在确立了重建良好公关形象的明确目标之后，关键是采取有效措施进行实施，以达到这些目标，这些措施包括对内和对外两个方面：①对内。一是要以诚相待和坦率的态度安排各种交流活动，以形成企业与其员工之间的上情下达、下情上达、横向连通的双向交流，保证信息畅通无阻，增强组织管理的透明度和员工对企业组织的信任感；二是要以积极和主动的态度，动员企业组织全体员工参与决策，作出组织在新的环境中的生存与发展计划，让全体员工形成“乌云已经散去，曙光就在前头”的新感受；三是要进一步完善企业组织管理的各项制度和措施，有效地规范组织行为。②对外。一是要同平时与企业息息相关的公众保持联络，及时告诉他们危机后的新局面和新进展；二是要针对企业组织公众形象受损的内容与程度，重点开展某些有益于弥补形象缺损、恢复公关状态的公关活动；三是要设法提高企业组织的美誉度，争取拿出一定的过硬的服务项目和产品在社会中公开亮相，从本质上改变公众对企业组织的不良印象。

本章小结

危机是任何社会组织都不能回避、必须面对的，但“每一次危机既包含导致失败的根源，又孕育着成功的种子”。因此防范危机的发生以及事先周密的应急计划的制订是危机管理的重点。危机一旦发生，应迅速成立危机管理班子，及时发出正确信息，并与媒介保持畅通的联络；正视谣传的危害性、妥善处理好危机中的伤亡事件，并在危机消除后，对危机处理过程作深刻的检讨，以利于组织的长期发展。

习　　题

基础知识题

1. 什么是公共关系危机？其主要特征有哪些？
2. 公共关系危机可分为哪些类型？

3. 公共关系危机处理的原则和对策是什么?

4. 公共关系危机处理的程序是什么?

技能训练题

1. 假设您是一家食品公司的公关负责人，在本公司被媒体误报食品质量不符合国家标准后，您会如何处理?

2. 某百货公司于开张之际举行大酬宾活动，由于策划失当，引起众多顾客的不满，并当场与公司工作人员发生冲突，局面一时难以控制。作为公司的公关人员该怎样应对?

典型案例

某律师在消费当地一家颇有影响的食品企业所生产的食品时，发现产品存在严重的质量问题。于是，他与企业进行了交涉。企业接待人员同意研究后给其一个答复，但此后便没了下文。无奈，律师将有质量问题的食品拿到当地一家颇有影响的报社，将情况反映给记者。该报社遂派记者到企业进行现场采访。记者们在企业拍摄到了许多违反国家食品生产规定的现场画面。企业领导发现后强行索要记者所拍资料，不成后，将记者扣留。在当地公安人员的解救下，记者们在被困1个多小时后得以安全返回。事后，该报以系列报道的形式将消费者反映的有关该企业的问题，以及记者在企业中所拍摄的材料、经历公之于众，企业经营一时陷入困境。

思考题

(1) 该企业经营陷人困境的原因是什么?

(2) 如果你是该企业的负责人，你该如何处理此事?

第十一章　公共关系礼仪

学习目标

知识目标：掌握公共关系礼仪的概念及其本质；了解公共关系礼仪的起源与意义；掌握公共关系礼仪的基本原则；掌握个人公关礼仪和日常交往公关礼仪的相关要求。

能力目标：学会运用个人公关礼仪和日常交往公关礼仪的规范指导自己的公关活动。

技能目标：具备运用个人公关礼仪和日常交往公关礼仪的规范的能力，使自己的公关活动符合礼仪的要求。

重点：个人公关礼仪、日常公关礼仪。

难点：个人公关礼仪、日常公关礼仪。

在苏州南园宾馆，一位澳门客人外出后，他的一位朋友来访，要求进他的房间去等候。由于客人事先没有留言交代，总台服务员没有答应。澳门客人回来后看见朋友还坐在大堂沙发上等候，十分不悦，马上跑到总台与服务员争执起来。公关部的李小姐闻讯赶来，刚开口解释，客人就把她作为泄怒的新目标，指着她出口不逊地呵斥起来。当时李小姐头脑很冷静，她明白在这种情况下，做任何解释都是毫无意义的，反而会导致客人情绪更加冲动。于是就采取冷处理的办法让他尽情发泄，自己则默默地看着他“洗耳恭听”，脸上始终保持着一种亲切友好的微笑。一直等到客人把话说完，平静下来后，李小姐才心平气和地告诉他酒店的有关规定，并对刚才发生的事情表示歉意。客人接受了她的劝说并诚恳地表示：“你的微笑征服了我，而我刚才情绪那么冲动，很不应该，希望下次来饭店时能有幸再次见到你亲切的微笑。”

由此可见，在社会组织的日常活动中，公共关系礼仪所起到的作用是不可估量的。下面我们就来介绍公共关系礼仪的基本知识。

第一节　公共关系礼仪概述

一、公共关系礼仪的概念与本质

（一）礼仪的概念

“礼”是人与人之间交往中，通过言谈、表情、举止等表示敬重和友好的行为，体现一个人的修养、文化层次和文明程度。

“仪”是人们在日常生活中，特别是交际场合中，相互问候、致意、祝愿以及表示相互尊重的惯用形式。“仪”包括仪表和仪式两个方面。

“礼仪”指的是人们在各种具体社会交往中，为了相互尊重，在仪表、仪容、仪态和言谈举止、仪式等方面约定俗成、共同认可的行为规范。概括起来，其表现形式为：谦虚而恭敬的态度、优雅而得体的举止、文明而礼貌的语言、大方而高雅的装束。

（二）公共关系礼仪的概念

所谓公共关系礼仪，就是社会组织的公共关系人员或其他人员在公共关系活动中，为了树立和维护组织的美好形象，构建组织与内外公众和谐合意的理想型关系所应遵循的尊重公众，讲究礼貌、礼节，注重仪表、仪容、仪态、仪式等的规范或程序。

要全面把握和理解公共关系礼仪的概念，需要把握好以下几点。

（1）公共关系礼仪的主体是社会组织，客体是社会公众。社会组织的公共关系人员代表社会组织处理与内外公众的关系，是从事公共关系活动的现实主体。组织领导人及组织内部员工在组织与外部公众的公共关系活动中，构成重点主体与一般主体。他们的言行举止、风度仪表均需遵循礼仪的要求。社会公众作为主体作用的对象，成为公共关系人员礼仪的作用对象，同时又以自己的礼仪反作用于公共关系人员的礼仪，参与公共关系礼仪的往来授受，他们的礼仪也具有公共关系礼仪的意蕴。公共关系礼仪的主体是多元的，客体也是多元的，并且主客体的构成常常是变动、转化或兼而有之的。

（2）公共关系礼仪的目的是内求团结，外求发展，塑造组织美好形象。组织形象是公众对组织行为的整体评价和看法，是组织行为及其文化在公众心目中的投射。组织形象的建立与维护，离不开公共关系礼仪的滋润与培育。实际上，公共关系礼仪不仅是促成组织定位与升华的有效手段，而且本身即是一种目的化的组织形象，讲求公共关系礼仪即是注重组织形象。

（3）公共关系礼仪的手段是传播与沟通。各种传播与沟通的手段或形式，都是公共关系礼仪必须借助的手段或有效形式。公共关系礼仪正是借助或依靠语言和非语言媒介、人际和大众传播等方式来沟通组织与公众的关系，塑造和提高组织美好形象的。

（三）公共关系礼仪的本质

公共关系礼仪本质上是公共关系实务活动的一部分，是组织形象的一种宣传形式和组织行为的一种传播手段，是建立在民主、平等、互助、协作基础上的现代礼仪。公共关系礼仪是公共关系活动和工作中所体现的礼仪，其主体是开展公共关系活动的组织及代表组织的公关部门和人员，客体是组织所面对的内外部公众，媒体是现代人际传播和大众传播。从某种意义上说，公共关系礼仪既有主体的行为或程序礼仪，也有客体的应对或反馈礼仪，是组织与公众之间的一种礼仪互动或敬意互动。

就公共关系礼仪的本质而言，作为公共关系礼仪主体的组织或代表组织的公共关系部门和人员，要以自强不息之道律己，以厚德载物之道待人，只有这样才能使组织的公关活动产生“化干戈为玉帛，变腐朽为神奇”的妙用；同时还应承担起教育和引导广大公众一起向上，形成“礼尚往来”的礼仪风俗和礼仪氛围的责任，为构建一种新型的民主、平等、自由、和谐的礼仪而贡献自己的聪明才智。

公关人员在实施公关礼仪的过程中，应突显组织的意义，致力于组织良好形象的建树，将个人礼仪融入组织礼仪之中，自觉调整个人的审美爱好，服从于组织形象建设的大局，在建树组织美好形象的过程中，建树个人的美好形象。

小案例

细微之处见礼仪

郭小明是一位外贸公司的业务经理，一次，他因为工作的需要，在国内设宴招待一位来自英国的生意伙伴。有意思的是，那一顿饭吃下来，令对方最为欣赏的，倒不是郭先生专门为其准备的丰盛菜肴，而是郭先生在陪同对方用餐时的一处细小的举止表现。用那位英国客人的原话来讲就是："郭先生，您在用餐时一点儿响声都没有，使我感到您的确具有良好的礼仪修养。"

二、公共关系礼仪的起源与发展

（一）公关礼仪的起源

公共关系礼仪起源于传统礼仪的母体。传统礼仪是传统人际交往智慧的产物和实践经验的总结。中国传统礼仪的许多礼仪思想和观念，如"礼之用，和为贵"、"礼尚往来，来而不往非礼也"、"礼贤下士，虚怀若谷"等，只要经过现代诠释和批判性继承，完全可以化为公共关系礼仪的思想和观念；传统礼仪的许多优秀因素可以转化为现代公关礼仪。现代公关礼仪，是对传统礼仪的继承、发扬和改造。可以说，现代公关礼仪起源于传统礼仪。

（二）公关礼仪的发展

1. 商品经济的发展促进了公共关系礼仪的发展

公共关系礼仪随着商品经济的发展而发展，并且服务于现代商品经济发展的需要。公关礼仪孕育于传统礼仪之中，但它的产生需要一定的条件。高度发达的商品经济就是公关礼仪的催生婆。商品经济的产生和发展打破了自然经济的束缚，使封闭的小农生产转向开放的社会化大生产，个人产品变为社会产品，也发展了人与人之间繁杂交错的社会联系。在商品经济高度发展和商品流通高度频繁的社会，人际交往更加纷繁复杂，尤其是组织与公众的交往更呈现出多元化、多维辐射、多极化发展的态势，公关活动和公关工作正式出台，为公关礼仪的形成准备了条件。公关礼仪是开展公关工作的润滑剂及必备条件，也构成公关活动的一部分。

2. 大众传播媒介极大地推动了公关礼仪的发展

公关礼仪的形成和发展还有赖于大众传播事业的迅猛发展，大众传播有别于人际传播，它以现代通信技术和无线电技术为手段，面向全社会的广大受众，每时每刻地大量制造、复制和传播各种信息，不仅使传播者的意图得以传播、贯彻和宣扬，而且也满足了受众对信息的需求。大众传播媒介的社会化，在催生公关的同时，也培育和催生了公关礼仪。正是因为有了现代化的通信设施和成功地运用大众传播，公关礼仪才风靡全球，成为一种高情感、高信息的现代礼仪。

3. 公民意识的不断提高也推动了公关礼仪的发展

礼仪是人的礼仪，同人的素质、行为和思想意识密切相关。只有当人们树立起权利与义务相统一的公民意识和积极参与社会生活的开放意识时，才可能产生民主、平等、自由、和谐的公关礼仪。公关礼仪是主体独立人格和尊严高扬的产物。现代社会推崇的是能独立承担义务、争取和捍卫自身权利的公民。公关礼仪本质上可视为公民礼仪，是公民参与社会生活、塑造自身美好形象的有效手段。现代社会，公民意识也在不断发展和提高，这进一步推动了公关礼仪的迅猛发展。

三、公共关系礼仪的原则与意义

（一）公关礼仪的基本原则

1. 尊重原则

尊重与敬意是礼仪的情感基础。人是有理性的本体存在，其本身就具有绝对的价值。所有公关礼仪要把尊重原则作为第一原则和最根本的原则，并且视它为其他一切原则的前提和基础。

贯彻尊重原则，必须要把尊重公众、尊重组织和尊重自己相统一，但首先要尊重人的人格。人格是一个人做人的主体位置与资格，是个人在社会生活中主体地位与价值的表征。它集人的资格、价值、荣誉、形象、气质于一身，本身就具有尊严，令人肃然起敬。不仅个人应自尊自信，锻铸和捍卫自己的人格尊严，而且不得蔑视或侮辱他人人格，否则就是极不礼貌和极不不道德的。人的天性本质就是渴望人格能得到应有的尊重。所以尊重人的人格是尊重原则的第一要义。

尊重公众和他人，包含尊重他们的个性爱好和性格特质，做到不强人所难，不把自己的意志强加于人。因为尊重的本质是爱，爱一个人的真谛是使他更好地完善自己。而尊重公众、他人的兴趣爱好与性格，就是使他人更好地自我完善的外在必要条件。

尊重人也包含尊重人的人身自由及其他各项权利，包括尊重人的隐私权。尊重人还应学会肯定人、欣赏人和赞美人。在公关活动中，专挑别人的毛病，是一种自大狂妄的表现；注意发现并时刻赞美别人的优点，是谦虚、谨慎美德的自然流露。

2. 诚信原则

“诚”即诚实、诚笃、真诚、诚恳，指待人的真实不欺和说话客观公正；“信”即信用、信任、信实，指说话算数，言行一致。“诚信”是“诚”与“信”的结合，要求人们在待人接物的过程中真实诚笃、信守诺言、讲究信誉、实事求是。

礼尚诚贵信，重在情意的真纯和表里如一。缺乏诚信的礼仪只能是矫揉造作的客套或周旋逢迎的虚情假意。诚信原则要求公关人员在交往伊始就要真心诚意，对交往对方以诚相待。交往的实质是人与人之间的沟通或给取，只有诚而有信，才能得到交往对方的理解和信任，获得交往的成功。所以，真诚待人是成功交往的核心，是与人建立友谊和深厚情感的基础。

3. 宽容原则

“宽”即宽待，“容”即相容。宽容是待人的一般原则，也是公关礼仪所必须遵循的基本原则。宽容原则，就是要严于律己，更要宽以待人；在人际纷争的问题上保持豁达大度的品格或态度，善解人意，容忍和体谅他人，而不求全责备，过分苛求；对那些与自己意见相左并反对过自己的人也能以礼相待，求大同存小异，躬自厚而薄责于人。

公关的重心是转化公众态度，使其向着有利于组织的方向发展和变化，要求通过具体的公关活动和礼仪缩小组织与公众之间的距离，化解公众对组织的敌意、偏见与冷漠，以赢得更多的朋友，而要做到这一点，就需要宽容。真正的公关礼仪总要同宽厚、宽宏、宽待等精神联系在一起。须知，公关交往中的障碍只有靠宽容精神才能跨越。所以公关人员应对宽容的原则一以贯之，以宽大之心善待各类公众。

4. 平等原则

把礼仪建立在平等基础之上，并将平等作为自己的基本原则，是公关礼仪不同于传统礼仪的根本之处。公关礼仪的平等原则，主要或常常表现为道德和人格的平等。它要求对所有人一视同仁，尊重人的价值和尊严，而不管他在现实社会中所处的地位如何。也就是不分厚薄，彼此一致对待，对新朋友、老朋友，都给予同等的礼遇；既不因对方的地位显赫而曲意谄媚，也不因对方地位低微而冷漠忽视，始终做到不卑不亢，礼貌待人。

除以上原则外，互惠、适度、沟通、形象、自律等也是公关礼仪的重要原则。互惠、适度、沟通、形象、自律等原则与尊重、诚信、宽容、平等原则不可分割的联系在一起，故可将它们视为上述四个原则的应用之义。在此，不再赘述。

（二）公关礼仪的意义

公关礼仪不同于一般的礼节、礼貌，它是一种有直接的、明确的目的，在一定的理论指导下，经过周密计划和科学组织的公共关系活动的有机组成部分。公关礼仪是组织形象的一种宣传形式，在社会组织“内求团结，外求发展”的目标体系中占有重要地位，发挥着其他公关形式不可替代的作用。

1. 有助于公关人员培养和提高个人素质与修养

公关礼仪是公关人员的文化素质和文明修养的外在表现。在公共场合中，遵守和应用公关礼仪，是对公关人员的基本要求，是公关工作取得成功的重要因素。一方面，公关礼仪作为一种社会行为的标准和规范而出现，渗透在人们的社会生活中，指导着人们的行为活动，客观上要求公关人员将自己的行为纳入该规范，并用来约束自己。另一方面，在公关活动中，公关人员是否注重礼仪也是衡量其素质与修养的尺度之一。公关人员要想塑造良好的组织形象，首先必须要塑造个人最佳形象，赢得他人的尊重与好感，要做到这些就必须讲究与注重礼仪。

2. 有助于公关人员树立美好形象，建立融洽的人际关系

公关礼仪的目的非常直接、明确，其核心是塑造美好的组织形象。所谓形象，就是双方在对方心目中所形成的一种综合化、系统化的印象。它的形成大多是通过礼仪传递，并直接影响到交往双方关系的和谐与否和交际成败。在公关活动中，每个公关人员都代表着社会组织的形象，要想建立和维护良好的组织形象，最行之有效的方法，就是遵守公共关系礼仪。否则，很有可能使组织和个人形象受到损害。此外，公关礼仪在规范人际交往，协调人际关系，增进相互沟通、相互理解等方面起着非同寻常的作用。

3. 有助于促进社会物质文明建设和精神文明建设

公关礼仪服务于社会主义市场经济，通过塑造良好的公众形象，对内，它发挥了礼仪的润滑和催化作用，协调人际关系，强化企业的道德要求，提高了企业内部的凝聚力；对外，它展示了企业的文明程度、道德水准和管理风格，不仅有利于协调各方的经济利益与矛盾，而且有利于提高企业的知名度，从而达到提高企业经济效益的目的。

公关礼仪不但能培养人们的道德品质，提高人们的修养，规范人们的行为，而且能够净化和美化社会，进一步加强对外开放，加深与世界各国人民的友谊和交流，提高我国的国际地位，以泱泱大国之风范立足于世界民族之林。

第二节　个人公关礼仪

个人礼仪是一切礼仪的起点。作为一种社会文化，个人礼仪不仅事关个人，而且事关社会组织，甚至是全局。作为公关人员若置个人礼仪规范于不顾，自以为是，我行我素，必然授人以柄，小到影响个人的自身形象，大到足以影响社会组织乃至国家和民族的整体形象。因而，公关人员必须充分了解个人礼仪，提高个人礼仪修养。

一、个人礼仪的内涵

个人礼仪是社会个体的生活行为规范与待人处世的准则，是个人仪表、仪容、言谈、举止、待人、接物等方面的具体规定，是个人道德品质，文化素养，教养良知等精神内涵的外在表现。个人礼仪具体包括仪容礼仪、仪表礼仪、仪态礼仪、服饰礼仪和交谈礼仪等方面。在公共关系礼仪中，个人公关礼仪是基础，它体现了一个人最基本的礼貌、教养和品位格调。

二、仪容礼仪

仪容，通常指人的外貌，是一个人的精神面貌和内在气质的外表体现。具体地讲，仪容由一个人的面容、发式以及身体所有未被服饰遮掩的肌肤所构成。如人的头发、面部、颈部、手部等。在人际交往中，每个人的仪容都会引起交往对象的特别关注，而且会影响到对方对自己的整体评价。它不仅反映着一个人的精神面貌、朝气和活力，而且还给交往对象以最直接、最生动的感官第一信息。

（一）头发修饰

“远看头，近看脚”，头发位于人体的最高点，往往最先吸引别人的注意力，在人的仪容中占有重要地位，因此，修饰仪容，头发不可忽略。

1. 头发的清洁

无论从医学还是美学的角度，健康毛发的前提都是清洁。近年来，中国健康教育协会建议人们要根据个人发质的不同，养成每周洗头 4 ~ 7 次的卫生习惯。大量科学研究证明，常洗发不仅不会使头皮屑增多，头发干燥、枯黄、脱落，而且反而还能促进头皮部分的血液循环，令头发更富有光泽和弹性，更有利于头发的生长并延长其寿命。

再者，干净的头发对塑造发型有非常重要的作用。美发界有句行话“发根不直立，发尾不飘逸”，充分说明了干净的头发对塑造发型的重要性。清洁的发根有助于自然地支撑起发型，让头发看上去蓬松而富有动感。如果不及时清洗，头发就会显得油腻而厚重，黯淡而缺乏生气。

2. 发型的选择

发型可以快速改变一个人的形象，如果发型不得当，美丽马上会大打折扣。为了更好地提升自我形象，应根据脸形和体形来选择发型。

（1）发型要与脸形相协调。

发型对人的容貌有极强的修饰作用，甚至可以在一定程度上改变人的容貌。任何一种脸形都有其特殊的发型要求。根据自己的脸形选择发型，是发型修饰的关键。如，圆脸形适合将头顶部分头发梳高，两侧头发适当遮住两颊，要避免遮挡额头，使脸部视觉上拉长；长脸形适宜选择用“刘海”遮住额头，加大两侧头发的厚度，以使脸部丰满。

（2）发型要与发质相调。

各人的发质不一，不同的发质适合不同的发型。如，柔软的头发容易整理，适合做任何一种发型，但俏丽的短发更能体现柔软发质的个性美；自然的卷发适合留长发，这能展现其自然的卷曲美；服帖的头发最好将头发剪短，如在修剪时将发根稍微打薄一点，使颈部若隐若现，这样能给人以清新明媚之感；细少的头发适合长发，将其梳成发髻比较理想；直硬的头发很容易修剪得整齐，所以设计发型时最好以修剪技巧为主，同时尽量避免复杂的花样，做出比较简单而高雅大方的发型来。

（3）发型要与体形相协调。

发型的选择得当与否，会对体形的整体美产生巨大的影响。比如，脖颈短粗的人，适宜选择高而短的发型；脖颈细长者，适合选择齐颈搭肩、舒展或外翘的发型；体形瘦高的人，适合留长发；体形矮胖者，适合选择有层次的短发。

（4）发型要与年龄、职业相协调。

发型是一个人文化修养、社会地位、精神状态的集中反映。通常，年长者适宜的发型是大花型短发或盘发，以给人精神、温婉可亲的印象；而年轻人适合活泼、简单、富有青春活力的发型。

（5）发型要与服饰相协调。

头发为人体之冠，为体现服饰的整体美，发型必须根据服饰的变化而改变。如穿礼服或制服，女性可选择盘发或短发，以显得端庄、秀丽、文雅；穿着轻便服装时，可选择各式适合自己脸形的轻盈发式。

（二）皮肤的护理

皮肤的日常基础护理包括：洁肤、爽肤、润肤。

（1）洁肤。

卸妆后，取洁面用品，用无名指以向上向外打圈的手法洗面部及颈部，清除尘垢、过剩油脂及化妆物，去除表面老化细胞，促进新陈代谢，让肌肤清新、爽洁。洁肤是肌肤美丽的第一步。

（2）爽肤。

用棉球蘸取爽肤水轻轻擦拭脸部及颈部，注意避开眼部。擦爽肤水可起到进一步清洁皮肤、补充水分、平衡皮肤的 pH 值、帮助收缩毛孔的作用。

（3）润肤。

将润肤品抹于脸部及颈部，以向上向外打圈的手法轻轻抹匀，为肌肤补充必要的水分与养分，令肌肤柔润而富有弹性。

（三）女士的化妆

1. 化妆的原则

脸部化妆的内容包括眉、眼、鼻、颊、唇等部位的化妆。要想化好脸部妆，必须掌握脸部化妆的基本原则。

（1）扬长避短的原则。

化妆一方面要突出脸部最美丽的部分，使其显得更加美丽动人；另一方面要掩盖或矫正缺陷或不足的部分。

（2）协调统一的原则。

脸部化妆应注意色彩的搭配、浓淡程度；同时，还要与发型、服饰相配；当然，脸部化妆还应该与身份、场合相宜，力求取得完美的整体效果。

（3）自然真实的原则。

化妆要自然协调，无论淡妆、浓妆，切忌厚厚地抹上一层。所谓“浓妆淡抹总相宜”、“妆成有却无”等皆指化妆的自然真实。

2. 化妆的禁忌

（1）勿当众化妆。

维护仪容仪表的全部工作应在“幕后”完成。化妆属于个人的私事，只能在无人的情况下悄然进行，而不能当众化妆。

（2）勿残妆示人。

化妆要有始有终，维护妆面的完整性。化妆后要常做检查，特别是在休息、用餐、饮水、出汗、更衣之后，要经常关注自己的妆容，发现妆面残缺，要及时补妆。

（3）勿非议他人妆容。

每个人都有自己的审美观和化妆风格，切勿对别人的妆容当面品头论足，这不仅会让对方难堪、反感，且也会让自己失礼。

（4）勿借用他人的化妆品。

不论是针对谁，不论是否需要，都不要借用他人的化妆品，这不仅不卫生，也不礼貌。

3. 化妆的常见类型

（1）工作妆。

宜化淡妆，妆色健康、明朗、端庄，追求自然清雅的化妆效果，力求做到“妆成有却无”。

（2）晚宴妆。

追求细致亮丽的化妆效果，妆容宜化得浓艳一些。

（3）舞会妆。

突出个性，追求妩媚动人的效果。舞会灯光幽暗，妆容宜化得稍浓艳。

（4）休闲妆。

妆面不需要太多的痕迹，用色应清新淡雅，整体妆面特征自然简洁，应体现出轻松愉快、健康舒适，另外也可以根据场合在浓度上作相应的调整。

4. 化妆的基本步骤

（1）涂底粉。

用海绵蘸取粉底，在额头、面颊、鼻部、唇周和下颌等部位，采用印按的手法，由上至下，依次将底色涂抹均匀。各部位要衔接自然，不能有明显的分界线。在鼻翼两侧、下眼睑、唇周围等海绵难以深入的细小部位可用手指进行调整。

(2) 定妆。

用粉扑将粉底扑在面部，但不要用粉扑在妆面上来回摩擦，这样会破坏粉底，粉底防止脱妆的关键在于鼻部、唇部及眼部周围，这些部位要小心定妆。最后用粉刷将多余的定妆粉掸掉，动作要轻，以免破坏妆面。定妆要牢固，扑粉要均匀，在易脱妆的部位可进行几遍定妆。

(3) 修饰眉毛。

从眉腰处开始，顺着眉毛的生长方向，或描画至眉峰处，形成上扬的弧线；或斜向下画至眉梢，形成下降的弧线。再由眉腰向眉头处进行描画。最后用眉刷刷眉，使其柔和，与各部位衔接。

(4) 画眼影。

在上眼睑处，用两种或两种以上的眼影色彩由内眼角向外眼角横向排列搭配晕染，可充分发挥眼睛的动感，使眼睛生动有神而具立体感。

(5) 画眼线。

闭上眼睛，用一只手在上眼睑处轻推，使上睫毛根充分暴露出来，用眼线笔进行描画，画下睫毛线时，向上看，由外眼角进行描画。

(6) 夹睫毛。

眼睛向下看，将睫毛夹夹到睫毛根部，使睫毛夹与眼睑的弧线相吻合，夹紧睫毛 5 秒左右松开，不移动夹子的位置，连做 1 ~2 次，使弧度固定。用睫毛夹在睫毛的中部，顺着睫毛上翘的趋势，夹 5 秒左右后松开。最后用睫毛夹在睫毛的前端再夹一次，时间 2 ~3 秒，形成自然的弧度。

(7) 涂睫毛膏。

涂上睫毛时，眼睛向下看，睫毛刷由睫毛根部向外转动。涂下睫毛时，眼睛向上看，先用睫毛刷的刷头横向涂抹，再由睫毛根部由内向外转动睫毛刷。

(8) 刷腮红。

取适当的腮红，从颧弓下陷处开始，由发迹向内轮廓进行晕染。

(9) 涂唇彩。

涂唇彩时要注意别涂整张嘴，那样看起来感觉是进餐完后忘记擦嘴。应在唇正中点上唇彩，嘴唇上下抿一下，会使唇部看上去非常饱满。

(四) 其他部位的修饰

1. 口

口部的修饰是自尊及尊重他人的体现。其中，口部修饰最主要的是注意口腔卫生。与人会面前应禁食容易产生异味的食物。如葱、蒜、韭菜、酒等，也不要吸烟。如果口腔有异味，可含茶叶、嚼口香糖等以去除异味。但需注意，在他人面前嚼口香糖是不礼貌的行为，特别是与人交谈时，更不应嚼口香糖。

2. 四肢

(1) 上肢。

手部常露在服饰之外，被称为人的第二张脸。手在待人接物中，时刻充当着友谊的使者。因此，在人际交往中要保持一双清洁、友善的手，能增添他人的好感。要注意养成勤洗手的习惯，做好手部保洁。要经常修饰指甲，同时指甲上的彩妆要与环境相适宜。特别注意，在任何公共场合修剪指甲都是不文明、不雅观的举止。

(2) 下肢。

在正式场合，男士不穿短裤，不挽起长裤管，以免体毛显露。女士在穿裙装和薄丝袜时，如腿毛显现，应将其剔除。

（五）男士的“洁妆”

所谓洁妆，是指男士在妆容上的干净整洁，即尽可能地使自己看起来整整齐齐、清爽干净，绝不允许杂乱无章、邋邋遢遢，这是男士仪容中最基本的要求，也是自己给别人的第一张名片。具体来说，要注意定期理发、经常剃须、保持鼻和耳的清洁、遮掩腋毛及体毛。

三、仪表礼仪

仪表是指人的外表，通常包括人的仪容、姿态、身材、体型、服饰、装饰等，在这里我们将仪表的外延局限为形体、服装、饰品三方面，其中重点是服饰。

（一）服饰的功用

服饰不是没有生命的“遮羞布”。它不单单是布料、花色和缝线的组合，还是一种无声的语言，时刻在向他人传递信息，时刻在说明自己。在人际交往中，着装直接影响到公关人员给人的第一印象，关系到公众对公关人员的形象的评价，还关系到公众对社会组织的印象。

总之，服饰不仅反映一个人的修养，还反映整个社会的物质文化生活水平。从一定意义上说，服饰是人类文明的一个标志。如今，服饰已经从满足蔽体御寒的功用，延伸到舒适美观、适应工作和社会交往的功能。可以说，服饰的演变是一种从生理需求到心理需求再到社会需求的过程。

（二）着装的原则

着装显示着一个人的个性、身份、角色、涵养、阅历及其心理状态等多种信息。为了着装得体，达到一种和谐统一的整体视觉效果，就必须掌握着装原则。

1. TPOR 原则

TPOR 原则是指在着装时要兼顾时间（time）、地点（place）、场合（occasion）、角色（role）四个因素，并与它们相适应。

(1) Time 原则。

即穿着要应时。一般包含三层含义：一是每天的日间和晚上的变化；二是每年的春、夏、秋、冬四季的变化；三是时代的差异。在不同的时间里，着装的类别、式样、造型应有所变化。比如，冬天要穿保暖、御寒的冬装；夏天要穿通气、吸汗、凉爽的夏装。白天穿的衣服需要面对他人，应当合身、严谨；晚上睡觉时穿的衣服不为外人所见，应当舒适、随意等。

(2) Place 原则。

即穿着要因地制宜。在不同的地点，着装的款式理当有所不同，切不能以不变应万变。如穿泳装出现在海滨、浴场，是人们司空见惯的，但若出现在单位或购物场所，则定会令人瞠目结舌。

(3) Occasion 原则。

即穿着要与场合气氛相和谐。工作场合的着装，要求与职业相协调；社交场合的着装应该根据所处场合的变化来选择服饰。如在宴会、联欢会等喜庆的场合，服饰颜色上应相对鲜亮，款式可相对新颖；在庆典、仪式、接见外宾等庄重的场合，穿着就要规范得体；在追悼会等悲伤、肃穆的场合，服饰款式就应简洁而庄重，颜色应以深沉的颜色来应时应景应事。

(4) Role 原则。

即穿着要与其扮演的角色相适应。人们经常在不同的社会场合，扮演不同的社会角色。在社会活动中，人们的仪表、言行必须符合其身份、地位、社会角色，才能被人理解和接受。如一位成功人士，以蓬头垢面、破衣烂衫的形象出现在众人面前，就很难让人相信他的经济实力。因此，利用得体的着装，可以满足他人对社会角色的期待，促成社交的成功。

2. 整洁原则

无论是商务场合的正装还是休闲场合的便装，均应以整齐、洁净为原则。衣服不能沾有污渍，尤其要注意衣领和袖口处；衣服不能有脱线的地方，更不能有破洞；衣服的扣子等配件要齐全等。再新款的时装，若不整洁，也将大大影响着装者的仪表。

3. 整体性原则

培根说过："美不在部分而在整体。"孤立地看一个事物的各部分可能不美，但就整体看却可能很美。着装同样如此，服装的颜色、质地、款式、配件的和谐搭配才能起到修饰形体、容貌等的作用，与个人浑然一体，真正达到整体美。

4. 个性化原则

着装的个性化原则，主要是指依照个人的性格、年龄、身材、爱好、职业等要素着装，力求反映一个人的个性特征。选择服饰因人而异，其重点在于扬长避短，显现独特的个性魅力和最佳风貌。现代人的服饰呈现出越来越强的表现个性的趋势。

(四) 不同场合的着装

1. 礼服

传统的西方礼服有大礼服、小礼服和晨礼服之分。大礼服也称燕尾服，是夜晚的正式礼服，如大型授奖仪式等场合适合穿着。小礼服也称晚餐服或便礼服，一般参加晚6时以后举行的晚宴、音乐会、剧院演出等活动适合着装。晨礼服则为白天参加典礼、星期日教堂礼拜的着装。

近年来，大多数国家在礼服方面日趋简化，男士均可以质料上好的深色西服作为礼服。而在中国，服装没有严格的礼服、便服之分，在正式场合可以毛料中山装或西服套装作为礼服；女士则按季节和场合不同，以西装套裙、民族服装、旗袍或连衣裙等作为礼服。

2. 职业装

(1) 男士着西装的三三原则。

即三色原则、三一定律和三大禁忌。三色原则是指男士在正式场合穿着西服套装时，全身颜色必须限制在三种颜色之内，否则就会显得凌乱，有失庄重。三一定律是指男士穿着西装时，皮鞋、皮带、公文包颜色必须协调统一。皮鞋、皮带和公文包是男士最为引人注目之处，颜色统一能提升主人的品位。三大禁忌是指正式场合穿着西装时，不能出现的三个洋相：一是袖口上的商标没有拆，商标未拆表示该件衣服还没有出售；二是在非常正式的场合穿着夹克打领带，夹克属于休闲装，在正式场合，穿夹克打领带是绝对不能接受的；三是穿西装时鞋袜不整齐、不匹配。穿西装一定要穿皮鞋，而不能穿布鞋或旅游鞋。穿皮鞋还要配上合适的袜子，袜子的颜色要比西装稍深一些，使它在皮鞋与西装之间显示一种过渡。特别注意不能穿尼龙丝袜。

(2) 职业女性着装六禁忌。

一忌过分时髦：切记在办公室里，主要表现工作能力，而非赶时髦的能力。二忌过分性感：职业女性穿着性感会埋没其才能和智慧，甚至会被看成轻浮。三忌过分随意：最典型的“随意”就是一件随随便便的 T 恤衫或罩衫，配上一条泛白的牛仔裤。四忌过分保守：职场着装虽以黑、白、灰、蓝、咖啡色为主，其中黑色较易与其他颜色搭配，但如运用不当，会给人一种沉闷、乏味的感觉。五忌过分可爱型：可爱俏丽的款式会给人不可信、不稳重的感觉。六忌配饰乱用：配饰起到画龙点睛的作用，但如果点不好，反而会起反作用，配饰要尽量简单。

3. 便装

便装包括休闲服装、运动便装等。日常活动、外出旅游或休闲在家，着装可以随便些，根据自己的特点、爱好去选择，但也要注意得体适度。随着生活水平和着装品位的提高，人们已经逐步改变了那种休闲时穿旧的或松垮衣服的观念。

小思考

郑伟是一家大型国有企业的总经理。有一次，他获悉有一家著名的德国企业的董事长正在本市进行访问，并有寻求合作伙伴的意向。他于是想尽办法，请有关部门为双方牵线搭桥。

让郑总经理欣喜若狂的是，对方也有兴趣同他的企业进行合作，而且希望尽快与他见面。到了双方会面的那一天，郑总经理对自己的形象刻意地进行了一番修饰，他根据自己对时尚的理解，上穿夹克衫，下穿牛仔裤，头戴棒球帽，足蹬旅游鞋。无疑，他希望自己能给对方留下精明强干、时尚新潮的印象。然而事与愿违，郑总经理自我感觉良好的这一身时髦“行头”，却偏偏坏了他的大事。

请问郑总经理的着装错误在哪里？

(五) 饰品的佩戴

饰品是指在服装搭配中起到修饰作用的其他物品，主要有戒指、耳环、胸针、领带、提包、围巾、手套、鞋袜等。饰品在着装中起到画龙点睛、协调整体的作用。

1. 饰品佩戴规范

(1) 数量上要以少为佳。应点到为止，恰到好处，饰品太多，毫无美感。

(2) 同质同色。质地一致的饰品才能有和谐的整体美。

（3）遵守惯例。约定俗成，公认的规范要遵守，如佩戴玉坠时，讲究“男戴观音，女戴佛”等。

2. 常见饰品的佩戴方法

（1）戒指。一般只戴在左手，最好仅戴一枚，最多两枚。戴两枚戒指时，可戴在左手两个相连的手指上，也可戴在两只手对应的手指上。佩戴戒指往往暗示着佩戴者的婚姻和择偶状况。戒指戴在中指上，表示已有意中人，正处于恋爱之中；戴在无名指上，表示已订婚或结婚；戴在小手指上，暗示自己是独身；如果把戒指戴在食指上，表示无偶或求婚。

（2）耳环。佩戴时应根据脸形特点来选配耳环。圆脸形不宜佩戴圆形耳环；方脸形不宜佩戴圆形和方形耳环。

（3）项链。佩戴项链应和自己的年龄及体型相协调。如脖子细长的女士可佩戴仿丝链，更显玲珑娇美；年龄较大的妇女适合佩戴粗实的马鞭链，更显成熟之美。此外，佩戴项链也应和服装相呼应。身着柔软、飘逸的丝绸衣衫裙时，适宜佩戴精致、细巧的项链，显得妩媚动人；穿单色或素色服装时，适宜佩戴色泽鲜明的项链，更显服装色彩丰富和活跃。

（4）胸针。适合女性一年四季佩戴。佩戴时应因季节、服装的变化而变化，胸针应戴在第一二粒纽扣之间的平行位置上。

（5）帽子。帽子必须与衣服、年龄、发型相配。长脸的人不要戴高顶帽或小帽；宽脸女性适宜戴小沿帽，帽顶要高；尖下颌的脸形，不要戴遮住额头的帽子；矮个子女性不要戴平顶宽檐帽。

四、仪态礼仪

仪态是指一个人的姿态，泛指人的身体所呈现出来的样子。仪态往往可以表现出一个人的风度与气质，我们甚至可以从人的体态传达的信息探知人的内心秘密，从而判断出对方的身份、品格、学识、能力和其他方面的修养等。

（一）站姿

1. 站姿要领

标准站姿的基本要领如下。

（1）全身笔直，两眼平视。

（2）女士手指并拢，双臂自然下垂，两脚并拢站立成标准立正姿势，或者两脚跟并拢，脚尖分开呈 V 字形。在较正式的场合中，女士还可将右手搭在左手上，拇指交叉，并将双手置于肚脐位置上，两脚站成“丁”字形，腹部略收。

（3）男士手指并拢，双臂自然下垂，两脚并拢呈标准立正姿势，或者将两脚分开与肩同宽，也可呈 V 字形。

（4）站累时，一只脚可后撤半步，但上体仍必须保持垂直，身体重心在两脚正中。

（5）无论男士还是女士，站立时都要做到自然并保持面带微笑。这样可以表现出饱满的精神状态，给人以良好的形象。

2. 不良站姿

（1）手位不当：双手叉在腰间，或抱在胸前，手插在裤袋里。

（2）身躯歪斜：头偏，一肩高一肩低，腿弯驼背。

（3）乱动：眼睛不断左右斜视，或双臂胡乱摆动，或双脚不停地抖动。

（二）坐姿

1. 坐姿要领

入座要轻而缓，走到座位面前转身，轻稳地坐下。女士入座时，若是裙装，应用手将裙摆向下捋平再坐，不要坐下后再站起整理衣服。坐下后，上身保持挺直，头部端正，目光平视前方。坐稳后，身子一般只占座位的2/3左右。女士的双手放在左腿或右腿上，双膝并拢，任何时候都不能分开。一般情况下，不要靠背，休息时可轻轻靠背。

2. 不良坐姿

以下坐姿都是缺乏教养和傲慢的表现。

（1）与人交谈时，双腿不停地抖动，甚至鞋跟离开脚跟在晃动。

（2）坐姿不符合环境要求。与人交谈时不能叠腿，特别是谋取职位或面试；与领导、长辈的谈话，应该保持大腿与小腿成直角，臀部与背部成直角，而且不能靠背。

（3）不能将双腿搭到椅子、沙发、桌子上。男士不能把双腿敞开过大，也不要把双腿拉开成八字形，更不要将腿伸得很远。

（三）走姿

1. 走姿要领

走姿的基本要求是从容、平稳。具体要求有：头端、躯挺、肩稳、手臂摆动自然、膝盖直、步位正、步幅适当、步速均匀。

2. 不良走姿

应避免如下不良走姿。

（1）走路时身体前俯、后仰，或是两脚尖同时向内侧或外侧呈八字开，步子太大或太小，都给人以不雅的感觉。

（2）双手反背于背后，这会给人以傲慢、呆板之感。

（3）腰部不直立，身体乱晃乱摆，也会让人觉得轻佻，缺乏教养。

（4）不可把手插进衣袋或裤袋里，多人同行时，不可横排并走，更不能勾肩搭背等。

（四）蹲姿

1. 标准蹲姿

下蹲时，注意两腿靠近，臀部始终向下。如果旁边站有他人，尽量使身体的侧面对着别人，保持头、胸、膝关节自然、大方、得体。常见蹲姿有高低式、交叉式等。

2. 不良蹲姿

（1）方位不当。如正对或背对客人蹲下，会让对方感到尴尬或不便。

（2）毫无遮掩。下蹲时，注意不要让背后的上衣自然上提，露出皮肤和内衣裤。女士切忌不要两腿分开，既不雅观，也不礼貌。

（3）弓背撅臀、突然下蹲、离人过近或蹲着休息等都是不良蹲姿。

（五）手姿

1. 手姿注意事项

（1）遵守惯例。使用手势动作时，有一定的惯例。如用手指指点别人是不礼貌的。谈到自己时，可用右手轻按自己的左胸，这样显得稳重可信。使用手势时，右侧用右手指，左侧用左手指，等等。

（2）避免手势动作幅度过大，过于夸张。

（3）避免一些不雅的手势动作。

2. 常见手势

（1）致意、告别。双方距离较近时，手势要小，五指自然并拢，抬起小臂挥一挥即可。双方距离较远时，可适当加大手势的幅度。

（2）递物。双手为宜，不方便用双手，也要用右手，通常左手会被视为无礼。将有文字的物品递交他人时，应使字迹正面面对对方。将带尖、带刃或其他易于伤人的物品递给他人时，切勿以尖、刃直指对方。

（3）展示。一是将物品举至高于双眼之处，这适于被人围观时采用；二是将物品举至上不过眼部，下不过胸部的区域，这适合于让他人看清展示之物。

（4）指引。指引有横摆式、直臂式、曲臂式和斜臂式。横摆式即手臂向外侧横向摆动，指尖指向被引导或指示的方向，这适合于指示方向时。直臂式即手臂向外侧横向摆动，指尖指向前方，手臂抬高至肩高，适于指示物品所在。曲臂式即手臂弯曲，由体侧向体前摆动，手臂高度在胸以下，适于请人进门时。斜臂式即手臂由上向下斜伸摆动，适于请人入座时。

（六）鞠躬

1. 鞠躬的总体要求

鞠躬是人们在生活中用来表示对人恭敬而普遍使用的一种礼节，不但适用于庄严肃穆或喜庆欢乐的仪式，又适用于一般的社交场合。随着社会文明程度的提高，鞠躬礼在社交、商业服务中的使用越来越频繁，用以表达对他人的敬意或深深的感激之情。鞠躬时应从心底发出对对方表示感谢、尊重的意念，从而体现于行动，给对方留下诚恳、真挚的印象。

2. 鞠躬的种类与操作

鞠躬礼一般分为 90 度、45 度、30 度和 15 度。90 度一般用于三鞠躬，属最高礼节。45 度、30 度的鞠躬礼通常为下级向上级、学生向老师、晚辈向长辈以及服务人员对来宾表示致意所用。15 度的鞠躬礼运用于一般的应酬，如问候“你好”“谢谢”等。

一般应是站着行鞠躬礼。鞠躬时，以臀部为轴心，将上身挺直地向前倾斜，目光随着身体的倾斜而自然下垂于脚尖 1.5 米处。鞠躬完毕，恢复站姿，目光再回到对方脸上。鞠躬时，应同时问候“您好”、“欢迎光临”等敬语。

3. 鞠躬的禁忌

（1）鞠躬时不脱帽。

（2）鞠躬时眼睛不往下看，而是翻起看着对方。

（3）鞠躬前后不正视客人。

（4）鞠躬时嘴里吃着东西或叼着香烟。

（5）鞠躬时扭扭捏捏，装腔作势。

（七）表情

表情是指人的面部情态，即通过面部眉、眼、嘴、鼻的动作和脸色的变化表达出来的内心思想感情。表情在人际交往中起着十分重要的信息传递作用。

1. 眼神

眼神是人深层心理情感的一种自然表现，它作为一种无声语言能传递出丰富的信息。

（1）看的时间。心理学家实验表明，人们目光相互接触的时间，通常占交谈时间的30%～60%。如果超过60%，则表示对对方本身的兴趣可能大于谈话；若低于30%，则表示对对方或谈话的话题不感兴趣；如果完全不看对方，只是倾听，则表示听者或是自卑、紧张，或是心中有事，不愿意让对方看到自己的心理活动，或者是对谈话者漠视。

（2）看的角度。看的角度有俯视、平视、仰视、斜视、侧扫视。具体如下。

俯视：目光向下注视对方，一般表示爱护宽容之意。

平视：目光与对方的目光约在同一高度平等接触，一般体现平等、公正、自信、坦率等语义。

仰视：目光向上注视对方，一般体现尊敬、崇拜、期待的语义。

斜视：视线斜行，一般表示怀疑、疑问之意。

侧扫视：目光向一侧扫视，一般表示兴趣、喜欢、或轻视、敌意态度的语义。

2. 笑容

笑容是一种没有国界的语言，它具有丰富的内涵和巨大的作用。在人际交往中，得体的笑作为“通行证”、“润滑剂”，可以缩短人与人之间的心理距离。

（1）正确笑的方法。正确的笑容应真诚、适度、合时宜，具体如下。

真诚：笑容应发自内心，做到表里如一，显示出亲切，同时，让笑容与自己的举止、谈吐有很好的呼应。

适度：笑容虽然是人们交往中最有吸引力、最有价值的面部表情，但也不可随心所欲，不加节制。

合时宜：笑容得注意区别场合与对象。如：当别人遭受重大打击时，不宜笑；在特别严肃的场合不宜笑。

（2）微笑的四不要。不要缺乏诚意，强装笑脸；不要露出笑容随即收起；不要仅为情绪左右而笑；不要把微笑只留给上级、朋友等少数人。

五、交谈礼仪

交谈礼仪是指人们在交谈活动中所应遵守的礼节和应讲究的仪态。通过交谈能体现出一个人的思维能力、文化素质、道德品质等诸多内在的因素。

（一）交谈的原则

1. 倾听原则

做一个善于倾听的人，是使交流顺利进行的一个前提。既然是交谈，就要时刻注意给别人说话的机会，不能一个人唱“独角戏”，对他人的发言不闻不问，甚至随意打断对方的发言。在交谈中，要善于倾听对方说话，这不仅是尊重对方，体现自己的修养的表现，更重要的是可以从别人的说话中得到自己所需要的信息，以促进思考和更好地交流。

2. 赞美原则

懂得恰当赞美别人的人往往是最受欢迎的，因为一般来说人都是喜欢听赞美之词的。赞美是一种能引起对方好感的社交方式，它能协调交谈双方的关系，创造出一种热情友好、积极肯定的交谈气氛。赞美应是有感而发，诚挚中肯，恰如其分；赞美也要因人而异，注意场合，讲究效果。

3. 专注原则

交谈时，双方神情要自然、专注，眼睛注视对方，避免注意力分散，迫使别人再次重复谈过的话；不要做无关的动作，如翻阅书报、打呵欠、剔牙齿、抬腕看手表等，这些动作会给人感觉心不在焉，是极不礼貌的表现。

4. 参与原则

听对方讲话时，可用言语作适当地参与和呼应。如用“对”、“是”或点头表示赞同，并适当插话或提问，以表明你对对方所谈内容的关心、理解，使对方有知遇之感。但不要中途打断别人的谈话，应让对方把话说完，可在对方讲话出现停顿时再表达自己的观点。

5. 幽默原则

幽默的言谈能给人快乐，给人意味深长的思考。即使是在谈论一个严肃的问题，只要恰当运用幽默的语言，也会让人在轻松、愉快的感受之中领略其中的含义。

（二）交谈的注意事项

1. 良好的语音

在交谈中不讲方言土语，尽量避免使用不规范的语言，这是尊重对方的表现。普通话是我国法定的现代汉语的标准语，是交往对象能够理解的规范化语言，在交谈中要提倡讲普通话。

2. 准确的语言

准确的语言不仅要求表达者准确地利用言词表达自己的思想，不至于发生词不达意或错传信息的问题，而且要求表达者恰当地处理好辅助语言，使语音、音量、语速、语调等恰到好处地表达自己的思想和感情。

3. 肢体语言的表达

交谈时要恰如其分地使用表情、体态等肢体动作来配合语言的使用。除了眼睛要注视对方外，自己脸部的表情、手势的运用，都可以随着交谈内容的变化而变化，这不仅可以增强交谈的效果，活跃交谈的气氛，还有利于显示个人的风度和魅力。

4. 用语要文雅

交谈中尽量使用尊称，并善于使用一些约定俗成的礼貌用语，如：“您”、“请”、“对不起”、“谢谢”、“抱歉”、“打扰了”等。应尽量避免不文雅的语句和说法，对于不宜明言的一些事情，尽可能用委婉的语句来表达，多用一些约定俗成的隐语。

5. 尊重隐私

交谈时要注意遵守个人隐私，做到“五不问”：不问收入、不问年龄、不问婚姻、不问健康、不问个人经历。在与外国人交往时要特别注意这一点，不要问及他们涉及个人隐私的问题，否则会让交谈很不愉快。

小资料

交谈的“十戒”

一戒说粗话、脏话，出口伤人，让人感到没有教养。

二戒用命令口气说话，使人感到不平等待人。

三戒讽刺挖苦，使对方感到尴尬难堪。

四戒开过火的玩笑，以免伤害对方的自尊心，伤了感情。

五戒揭对方伤疤，以免引起不愉快的痛苦回忆。

六戒触及对方忌讳，以免对方不高兴。

七戒涉及对方生理缺陷，以免使对方恼火。

八戒使用对方听不懂的语言，以免妨碍互相沟通。

九戒轻诺寡信，以免被人认为不可靠、不可信。

十戒封门，以留有余地。

交谈的“十要”

一要使用文明礼貌语言。

二要说些对方中听的话，使其高兴，以奠定交谈的心理基础。

三要有幽默感，让对方感到你的谈吐高雅，富有风趣，以创造轻松活跃的交谈气氛。

四要有感情色彩，人情味浓，使人乐于接受。

五要使用简明的话语，尽量少用书面语言，使人一听就懂。

六要生动委婉，侃侃而谈，娓娓动听。

七要有新内容，富有吸引力，使人听有教益。

八要用谦虚、平等的口气，便于彼此思想感情的交流。

九要掌握分寸，说话恰到好处，不要夸大其词，言过其实。

十要留有余味，订好后约，表示加强联系的愿望。

第三节　日常交往礼仪

日常交往礼仪，是指人与人在见面交往时所应遵守的主要礼节，包括介绍礼仪、名片礼仪、握手礼仪、接待礼仪和拜访礼仪等。正确运用这些日常交往礼仪，能使人与人之间的交往更加顺利、轻松和愉快。

一、介绍礼仪

（一）介绍礼仪的含义

介绍是现代社会公关活动中与他人进行沟通、增进了解、建立联系的一种最基本、最常规的方式，是人与人进行相互沟通的出发点。在社交场合，无论是介绍别人还是被别人介绍，都要正确运用介绍的礼仪，这样会使对方产生良好的第一印象。从介绍主体的角度，常用的介绍种类有自我介绍、他人介绍和集体介绍。

（二）自我介绍

自我介绍是在没有中介人的情况下，自己把自己介绍给他人，以便对方认识自己。它是树立个人形象的一种重要方法，也是公关与社交的一把钥匙。

1. 基本做法

自我介绍时，本人要镇定自若，充满信心，微笑要亲切自然，眼神要友善坚定，先向对方点头致意，得到回应后，再向对方介绍自己的姓名、身份、单位，并可随之递上名片。常用的语言是："你好！我叫×××，在××公司××部门工作。"

自我介绍要根据公关和社交的目的来决定介绍内容和介绍方法。在聚会、宴请等社交活动中，要想多结识一些朋友，扩大交往的圈子，最好的办法是作自我介绍。这样的介绍内容可以简单明了，如找到合适的时机，向对方致意，并介绍自己说："我叫×××，认识你很高兴。"需要的话可以补充一句供职单位，效果也会很好。在不了解对方是否愿意认识你时，不妨先问对方尊姓大名，如对方立即回答了，说明愿意与你交往。此时，你便应马上介绍自己，以便使交往顺利进行下去。

2. 注意事项

（1）掌握时机。向别人介绍自己，总要在必要之时，否则会徒劳无功。不仅如此，介绍自己还应选择适当的时机。一般来说，干扰较少时，对方有兴趣时，初次见面时，都适合于进行自我介绍。

（2）简明扼要。介绍自己必须以简短为佳，避免夸夸其谈。

（3）内容有别。介绍自己时，应当根据具体情况在内容上要有所区别。就具体内容而言，有三种形式：一是应酬式，即只介绍自己的姓名，适合于泛泛之交；二是交流式，即除了介绍自己的姓名之外，还要介绍自己所在的单位、职务或者所学专业，其目的是使他人对自己的基本情况有所了解，适合于意欲结交之人；三是问答式，即根据交往对象所提出来的具体问题来选择自我介绍的基本内容，有问有答，答其所问，适合于在介绍自我时，兼顾答复他人询问的情形。

（三）他人介绍

他人介绍，又叫居中介绍，是指由介绍者作为第三方来为彼此不相识的双方相互进行介绍。这种居中介绍架起了陌生人之间相互了解的桥梁。

1. 基本做法

居中介绍须先了解双方是否有结识的愿望，不要贸然行事。最客气的介绍方法是以询问的口气问："王先生，我可以介绍孙先生与您认识吗？"或"您想认识××公司的孙先生吗？"如果对方同意，再正式介绍。

2. 注意事项

（1）了解介绍者。一般地，为他人介绍时，介绍者应由下列身份者担任：与被介绍者双方相识者、社交聚会中的主人、商务往来中的专职接待人员、在场之人中地位最高者、应被介绍人一方或双方要求者。

(2) 掌握介绍顺序。介绍他人时，应遵循“尊者优先了解情况”的原则：把年轻者先介绍给年长者；把职务低者先介绍给职务高者。如果双方年龄、职务相当，则把男士先介绍给女士；把家人先介绍给同事、朋友；把未婚者先介绍给已婚者；把熟悉的人先介绍给不熟悉的人；把后来者先介绍给先到者。

(四) 集体介绍

集体介绍是为他人介绍的一种特殊情况。它是指由介绍者为两个集体之间或者个人与集体之间所作介绍。

1. 集体介绍的顺序

集体介绍同样应遵循“尊者优先了解情况”的原则。比如，替两个团体进行介绍时，通常应首先介绍东道主一方，随后方可介绍来访者一方。介绍内容有两种：一是作整体介绍，即只介绍双方集体的情况，不具体涉及个人情况；二是介绍个人情况，在介绍集体时涉及个人情况，一般讲究“双方对等”，即在遵循“尊者优先了解情况”原则的基础上，对双方的个人情况均应予以介绍，介绍双方个人情况时，则应由尊而卑，依次进行。

2. 注意事项

在宴会、舞会或者普通集会上，由于来宾较多，这时不必逐一进行介绍，主人只需介绍坐在自己旁边的客人相互认识即可，其余客人可自动和邻座聊天，不必等主人来介绍。

二、名片礼仪

名片是一个人身份、地位的象征，也是使用者要求社会认同、获得社会尊重的一种方式，对于商务人员来说，它还是所在组织形象的一个缩影。

(一) 名片的用途

(1) 在现代社会，名片具有进行自我介绍和保持联络的作用。

(2) 它可以替代便函。用来对友人表示祝贺、感谢、介绍、辞行、慰问、馈赠以至吊唁等多种礼节。

(3) 可以替代礼单。向友人寄送或托送礼物或鲜花时，可在礼品或花束中附上名片并写上祝贺短语，自己收到友人的礼品，可立即附一张名片，以表示感谢。

(4) 可作“介绍信”。

(5) 可代替请柬。在非正式邀请（如朋友小聚、家宴）中，可用名片代替请柬，并写明时间、地点和内容。

(6) 用于通报和留言。拜访友人时，若被访人系尊长，可在名片的姓名下方写上“求见”、“拜谒”字样，转行顶格起写上对方姓名称谓。若被访者不在家，可留下一张名片，上面写一句“很遗憾，未能一见!”或“很遗憾，来庐访未晤!”等，也是很友善的表示。

(7) 用于业务宣传。在进行来务往来时，名片是公司的招牌，具有类似广告的作用，可使对方了解你所从事的业务。

(8) 用于通知变更。一旦调任、迁居或更换电话号码，送给至亲好友一张注明上述变动的名片等于及时而又礼貌地打了招呼。

（二）名片的递送礼仪

1. 有备而来

参加重要的人际交往活动前，应当有意识地准备好自己的名片，并且将其置于易于取拿之处，以备不时之需。最为得体的做法是：将名片装入专用的名片盒、名片夹或名片包之内，然后将其放入自己的上衣口袋或随身携带的包、袋。

2. 讲究时机

一般地，递送名片多在初次见面进行自我介绍之后，但是并非做过自我介绍之后就一定要递送自己的名片。将自己的名片递送给对方，除了希望对方进一步了解自己之外，还含有对对方表示重视，希望结交对方、与对方保持联络之意。把自己的名片递送给熟人，仅见于本人的单位、地址或联络方式发生变更之后。

3. 考虑顺序

两人交换名片时，应当遵循“尊者优先了解情况”的原则，即双方之中地位低者应先把自己的名片递交给地位较高者。一人将其名片递送给多人时，要么应当由先尊后卑的顺序依次进行，要么应当由近而远依次进行，不讲究任何顺序是不恰当的。

4. 态度恭敬

名片应双手呈递，态度上得恭恭敬敬，使对方感到你对他很尊敬。具体来讲，有下述要点。

（1）起身站立。

（2）主动走近对方。

（3）以双手递上名片。

（4）将名片正面面对对方。

5. 语言提示

按照常规，在递上本人名片时，应当对对方微笑，并略道谦恭之语。可以说“请多关照”、“请多指教”、“希望今后保持联系”等。

（三）名片的接受礼仪

1. 认真接受

接受他人名片时态度是否认真，往往会与是否尊重对方直接联系在一起。接受别人名片时，要表现出自己的认真友好之意。要注意以下要点。

（1）起身站立。

（2）迎向对方。

（3）以双手捧接，要以不低于胸部的位置收下。

（4）由名片的下方恭敬地接过收到胸前，并认真拜读。

2. 口头道谢

接受名片时，理当口头向对方致谢，或告知对方“非常荣幸”。

3. 专心通读

为了表示对递上名片者的尊重，在接过名片后，务必牢记“接受名片，一定要看，通读一遍”这 12 字方针。这样做至少有三个好处。

(1) 表示对对方的重视。

(2) 可以及时了解对方的具体情况。

(3) 可以当面请教不清楚的地方。

4. 妥善存放

接过名片后得体的做法是，在通读他人的名片后，即应将其收入名片盒、上衣衣兜，或随身携带的包、袋以及桌子的抽屉之中，切忌当着客人的面随意乱放或是随手插入裤子后面的口袋中。客人走后，可以在名片上记下初次见面的时间等信息，便于记忆。

5. 有来有往

接过他人名片后，也应立即递上自己的名片。有来无往，难免会令对方不快。倘若无名片，可直言相告，或告诉对方“改日再补”。

(四) 索取名片的礼仪

在一般情况下，若想得到对方的名片，应以请求的口吻说：“如果没有什么不便的话，能否请您留一张名片给我？”若对方确实没有名片，一般会婉言说明。索取他人名片，大体上有以下四种方法。

(1) 主动递上本人名片。

(2) 向对方建议互换名片。

(3) 询问对方：“今后怎样向您请教？”向有地位、有身份的人或长辈索要名片，可采取这种方法。

(4) 询问对方：“今后如何与您联系？”向平辈或是晚辈索取名片，可作出这样的暗示。

以上四种索取他人名片的具体做法，各有其适用对象。前两种做法主要适用于携带名片之人，后两种做法则主要适合于未带名片者采用。应注意的是，不论他人以何种具体方式向自己索取名片，都尽可能不要加以拒绝。表 11－1 总结了一些索取名片时的规范用语。

表 11－1 索取名片时的规范用语

向别人索要名片时	你想出示名片时	拒绝出示名片时	接受他人名片时
(1)“如果没有什么不便的话，能否请您留一张名片给我？” (2)“今后怎样向您请教？” (3)“今后如何与您联系？”	“这是我的名片，如有问题，请打电话给我。”	(1) “对不起，我的名片都用光了。” (2) “对不起，我忘带了，改日再补。”	“谢谢。”（浏览一下名片再放好）

想一想

两位商界老总，经中间人介绍，相聚洽谈一笔生意，这是一笔能够双赢的生意，而且做得好还会大赢。看到合作的美好前景，双方积极性很高。老总 A 首先拿出友好的姿态，恭敬地递上自己的名片。老总 B 单手把名片接过来，一眼没看就放在了茶几上，接着拿起茶杯喝了几口水，随后又把茶杯压在了名片上。老总 A 看在眼里，明在心里，随意谈了几句话，起身告辞。事后郑重其事地告诉中间人，这笔生意他不做了。当中间人把这个信息告诉老总 B 时，他简直不敢相信自己的耳朵，一拍桌子说：“不可能！哪有见钱不赚的人呢？”

想一想，老总 A 为什么见钱不赚呢？

三、握手礼仪

在见面或分别时，人们通常以握手表示尊重、高兴、留恋、遗憾之情，在人际交往中，握手是最为普通的会见礼节。

（一）握手的正确方式

1. 起身站立

在他人面前站立，含有对对方恭敬之意。因此，在与别人握手时，均应起身站立，上身稍前倾，两足立正，以示尊重。只有女士在社交场合才可以有所例外，用微笑点头的方式代替握手。

2. 使用右手

右手四指并齐，拇指张开向受礼者伸出，在齐腰的高度与对方恰到好处地认真一握，礼毕即松开。用左手与别人握手，一般被认为是不礼貌的，只有在特殊的情况下才允许那样做。

3. 手位正确

同别人握手时，手位应力求正确无误。标准做法是：握手的双方相互握住对方右手除拇指之外的其余四个手指。仅仅握住对方手指的指尖，或者握住对方的整个手掌，或者握住对方的手腕，都是不恰当的。

4. 时间恰当

握手的具体时间不宜过长，也不易过短。时间过长，则会显得热情过度，时间过短，近似敷衍。正常情况下，握手时间以 3 秒左右为宜。

5. 力量适度

握手所用力量应适度。所用力量过轻，令人觉得缺乏热情；过重，则有挑衅之嫌。

6. 神态友好

与别人握手时，两眼要凝视对方，面带微笑，可表达出你的温和友善。

7. 稍作寒暄

与别人握手时，总要同时与对方交谈片刻，要么是问候对方，要么是叙叙家常。如果始终一语不发，便会导致冷场。

（二）握手的顺序

两个陌生人被介绍认识时，需不需要握手，由那位在介绍中占优先地位的人来决定，即“尊者在前”，按照“先高后低，先长后幼，先主后宾，先女后男”的原则。双方握手时，应由地位较高者首先伸出手来，地位较低者若是先伸出手来，则是失礼的表现。具体而言，长辈与晚辈握手时，应由长辈率先伸手；老师与学生握手时，应由老师率先伸手；女士与男士握手时，应由女士率先伸手；已婚者与未婚者握手时，应由已婚者率先伸手；职务高者与职务低者握手时，应由职务高者率先伸手。

当客人与主人握手时，情况则较为特殊。客人抵达时，应由主人先伸手；而客人告辞时，则应由客人先伸手。前者是主人为了体现自己对客人的欢迎之意，后者是客人为了请主人就此留步。

如果一个人需要与数人一一握手，其合乎礼仪的顺序有二：一是由尊而卑依次进行，适用于握手对象地位尊卑较为明显时；二是由近及远依次进行，适用于握手对象地位的尊卑不明显或难以区分时。

（三）握手的注意事项

1. 不宜戴着手套

只有女士在社交场合才可以戴着薄纱手套与别人握手。

2. 不宜戴着墨镜

戴着墨镜与别人打交道，通常被视为暗含“拉开距离”之意。唯有眼部患病或存在缺陷者，才可以那么做。

3. 不宜以手插兜

与别人握手时，另一只手不仅应当空着，而且应当在身体的一侧自然垂放。要是一只手插入衣兜之内与人握手，容易给人造成过分随便的印象。

4. 不宜掌心向下

伸出手来与人相握，要让手掌垂直于地面，表示平等待人。假如掌心向下，通常会给人以居高临下之感；如果令掌心向上，表示待人谦恭。

5. 不宜滥用双手

只有在亲朋好友故旧相见时，方可用双手与对方相握。与初识者握手时，尤其当对方为异性时，以双手与其相握是不合适的。

6. 不宜跨着门槛

在握手时，双方不要一边握手一边走动，尤其不要跨着门槛，一脚门里一脚门外地与别人握手。

7. 与女士握手时，男士不宜先伸手

男士与女士握手，应等女士首先伸出手来，男士只要轻轻一握即可。如果女士不愿握手，男士也可微微欠身问好，或用点头、说客气话等代替握手。

8. 与多人握手时不要交叉

客人多时，握手不要与人交叉，让别人握完后再握。

四、接待礼仪

接待是指团体或个人迎送客人的交往过程，它是社交礼仪活动中的一个重要内容。我国自古就有广交朋友、热情好客的传统。广交朋友是一件乐事，热情好客是胸怀坦荡、谦恭文明的美德。待客和做客，十分讲究礼仪，可以说是一门艺术。接待工作，要根据来访者的身份、来访目的、接待地点的不同而有所区别。但各类接待的目的是一致的，即让来客受到尊重，感受到主人的诚意，为双方的合作打下良好的基础。接待礼仪要从准备迎接、热情接待、礼貌送客三个环节来把握。

（一）准备迎接

1. 掌握基本情况

应尽可能地多掌握来访者的基本情况。包括了解清楚客人的单位、姓名、性别、职业、级别、人数等；掌握客人来访的目的和要求；问清客人到达的日期，所乘车、船次或航班的抵达时间。

2. 拟订接待方案

制订详尽的接待方案，有助于使接待工作避免疏漏、减少波折、按部就班地顺利进行。按常规，接待方案中应详细落实迎送方式、会谈会见方式、日程安排、交通工具、膳食安排、娱乐游览活动、礼品准备、经费开支及陪同人员等各项基本内容。确定接待规格的原则是“对等对口，平衡惯例”，即主宾双方的主要领导的职务、身份、地位相仿，工作性质、部门相近，双方人员的数量大体相等。同时，拟订接待方案要充分考虑客人的愿望、风俗习惯、宗教信仰等。

3. 周密组织落实

一旦确定了接待方案，就要进行组织落实。主要是做好接待工作的分工，落实迎送人员、陪同人员名单等，做好各项工作的准备。落实工作要周到、细致，实行责任制。

（二）热情待客

客人来访，主人要热情招待，使其有宾至如归的感觉，这样才能更好地增进彼此之间的感情。

1. 以礼相待，体现热情和尊重

要在让座于人、代存衣帽、斟茶倒水、殷勤相助以及提供天气预报信息等细节上下足工夫；在接待过程中，要严格遵从次序礼仪的要求，准确地突出来客的身份，让来客感受到尊严和热情。

2. 专心聆听，认真接待

与来宾交谈时，务必神情专注，认真倾听。不要在接待来宾时，继续忙于自己的工作，如果自己有事暂不能接待来宾，应安排其他人员接待来宾，不要冷落来宾。

正在接待来访者时，有电话打来或有新的来访者，应尽量让其他人员处理或接待，以避免中断正在进行的接待。若中途因故必须暂时离开一下，或是去接一下电话，事先要向来宾表示歉意。

3. 适当赠送礼品

一般来说，待客之道，赠送礼品是必不可少的。礼品的选择要突出纪念性，体现民族和地方特色；要因人而异，有针对性；要避免品种、色彩、图案、形状、数目、包装等方面的禁忌；要尊重来宾习惯，尽量使礼品得到来宾的欢迎。

礼品的赠送讲究“礼轻情意重”，不宜赠送过于贵重或易引起误会或违反国家法律法规的物品。

（三）礼貌送客

1. 热情挽留

无论宾主双方会见的具体时间长短有无事先约定，告辞均须由来宾首先提出来。当来宾提出告辞时，主人通常应对其热情挽留。若来宾执意要去，主人在对方起身后方可起身相送。

2. 提供方便

要事先征询来宾意见，了解来宾有无需要帮忙代劳之事，及时代为预订、预购返程车船或飞机票，提供相应的交通工具，保证来宾及时、放心、安全、顺利地返程。

3. 热情相送

若来宾提出告辞，接待的成员都应起身相送，并与其热情握手告别并欢迎下次再来。主人最后将客人送至门口或楼下，待客人身影完全消失后方可返回，决不能在客人刚出门就“砰”的一声将门重重地关上，这将会使客人产生极不舒服的感觉，甚至使整个接待前功尽弃。

如为来宾专门安排饯别宴会，则不仅要使送别形式显得热烈而隆重，而且还会使来宾感觉备受尊重，进而加深宾主之间的相互了解和感情。

五、拜访礼仪

人际关系中离不开拜访，拜访是联络感情，发展关系的一种必不可少的手段。无论是事务性拜访、礼节性拜访或是私人拜访，都应遵循一定的礼仪规范，从进门、落座、交谈、入席到辞别，都有一些约定俗成的做法。

（一）事先预约，不做不速之客

为了避免空跑一趟和打扰别人，拜访时务必选好时机，事先约定，这是拜访活动的首要原则。一般而言，要决定去拜访某人，应写信或打电话，约定宾主双方都比较合适的会面时间和地点，并把访问的意图告诉对方。拜访他人的时间要恰当、适宜。深夜、大清早或用餐时间不能上门拜访；节假日多为休息时间，也不宜为公事拜访。如果拜访对象为外宾，还要注意他们一般晚睡晚起，上午10时与下午4时左右登门拜访比较适宜，其他时间最好不要贸然打扰。

预约时要注意说话的语气、口气应该是友好、请求、商量式的，而不是强求命令式的。在对外交往中，未曾约定的拜会，属于失礼之举，是不受欢迎的。因紧急事宜或事先并无约定但又必须前往的，应尽量避免在深夜打扰对方；实在万不得已非在休息时间约见对方不可，则应在见到主人后立即致以歉意，说声“对不起，打扰了”，并说明打扰的原因。

（二）准时赴约，不做失约之客

一旦对方约定了会面的时间，作为拜访者应履约守时如期而至。拜访他人，在一般情况下，既不要随意变动时间，打乱主人的安排，也不要迟到或早到，准时到达才是最为得体的做法。如因故迟到，应向主人道歉。如不能履约，应事先向主人诚恳而婉转地说明情况，以取得谅解。在对外交往中，更应该严格遵守时间，准时赴约是国际交往的基本要求。

如是初次拜访，给主人家带去一些小礼品也是一种礼仪的表现。礼品无论多么精美昂贵，一定要用礼品纸包装起来，忽视这一点，会被认为是对受礼人的不尊重。

（三）彬彬有礼，不做无礼之客

不论是赴办公室还是寓所拜访他人，都应遵循“客随主安排”的原则。如到主人寓所拜访，在进入主人寓所前，应轻轻叩门或按门铃，待有回音或有人开门相让时，方可进入。若是主人亲自开门相迎，见面后应主动热情向其问好；若是主人夫妇同时开门相迎，则应先向女主人问候。若不相识的人开门，则应问：“请问，这是×××先生家吗?”得到准确回答后方可进门。进门后，还要向在场的主人家属或其他客人打招呼，待主人安排或指定座位后再坐下来；对端茶敬烟的主人要起身双手接迎，并热情道谢。如果主人家中有老人，要主动和老人打招呼，不能对屋里的其他人视而不见，谁也不理，就直奔你的朋友。如拜访的是年长者，主人没有坐下来，自己也不能先坐下。

如果是商务性拜访，还要注意穿着端庄、整洁、规范。男士穿西装，女士穿套装。并应准备好名片。男士的名片可放在西装口袋中，也可放在名片夹中；女士则可将名片放在提包中容易取出的地方。

最重要的是拜访客户前要对他的概况、特点、业务以及对方的信用、在商界的信誉都要有所了解，以免交谈时无话可说而陷入尴尬局面。

（四）衣着得体，不做失礼之客

在拜访他人时，一定要注意仪表整洁，衣着得体。必须站有站姿、坐有坐相，要端庄大方，彬彬有礼。这既是对主人的尊重，也是自身文明教养的体现。在到达主人门前，应主动在门垫上擦净皮鞋底。夏天拜访他人进屋后，再热也不要随便脱去衬衫和长裤；而冬天进屋后，再冷也应摘下帽子，同时还应脱去大衣和围巾，并切忌说“冷”，以免引起主人的误解。

（五）举止文明，不做粗鲁之客

拜访他人，要注意举止文明。进入主人屋内，不要随意翻动主人的书信和其他物品。主人未请，不要擅自进入卧室、书房，也不要在屋内乱翻东西，更不要在主人床上乱躺。与主人交谈，态度要诚恳，坐姿要文雅，谈吐要文明。不要对主人家的陈设评头论足，也不要谈论令主人扫兴的事。主人说话，不要随便打断或插话。

做客时，哪怕是在最熟悉的朋友家里，也不要随意抽烟。如主人敬烟，烟灰和烟蒂要放在烟灰缸里，不要随意在茶碗、食碟里乱放。如果身患疾病，尤其是传染病的患者，不应走亲访友，带病拜访更是不受欢迎的。

（六）适时告辞，不做讨厌之客

拜访他人，要事先想好此次拜访的目的、准备谈些什么内容，以免谈话毫无方向。一般情况下，如无事商谈，逗留时间不宜过长，以不超过30分钟为宜。在他人家中无谓地消磨时光是不礼貌的，也是令人讨厌的行为。如果主人执意挽留用餐，则饭后应停留一会再走，不要吃完饭，抹抹嘴就走人。辞行要果断，不要告别了许久也不走，动嘴不动腿。拜访结束，应向主人表示真挚的感谢，因为，你占用了别人的时间。如果不这样做的话，会很失礼的。

本章小结

本章首先介绍了公共关系礼仪的概念与本质、起源与发展、原则与意义。然后介绍了仪容礼仪、仪表礼仪、仪态礼仪、交谈礼仪等个人公关礼仪。最后介绍了人与人之间的日常交往礼仪，包括介绍礼仪、名片礼仪、握手礼仪、接待礼仪和拜访礼仪。

习　题

基础知识题

1. 什么是公共关系礼仪？它的本质是什么？
2. 简述公共关系礼仪的起源与发展。
3. 公共关系礼仪应遵循哪些原则？
4. 试述个人公关礼仪的内容。
5. 试述日常公关礼仪的内容。

技能训练题

1. 结合个人公关礼仪的知识，请同学寻找自己需要改善的地方，并谈谈自己将如何改善？

2. 结合日常公关礼仪的知识，谈谈在日常交往中应该注意哪些礼仪？

典型案例

1. 在航空界，陈黎萍是个名人。作为国航乘务中心形体科的首任也是唯一一任科长，是她创立了国航乘务员的美容化妆和形体训练课，也由此开始了中国空中小姐化妆美容与形体的正规训练。

2009 年 4 月，某民航学院航空运输专业的系领导请陈黎萍前去授课。其实这一切的背后有着一个令人担忧的数字：那一届 100 多名“准空姐”毕业生，只有十多人被航空公司挑走，剩下的毕业生成了“嫁不出去的姑娘”。陈黎萍去后的训练课是在阶梯教室进行的。年轻的姑娘们质朴的装束告诉她，姑娘们还不懂化妆，衣服颜色的搭配、发型也不甚理想，神采气质更欠锤炼。但从她们姣好的面容和形体看，她们都是还没有完全雕琢的“美玉”，青春、靓丽的风彩并没有充分展现出来。陈黎萍围绕如何包装自己以及空中小姐应具有的气质进行了精心的传授。奇迹真的发生了，姑娘们在陈黎萍的指导下，一下子变得靓丽起来，很快大部分姑娘被航空公司选走。

思考题

(1) 为什么说仪容、仪表和成功联系在一起？

(2) 这个例子给你哪些启发？

2. 某公司新建的办公大楼需要添置一系列办公家具，价值数百万元。公司的总经理已做了决定，向 A 公司购买这批办公家具。

这天，A 公司的销售部负责人打来电话，要上门拜访这位总经理。总经理打算，等对方来了就在订单上盖章，定下这笔生意。

不料，对方比预定的时间提前了2个小时，原来，对方听说这家公司的员工宿舍也要在近期内落成，希望员工宿舍需要的家具也能向A公司购买。为了谈这件事，销售负责人还带来了一大堆资料，摆满了台面。总经理没料到对方会提前到访，刚好手边又有事，便请秘书让对方等一会。这位销售员等了不到半小时，就开始不耐烦了，一边收拾起资料，一边说："我还是改天再来拜访吧。"

这时，总经理发现对方在收拾资料准备离开时，将自己刚才递上的名片不小心掉在了地上，对方却并未发觉，走时还无意中从名片上踩了过去。但这个不小的失误，却令总经理改变了初衷，A公司不仅没有机会与对方商谈员工宿舍的设备购买问题，连几乎到手的数百万元办公大楼的办公用具的生意也告吹了。

思考题

(1) 本来可以达成的订单为什么"飞"走了？

(2) 拜访客户时应注意哪些礼仪？A公司的销售员存在哪些方面的失误？

参考文献

1　沈杰，方四平．公共关系与礼仪．北京：清华大学出版社，2006.
2　廖为建．公共关系学．北京：高等教育出版社，2008.
3　王巧丽．公共关系实用教程．北京：对外经济贸易大学出版社，2009.
4　王乐夫，等．公共管理学．北京：中国人民大学出版社，2008.
5　熊源伟．公共关系学．合肥：安徽人民出版社，2003.
6　居延安．公共关系学．上海：复旦大学出版社，2008.
7　胡百精．公共关系学．北京：中国人民大学出版社，2008.
8　李道平，等．公共关系学．北京：经济科学出版社，2008.
9　汪秀英．当代公共关系学．北京：首都经济贸易大学出版社，2008.
10　张百章．公共关系案例．北京：中国财政经济出版社，1999.
11　中国国际公共关系协会官方网站：http：//www. cipra. org. cn/
12　陆纯梅，范莉莎．现代礼仪实训教程．北京：清华大学出版社，2008.
13　徐白．公关礼仪教程．上海：同济大学出版社，2007.
14　国英．公共关系与现代礼仪案例．北京：机械工业出版社，2004.
15　谷玉芬．旅游服务礼仪实训教程．北京：旅游教育出版社，2009.
16　金正昆．公关礼仪．北京：北京大学出版社，2005.
17　林友华，杨俊．公关与礼仪．北京：高等教育出版社，2008.
18　白巍．公关礼仪．北京：中国经济出版社，2008.
19　张岩松．现代公关礼仪．北京：经济管理出版社，2006.
20　凌秀梅，朱正国．现代公关礼仪规范教程．北京：北京广播学院出版社，2007.
21　曾湘宜．现代公关礼仪．北京：北京工业大学出版社，2006. 6
22　李秀忠，刘桂莉．公共关系学．第1版．武汉：武汉大学出版社，2009.
23　何修猛．现代公共关系学．第2版．上海：复旦大学出版社，2009.
24　齐小华，殷娟娟．公共关系案例研究．第1版．武汉：武汉大学出版社，2009.
25　中国国际公共关系协会编著．最佳公共关系案例．第1版．北京：清华大学出版社，2007.
26　张克非．公共关系学．第1版．北京：高等教育出版社，2001.
27　吴光芸．公共关系学．天津：南开大学出版社，2008.
28　肖北婴．现代公共关系学新编．第1版．北京：北京工业大学出版社，2003.
29　也瑛，郑生勇．公共关系学．第1版．杭州：浙江大学出版社，2007.